スクールソーシャルワーカーのしごと

学校ソーシャルワーク実践ガイド

門田 光司・奥村 賢一 ●著

中央法規

目　次

1章　スクールソーシャルワーカーのしごと──咲希の場合 …… 1
1. 突然の悲劇 ……………………………………………… 2
2. 「私は誰からも助けてもらえなかった」 ……………… 5
3. スクールソーシャルワーカー始動 …………………… 6
4. 咲希への支援の協働 …………………………………… 9
5. 精神科病院の受診 ……………………………………… 15
6. 母子の変化のきざし …………………………………… 17
7. 幸福への歩み …………………………………………… 18

2章　スクールソーシャルワーカーの専門性 …… 21
1. 学校ソーシャルワークの役割 ………………………… 22
    1. ソーシャルワークとは何か ……………………… 22
    2. ソーシャルワーク実践の専門的価値について …… 26
    3. 「人権」とは何か ………………………………… 27
    4. 「社会正義」とは何か …………………………… 29
    5. ソーシャルワーク実践について ………………… 30
    6. 学校ソーシャルワークとは ……………………… 33
    7. アメリカ・カナダのスクールソーシャルワーカー業務 …… 37
2. 学校ソーシャルワーク実践の視点 …………………… 57
    1. わが国のスクールソーシャルワーカーの役割 …… 57
    2. 学校ソーシャルワーク実践の視点 ……………… 61
    3. パワー交互作用モデルについて ………………… 64
    4. 状況分析アセスメント …………………………… 70
    5. ジェノグラムを描いてみよう …………………… 73
    6. 子どものニーズを大切に ………………………… 76
    7. 子どもの発達を知ろう …………………………… 79
    8. 子どもと親のストレングスを知る ……………… 82

	9　アセスメント・シートを活用しよう	88
3	学校ソーシャルワーク実践の支援方法	97
	1　状況分析とパワー交互作用マップ	97
	2　パワー交互作用モデルの支援方法	103
	3　アドボカシーについて	104
	4　ケース・アドボカシー	106
	5　「校内協働」体制づくりに向けたクラス・アドボカシー	114
	6　学校ケースマネジメントについて	118
	7　学校ケースマネジメントの展開	123
	8　学校ケースマネジメントと「協働」	132
	9　サービス情報の提供および機関への紹介	135
	10　社会資源の開発	139
	11　グループワーク	139
	12　学校ソーシャルワーク・コンサルテーション	141
	13　学校支援に向けたコンサルテーション	145

3章　スクールソーシャルワーカーの春夏秋冬　155

1　スクールソーシャルワーカーのある一日　156
2　スクールソーシャルワーカーの春夏秋冬　162
　　1　1学期の活動　162
　　2　夏休みの活動　170
　　3　2学期の活動　177
　　4　3学期の活動　185

4章　スクールソーシャルワーカーの実践事例　191

事例1　父親へのアプローチによる不登校児の取り組み　192
　　1　スクールソーシャルワーカーへの相談経緯　192
　　2　アセスメントの実施　193
　　3　支援計画と介入　199

	4	支援成果	202
	5	今後の課題	205

事例2　たった一人の卒業式──「僕，もう大丈夫」 …… 208
1　スクールソーシャルワーカーへの相談経緯 …… 208
2　アセスメントの実施 …… 209
3　支援計画と介入 …… 214
4　支援成果 …… 216
5　今後の課題 …… 218

事例3　「お母さん。いってきます!!」 …… 222
1　スクールソーシャルワーカーへの相談経緯 …… 222
2　アセスメントの実施 …… 223
3　支援計画と介入 …… 228
4　支援成果 …… 233
5　今後の課題 …… 234

事例4　「うちの子，ヘンなんです」 …… 238
1　スクールソーシャルワーカーへの相談経緯 …… 238
2　アセスメントの実施 …… 239
3　支援計画と介入 …… 243
4　支援成果 …… 244
5　今後の課題 …… 246

事例5　「父親失格ですか？」 …… 249
1　スクールソーシャルワーカーへの相談経緯 …… 249
2　アセスメントの実施 …… 250
3　支援計画と介入 …… 254
4　支援成果 …… 255
5　今後の課題 …… 257

おわりに

著者略歴

1章

スクールソーシャルワーカーのしごと
―――咲希の場合

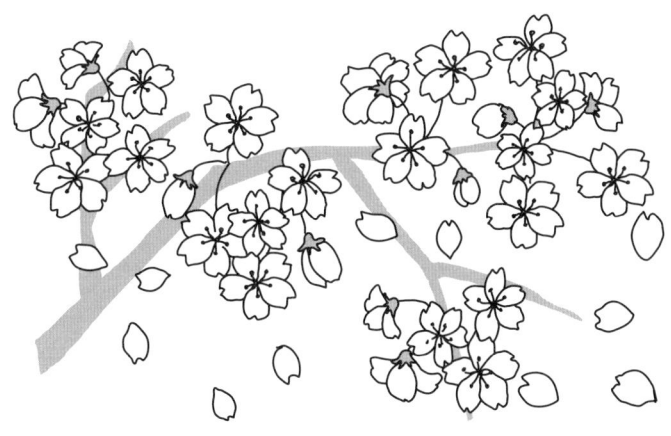

1 突然の悲劇

　咲希の不登校傾向は，小学6年生の2学期より始まった。学級では目立つ存在ではなく，口数も少ない。とても控え目で，集団行動も苦手としていた。しかし，担任教師は咲希の不登校傾向がおおいに家庭環境によるものと考えていた。それは，咲希が時折，同じ服装で何日も登校してくることがあり，下着の異臭から衣服の洗濯がされていないのはもちろん，お風呂にも入っていない様子がうかがえたからだ。

　3学期に入り，咲希の両親は離婚した。日頃から夫婦仲は悪かったようで，夫婦喧嘩も頻繁で近所に聞こえるほど激しかったらしい。そして，離婚後は，母親と咲希の二人生活が始まった。

　担任教師はますます欠席日数が増え始めた咲希への家庭訪問を繰り返した。しかし，母親はいつも不在で，家のなかはゴミ屋敷のようにゴミが散乱し，流し台には使いぱなしの食器が集積していた。そこには，食事がつくられている形跡も，温かな家族の団らんの雰囲気もなかった。不衛生な部屋のなかで一人テレビを見ている咲希だった。

　中学生になっても，咲希は集団生活が苦手であるという理由で学級の友人との接触を拒んだ。そのため，咲希の不登校は続いた。担任教師は家庭訪問を繰り返し，咲希や母親との関わりを続けたが，2学期になって母親から「**本人も会いたくないと言っているので，しばらく家に来ないでほしい**」と言われる。この母親の言葉に，担任教師は咲希への取り組みの針路を断たれたようで，何ともいえない焦燥感を感じたという。

　中学2年生になって，新たな担任教師は咲希に適応指導教室の通級を勧めた。学校に足が運ばない子どもたちが通う少人数の場であることに咲希自身も関心を示し，母親の了解も得られたので通級することになった。

　一方で，母親は10歳年下の男性と結婚し，咲希を含めた三人生活が始まった。

　咲希は時折，適応指導教室を休むこともあったが，適応指導教室では相談員とすっかり親しくなっていた。通級当初は集団活動への参加が苦手であった

> **情 報**　**適応指導教室**
>
> 　不登校児童生徒が通う施設で，学校以外に設置されているか，または学校の余裕教室などを利用して校内に設置されている。児童生徒の在籍校と連携をとりつつ，個別カウンセリング，集団での活動，教科指導などを行うもので，教育相談室のような単に相談を行うだけの施設は含まない。設置は，都道府県および市町村教育委員会である。

が，少しずつ集団にも参加できるようになっていった。しかし，咲希は相談員に「**近頃，継父が深酒をすることが多く，その勢いで自分に絡んでくることがあり，嫌だ**」と漏らしていた。相談員は母親を通して継父と話をしたい旨を伝えたが，実現しないままできた。これが悲劇の兆しであった。

　12月を迎え，街はクリスマスの雰囲気を醸し出すイルミネーションや装飾，クリスマスソングで華やいでいた。適応指導教室でも一足早いクリスマスパーティに向けて，職員や子どもたちは室内の飾りつけや準備に賑わっていた。

　しかし，その日，適応指導教室にやってきた咲希は，普段と様子が違っていた。憔悴した顔色に相談員も「**どうかしたの？　体調が悪いの？　何かあったの？**」と声をかけるが返答がない。そして，一日が終わり，帰宅する時間となった。一人ひとりが帰宅していくなかで，咲希だけは帰宅への腰をあげない。危惧した相談員が声をかけた。咲希は「**帰りたくない**」と言う。相談員は，咲希と二人になるため，相談室に入った。

　腹の底から沸き上がる憤りというのは，このことをいうのだろう。継父との間で妊娠していた母親が早産の危険性があり，入院している最中に起きた悲劇であった。咲希は継父から昨夜，性的虐待を受けたことを相談員に告白した。

　相談員は咲希の了解を得て，至急，校長に連絡を入れた。校長は事態の深刻さから児童相談所に通告し，適応指導教室に校長，担任教師，児童相談所の児童福祉司が駆けつけた。協議では，入院中の母親に知らせると大きな衝撃を与えると予想されるため，母胎への悪影響を考え，近隣に住む祖母に協力を依頼し，当面，児童相談所が中心に動いていくことで確認し合った。

> **情報** 児童相談所
>
> 　児童の福祉に関するあらゆる問題について，家庭やその他からの相談を受けるほか，地域住民や関係機関からの通告，市町村，福祉事務所や家庭裁判所から児童の送致を受け，援助活動を行う専門機関である。相談は，しつけや性格・行動および不登校等の「育成相談」，窃盗やシンナー吸引などの「非行相談」，発達の障害等の「障害相談」，家庭での養育困難や児童虐待などの「養護相談」，その他を受けている。職員には，児童相談のケースを担当する児童福祉司，心理判定や心理的支援を行う児童心理司，そして医師等がいる。

> **情報** 児童虐待の「通告」
>
> 　「児童虐待の防止等に関する法律」（通称「児童虐待防止法」）では，虐待の種別として「身体的虐待」「性的虐待」「ネグレクト（保護の怠慢・拒否）」「心理的虐待」を掲げている。学校，児童福祉施設，病院その他児童の福祉に業務上関係のある団体および関係者は被虐待児童の早期発見に努めなければならないと規定している。また，児童福祉法第25条では，要保護児童（保護者のいない児童，保護者に監護させることが不適当であると認める児童）を発見した場合，市町村，都道府県の設置する福祉事務所または児童相談所への通告を義務づけている。

　児童福祉司は咲希を連れて児童相談所に向かい，到着後，祖母が呼び出された。事情説明を受けた祖母も大きな衝撃を受け，しばらく祖母宅で咲希を預かることにした。

　幸福な家庭の子どもたちにとって，12月は親の愛情に包まれながらクリスマスプレゼントや家庭でのパーティを楽しむ最高の月である。しかし，咲希にとっては何も買ってもらえず，家庭の温かさも体感できず，それ以上にかけがえのない人生で14歳にして一生忘れることのできない深い心の傷をおわされた月となってしまった。この世に同じ人間として生を受けながら，不幸せな家庭環境に育つことほど不公平なことはない。

2 「私は誰からも助けてもらえなかった」

　新年を迎え，出産を終えた母親は退院し，帰宅した。継父がパチンコに出かけている間に，祖母より事情説明を受けた母親は非常に激怒し，児童相談所に抗議の電話を入れた。
　「なぜ母親である私に最初に説明がないのか！」「そのような事実は一切ない。今すぐ関わりはやめてほしい」「今後，一切，訪問は断る！」。
　母親はすごい剣幕で怒りをぶちまけたが，児童相談所としては本人の報告を根拠に今後も介入を継続していくこと，事実が解明されれば法的に対処していくことを伝えた。これにより，母親と児童相談所は対立姿勢を深めることになってしまった。
　児童相談所への電話後，母親は祖母と協議し，今後は一切，児童相談所や学校とは非協力的な姿勢を取っていくことで合意した。そして，その場にいた咲希に対し祖母は，「ばあちゃんは，あんたが嘘をつくような子だとは思ってもいなかった。（性的虐待の）嘘をつくような子はもう家に置いておくわけにはいかない。早くこの家に帰りなさい！」と言って，突き放した。
　自宅に戻ってきた咲希は，母親より「あんたのせいで家族やばあちゃんが迷惑している。これ以上騒ぎを大きくするなら，私は恥ずかしくて生きていけない。そうなったら自殺するからね！」と脅迫的な圧力をかけられた。
　日々，家庭内で孤立化していった咲希は，適応指導教室にも足が向かなくなっていった。母親はわが子へ向けるべき愛情を継父に傾注し，継父をかばい，すべて娘の虚言として周囲に言いふらして回った。もはや母親は名ばかりの親でしかなく，わが子よりも自分の恋愛を優先させたのである。
　児童相談所では，一時保護をして母子分離を行う方向で調整を進めていた。しかし，児童相談所の関与によってますます家庭内で孤立化していくことを苦しんだ咲希は，児童相談所に電話を入れた。
　「私はもう大丈夫です。だから，もうこれ以上は何もしないでほしい」。
　咲希のこの苦悩の願いで，児童相談所は咲希の支援計画を頓挫せざるを得な

くなった。最終的には，児童相談所は継父に対し厳重注意をし，事態は収束した。しかし，後に咲希は適応指導教室の相談員にこう漏らした。

「結局，私は誰からも助けてもらえなかった」。

3 スクールソーシャルワーカー始動

　中学3年になった咲希。時折，適応指導教室を休むこともあるが，通級を続けていた。少しずつは元気を取り戻してきたようにみえるが，以前のような明るさは消えていた。そして，夏休み明けの2学期も適応指導教室は休みがちであった。そんな10月上旬，母親から適応指導教室に電話が入った。

　「最近，娘の様子が妙におかしい。突然，急に泣き出したり，身体の不調を訴えたり，眠れないと言ったりする。本人は以前から霊感体質なので，近所の霊媒師を訪ねて，除霊をお願いした。しかし，霊媒師が言うには，霊はついていない，精神科の病院に行ったほうがよいと。近いうちに精神科病院に行かせるため，今は知り合いから情報を集めている。だから，当分，適応指導教室には通えないかもしれない」

　電話を受けた相談員は，咲希の症状が以前の性的虐待と深く関連があるのではないかと疑った。そこで，今年度より教育委員会に配置され，頻繁に適応指導教室に子どもたちの面談にやってくるスクールソーシャルワーカーに相談してみることにした。霊媒師の不思議な判断をきっかけに，咲希への支援を再開するチャンスが訪れた。

　適応指導教室の相談員より相談を受けたスクールソーシャルワーカーは取り急ぎ校長に状況説明を行い，今後の対応について協議した。校長室に呼ばれた担任教師からは1学期に毎日，家庭訪問に行っていたが，母親が拒否的な態度であり，ときにはチャイムを鳴らしても居留守を使われること，そしてある日，面倒くさそうな顔で母親に「私も忙しいので，もう二度と来ないでくれ」と言

われたため，これ以降は学校も対応を苦慮していたことなどが語られた。そのため，学校としてもスクールソーシャルワーカーによる咲希への支援を強く望んだ。

　スクールソーシャルワーカーは母子との面談機会を得るため，早速，適応指導教室に出向き，相談員に母親への連絡を取ってもらうことにした。相談員は母親に電話を入れ，「**思春期を専門とした精神科病院など，幅広い情報をもったスクールソーシャルワーカーがいるんだけど，一度相談してみない？**」と話をもちかけた。すると母親からは意外にも「ぜひお願いしたい」という即答が返ってきた。この母親の即答より，咲希がいかに深刻な状況にあるかがうかがえた。

　相談員と電話をかわったスクールソーシャルワーカーは，母親に「**一度，お話を聞かせていただきたいので，適応指導教室に来てもらえませんか？**」と尋ねた。母親から了解が得られたので，2日後，母子との面談が実現することになった。この速報をスクールソーシャルワーカーは電話で校長に伝えた。校長からも咲希が抱える状況が少しでも好転すればという願いの言葉が述べられた。

　母子面談の日，スクールソーシャルワーカーは何よりもまず，よい関係を築くことを第一目的とした。子どもや親との最初の出会いは，非常に重要な支援の第一歩となる。第一印象によって，面談はこの日限りで途絶えてしまうかもしれない。

　約束の時間よりも30分遅れて，咲希と母親がやって来た。相談員より紹介されたスクールソーシャルワーカーは母子の訪問を歓待し，笑顔で応対した。スクールソーシャルワーカーは和やかな雰囲気づくりに努め，それにより母親の警戒心も少しずつ解けていった。

　スクールソーシャルワーカーは母親から咲希の状態や生活状況，生育歴や家庭環境など，差し障りのない範囲で聞き取りをした。その間，咲希は，一方的に話す母親の前では非常におとなしく無口であった。しかし，時折，母親を見つめる目には険しいものがあった。

　母親との面談では，精神科病院の情報収集を始め，速やかに紹介していくことを伝えた。母親に今後の短期的なスケジュールを伝えることで，スクールソー

シャルワーカーは母親からの安心と信頼の獲得を図ることにした。
　続いて，母親の了解を得て，スクールソーシャルワーカーは咲希との個別面談を行った。スクールソーシャルワーカーは，まずは咲希が今，関心をもっていることなどの話題から始め，咲希の思いを尋ねていった。咲希は当初，口数が少なかったが，少しずつスクールソーシャルワーカーに過去の性的虐待の話を包み隠さず話してくれた。面談中，咲希の口からは母親のことを「クソババア」「アイツ」という呼び捨てが頻発した。そして，面談のなかで，咲希より次のような思いが語られた。
　「今は定時制高校に合格して，昼間はバイトをしてお金を貯め，早く家をでたい」
　「今の体調（突然，胸が苦しくなる，眠れない）を何とかしてほしい。体調が悪くて適応指導教室にも通うことができない。自分には霊感があるので，それが発作と関係しているのだろうか」
　「一時期，近所の精神科クリニックに通ったことがあったが，薬を飲んでも何も変わらなかった。お医者さんが怖くて通い続けることができなかった」
　「アイツ（継父）のせいで私がこんな（発作や睡眠障害）状況になった。アイツがいなかったら，私たちは幸せに暮らすことができたのに。アイツと同じ空間にいること自体が堪えられない。今は何もない（性的虐待）けど，酒を飲むと人が変わり絡んでくるので，部屋に逃げている」
　「お母さんは毎晩遊びに行き，昨日もパチンコに行っていた。そのため，自分が弟の世話をしないといけない。お母さんは洗濯も掃除もしないため，家のことはほとんど自分がやらないといけない」
　「お母さんの育児は危なっかしい。以前も弟が床に落ちていたタバコの吸い殻を口に入れてしまい，救急車を呼ぶ騒ぎになった。そのタバコはお母さんが吸ったもので，赤ちゃんがいるにもかかわらず，あまりにもいい加減な行動にあきれてしまった」
　面談を終えるにあたって，スクールソーシャルワーカーはこれからどうしていけばよいかを一緒に考えていきたいことなどを伝えた。咲希は黙ってスクールソーシャルワーカーの言葉を聞いていた。

咲希の面談の終わりがけに母親が迎えにやって来た。しかし，その瞬間，母親を見る咲希の表情は一変して険しくなり，視線を合わすこともなく，言動も荒くなった。「アイツ（継父）がいなかったら，私たちは幸せに暮らすことができたのに」。咲希を見送りながら，スクールソーシャルワーカーの頭にはいつまでもこの言葉がこびりついていた。

4 咲希への支援の協働

　母子面談を終え，スクールソーシャルワーカーは校長，担任教師，相談員と協議し，関係機関が参集した支援ケース会議を開催することにした。早速，スクールソーシャルワーカーは関係機関との連絡調整を行い，支援ケース会議が学校で開催されることになった。なお，児童相談所には支援ケース会議の開催前に出向き，今回の相談経緯について説明し，当面の支援の方向性について意見交換を行った。

〈第1回支援ケース会議〉
　支援ケース会議には，校長，教頭，担任教師，生徒指導主事，児童相談所の児童福祉司，適応指導教室の相談員，精神科病院に関する情報をもつ精神保健福祉相談員，乳幼児担当の保健師（1歳の弟の乳幼児健康診査が未受診のため）が参集した。ただし，ここで大切なことは，支援ケース会議の目的は参集したメンバーが単に支援方針について協議をするだけではなく，実際に「支援チーム」として協働していくことである。支援チームが咲希の抱える状況を改善するために，一致団結して取り組んでいくことである。そのような支援チームを築いていくことがスクールソーシャルワーカーの役割でもある。そのため，スクールソーシャルワーカーは会議の進行役をし，咲希への支援に際しては以下のような支援展開で進めていくことにした。

 **生徒指導主事**

　『生徒指導の手引』(文部省，1981 (昭和56) 年) では，生徒指導は生徒の社会生活を学校内だけではなく，家庭においても，また校外の一般の社会においても絶えず営まれている。望ましくない要因や影響をできる限り排除したり軽減したりすることなども，生徒指導の活動に含まれると記している。生徒指導の役割を担う教諭が生徒指導主事であるが，児童生徒の抱える家庭環境に対しても生徒指導主事は関係機関とのつながりをもって取り組まれることがある。そのため，スクールソーシャルワーカーは管理職とともに，まずは生徒指導主事とパートナーシップを築いていくことが欠かせない。

 **精神保健福祉相談員**

　精神保健福祉相談員は，精神保健福祉センターや保健所に配置され，①精神保健および精神障害者の福祉に関する相談および必要な指導，助言，②精神障害者およびその家族等を訪問し，必要な指導，③精神障害者の社会復帰に関し，関係機関との連絡調整，を行う。精神保健福祉相談員は，保健師や精神保健福祉士などが担う。

(1)「アセスメント・シート」による情報の共有化

　まず，スクールソーシャルワーカーは事前に学校，適応指導教室，児童相談所等から収集した情報を書き込んだ「アセスメント・シート」(図1-1) を会議メンバーの「情報共有化」ツールとして提示した。そして，各メンバーは，このアセスメント・シートに記載された情報以外で互いの知り得る情報を出しあった。これにより，会議でのメンバー全員が咲希の家族についての情報を共有化することができた。

(2)「支援計画の確認」

　続いて，「支援計画の確認」では，アセスメント・シートの情報に基づいて，長期支援計画と短期支援計画が設定された。支援計画は，咲希の思い (ニーズ)

1章 スクールソーシャルワーカーのしごと

図1-1 咲希のアセスメント結果

作成日	○年10月　日　（担当者・スクールソーシャルワーカー）

アセスメント・シート～面接等による事前調査～

児童生徒	（相談受理No.1　）	在籍	○○中学校	学級	3年○組	担任教諭	○○　○○
フリガナ	サキ	性別	女	生年月日	○○年○月○日　（満14歳）		
氏名	咲希	自宅	000-0000-0000	保護者氏名	○○○○	（携帯・○○○-○○○○-○○○○）	
住所	（〒000-0000）						

相談主訴	不登校、体調不良（性的虐待との関連性の疑い）
相談種別	■養護　□非行　□育成　□障がい　□その他（　　　　　）

ジェノグラム（家族構成及び家族関係を示した家系図）	記載例	生活歴
祖父✕ 祖母58 父35　母35　継父25 　　　　無職　　運送業 咲希14　弟1 ○○中	男性 女性 対象児（二重線） 昭和44年生まれ 現在38歳の男性 38 S44～ 平成12年に86歳で肝硬変のため死亡 離婚 別居 d.H15 s.H18 結婚 交際・同棲 m.H10 L.T.H7 ［標記の意味］ d.=divorce s.=separation m.=marriage L.T.=Living Together	00年　出生 00年　○○保育所入所 00年　○○小学校入学 00年　○○中学校入学

児童生徒の生活状況・相談に至る経緯	児童生徒の出席等状況			
・小学生時代より不登校傾向あり。家庭環境に起因する可能性が高い。 ・中学生時代は、集団生活への不適応を理由に級友らとの接触を拒み不登校となる。中学2年から適応指導教室の利用を開始する。 ・○○年12月、継父からの性的虐待が明るみになる。その後、児童相談所が事実関係の調査を進め、介入を試みたが、家族から反発もあり継父への厳重注意のみで事態は収束する。 ・本人は最近、突発的な発作（胸が苦しい）や眠れないことで苦しめられている。 ・本人は継父の存在を疎ましく、スクールソーシャルワーカーとの面接時にも「アイツ（継父）がいなかったら、私たちは幸せに暮らすことができたのに」などの感情的コメントが多く聞かれる。	①年次別欠席状況			
		欠席日数	在籍校	担任教諭
	6年	72日	○○小	○○
	1年	82日	○○中	○○
	2年	全欠日	○○中	○○

児童生徒の家庭環境	②中学3年・○○年度欠席状況			
・母親は弟の世話を本人に任せてパチンコ店に入り浸る生活をしている。夜間にも継父と外出するなど、養育に対する意識は低い。 ・弟は定期的な乳幼児健康診査を受けていない。 ・自宅内は足の踏み場もないほど、ゴミで散らかっている。室内で犬を飼っており犬の糞尿等、不衛生な環境である。 ・継父は深酒をすることが多く、その勢いで本人に絡んでくることがある。 ・近隣に祖母がいるが、気性の激しい母親に遠慮がちである。		欠　席	遅刻	早退
	4月	18／18	0	0
	5月	20／20	0	0
	6月	21／21	0	0
	7月	22／22	0	0
	8月	0／0		

児童生徒の学校生活状況			9月	23／23	0	0
①学習面	【中学校】 ・低学力 ・中学校卒業後の進路として、定時制高校の受験を希望している。欠席日数が多いため、必ず合格できる状況にはない。 【適応指導教室】 ・理科、社会に取り組むことが多い。 ・最近では受験を意識した内容の発言が聞かれることもある。	②生活面	【中学校】 ・中学2～3年は一度も登校していない。 【適応指導教室】 ・全体での活動は避ける傾向にあるが、相談員からの誘いで状況が許せば参加することもある。しかし、活動に参加しなくても、その場所にいることはできる。 ・賑やかな場面は苦手な様子。 ・相談員と話をすることを好む。 身長 160.2cm／体重 56.8kg	10月	／		
			11月	／		
			12月	／		
			1月	／		
			2月	／		
			3月	／		
			合計	104／104		

を尊重した取り組みを中心に協議していった。短期支援計画の設定では，当面改善すべき状況，取り組んでいく必要のある事柄を協議し，その計画を実行していくうえで学校や関係機関，スクールソーシャルワーカーはそれぞれどのような役割分担をしていくかが検討されていった。

　図1-2は，咲希の「支援計画」である。短期支援計画に向けて，それぞれのメンバーは次のような役割分担で支援していくことが確認された。

　①協議では，精神保健福祉相談員より医療・心理・福祉面のスタッフが揃った精神科病院が近郊にあるとの情報が出された。そこで，精神保健福祉相談員の調整にて近日中にその精神科病院の精神科ソーシャルワーカー，精神保健福祉相談員，スクールソーシャルワーカーの三者で協議を行うことにした。この協議では，もし母親に精神科病院の情報のみを伝え，母子のみで受診した場合，母親は咲希の性的虐待に関する情報を伏せたまま一方的に咲希の状態を話す可能性が高く，適切な診断や治療方針が示されない可能性があるのではないかという点が話し合われた。実際，咲希自身からも，「**一時期，近所の精神科クリニックに通ったことがあったが，薬を飲んでも何も変わらなかった。お医者さんが怖くて通い続けることができなかった**」と語っている。そのため，母子が精神科病院を受診する前に，事前に精神科ソーシャルワーカーから精神科医に状況を説明しておいてもらうことにした。

　②上記の三者協議後に，スクールソーシャルワーカーは母親にとてもよい精神科病院が見つかったことを電話連絡し，精神科病院受診時にはスクールソーシャルワーカーも同行する許可を母親からもらうことにした。これは，スクールソーシャルワーカー自身が，咲希への支援が実際，どのように進行してい

情報　精神科ソーシャルワーカー

　精神科ソーシャルワーカーは，「精神保健福祉士」の国家資格を保有している。精神保健福祉士は，精神科病院など精神障害の医療を提供する施設や社会復帰の促進を目的とする施設で，患者や家族との面談・関係機関との連絡・社会復帰に向けての援助などを行う。

1章 スクールソーシャルワーカーのしごと

図1-2 咲希の支援計画

作成日 ○年10月　日　（担当者：スクールソーシャルワーカー）　㊙

支援計画・シート

児童生徒	（相談受理No.1）	在籍	○○中学校	学級	3年○組	担任教諭	○○　○○
フリガナ	サキ	性別	女	生年月日	○○年○月○日（満14歳）		
氏名	咲希	自宅	000-0000-0000	保護者氏名	○○○○	（携帯・　　　　）	
住所	（〒000-0000）						
相談主訴	不登校，体調不良（性的虐待との関連性の疑い）						
相談種別	■養護　□非行　□育成　□障がい　□その他（　　　　）						

1．児童生徒の日常生活における課題
- 継父からの性的虐待および母親の養育意識の低下による本人の精神的負担が大きい
- 突発的な発作や睡眠障害に悩まされている
- 本人への育児や家事負担

2．児童生徒，家族のニーズ
- 精神科病院を紹介してほしい（本人・母親）
- 定時制高校に行き，将来は自立して一人暮らしをしたい（本人）
- 母子だけで生活していた頃に戻りたい（本人）

3．短期支援計画

計画内容【対象児・者】	担当機関【担当者】	具体的支援内容
精神科病院受診に向けたネットワークづくり	・スクールソーシャルワーカー【○○】 ・精神保健福祉相談員【○○】 ・精神科ソーシャルワーカー【○○】	・精神保健福祉相談員による調整にて，精神科病院の精神科ソーシャルワーカーとスクールソーシャルワーカーによる三者会議の開催。 ・精神科ソーシャルワーカーより精神科医に事前に本人の状況説明をしてもらい，診察に臨んでもらう。 ・受診当日は，スクールソーシャルワーカーが同行する。
学校と関係機関との協働体制の確立	・スクールソーシャルワーカー【○○】 ・中学校【校長・担任・生徒指導】 ・児童相談所【○○】 ・保健師【○○】 ・適応指導教室【○○】	・児童相談所は直接的な介入時期等に関しては，学校と関係機関の協働による取り組み状況を踏まえて対応していく。 ・乳幼児担当保健師は弟の乳幼児健康診査の受診と，育児相談を踏まえた継続的な家庭訪問への取り組みを行っていく。 ・スクールソーシャルワーカーは，学校（校長，担任，生徒指導）と母子の関係改善に向けた取り組みを行っていく。 ・適応指導教室は，本人の心の居場所であり，今後も学習支援や進路相談も踏まえて継続的な支援を行っていく。
本人のニーズの代弁および母親との関係づくり	・スクールソーシャルワーカー【○○】 ・適応指導教室【○○】	・スクールソーシャルワーカーは本人との継続的な関わりを通して，本人のニーズの代弁者の役割を担っていく。また，母親との信頼関係づくりに努めていく。 ・適応指導教室の相談員と本人の信頼関係が強いので，相談員も本人に対する継続的な心の支援を行っていく。また，母親との信頼関係づくりに努めていく。

4．長期支援計画

計画内容【対象児・者】	具体的支援方針
・本人のエンパワメントに向けた環境整備を図る ・母子の関係改善に向けた総合的な家族支援ネットワークを築く	・本人の育児および家事負担の軽減と教育保障に向けた取り組みを行う。 ・母子間の関係改善に向けて，学校や各関係機関が協働して母子に関わっていく。

5．支援機関

機関名	担当者	連絡先	備考
児童相談所	○○	000-000-0000	毎週水曜日は会議のため，外勤は不可。
保健所	○○	000-000-0000	精神保健福祉相談員，乳幼児担当保健師
○○病院	○○	000-000-0000	精神科○○医師，○○精神科ソーシャルワーカー，○○臨床心理士
適応指導教室	○○	000-000-0000	○○相談員

かを見ていく必要があるからである。

　③児童相談所の役割分担として，前回の性的虐待対応時に担当した児童福祉司は担当地区が変わり，別の児童福祉司が担当となっていた。しかし，咲希や母親，祖母は児童相談所に対していまだ拒否的な態度であるため，現時点では表だった動きは控え，当面は支援ケース会議への継続的参加と，具体的介入の必要性が発生した際には緊急対応していくことにした。

　④適応指導教室の相談員と咲希の関係はとても信頼感が強く，咲希にとっても適応指導教室は心の居場所となっている。咲希自身「**体調が悪くて適応指導教室にも通うことができない**」と言っているように，適応指導教室への通級を望んでいる。したがって，適応指導教室では今後も通級支援を継続するとともに，高校受験に向けた学習支援や進路相談を行っていくことにした。

　⑤中学校としては，咲希と母親との接触がほとんどない状態である。そのため，高校進学に向けた三者面談を含め，スクールソーシャルワーカーが仲介となって学校と母子の関係改善に取り組んでいくことにした。

　⑥乳幼児担当の保健師より，1歳の弟の乳幼児健康診査が未受診のため，近日中に家庭訪問を行い，母親との関係づくりを図りながら定期的な育児相談として家庭訪問が実施できるように取り組んでいくことにした。

　⑦祖母に関しては，以前，性的虐待が発覚したとき，当初児童相談所に協力的であったのが，一転，母親とともに拒否的になった経緯がある。そのため，協議では，祖母を咲希の支援者として協力してもらうことには懐疑的な意見が多く出された。

　⑧スクールソーシャルワーカーは継続的に咲希と関わり，今後の支援を含め，咲希の思いの代弁者（アドボケイト）となっていくことにした。

　他方，長期支援計画は，短期支援計画の達成が蓄積されていくことで実現の可能性が高くなっていく。咲希への長期支援計画では，①咲希が現状の無力化した状態から自らのパワーを増強していけるための環境整備を図っていくことと，②咲希と母親との親密さが再形成されるように，総合的な家族支援に向けたネットワークづくりが掲げられた。特に，長期目標としては，咲希と母親の良好な関係づくりを目指すことが重要ということが全員の一致した意見であっ

た。

　以上が第1回目の支援ケース会議で合意された咲希への支援計画である。協議を終えるにあたり，第2回目の支援ケース会議は母子の精神科病院受診後に開催することで了解された。

5 精神科病院の受診

　10月の中旬，精神科病院を受診する日がやってきた。スクールソーシャルワーカーは同行の了解を母親から得ていた。しかし，その日約束の10時半に家を訪問したが，玄関口に出たのは弟を抱いた咲希であった。咲希が言うには，母親と継父はすぐに帰ってくると言って出て行ったが，おそらくパチンコだろうということであった。今日のことは，すでに咲希にはスクールソーシャルワーカーから伝えていた。ちょうど30分を過ぎた頃，慌てもせず母親一人が帰ってきた。
　精神科病院では，精神科ソーシャルワーカーより主治医にすでに説明がなされていたため，主治医は穏やかな雰囲気で診察を進めていった。その雰囲気が咲希の心の扉を開かせ，母親が育児をしないこと，パチンコに興じて家事をしないこと，継父は好きになれないことなどが語られた。そして，主治医は母親の一方的な発言に笑顔で対応しながらも，ときには親としての役割の大切さや赤ちゃんの世話をしないといけないことを指摘し，咲希の今の体調を配慮しながら，母親として咲希の心の支えになることが何より治療には必要であることを述べた。そして，咲希の治療方針としては，2週間に1回通院し，臨床心理士によるカウンセリングを受けることが提案された。この治療方針に母親も同意した。

〈第2回支援ケース会議〉

　咲希の精神科病院の受診後，第2回支援ケース会議が中学校で開催された。スクールソーシャルワーカー，校長，教頭，担任教師，生徒指導主事，児童相談所の児童福祉司，適応指導教室の相談員，精神保健福祉相談員，乳幼児担当の保健師，精神科病院の精神科ソーシャルワーカーが参集した。会議ではまず，第1回支援ケース会議で協議した短期支援計画の取り組み状況について，それぞれが報告し合った。

　①精神科ソーシャルワーカーより，咲希は性的虐待による「心的外傷後ストレス障害（PTSD：Post Traumatic Stress Disoder）」の診断が主治医よりなされたことが報告された。精神科ソーシャルワーカーからは，咲希の通院継続を支援していくために，今後も咲希と母親との良好な関係づくりに努めていくことが述べられた。

　②乳幼児担当の保健師より，家庭訪問をするが母親が留守でつかまらないことが述べられた。しかし，スクールソーシャルワーカーから母親への促しをしてもらったので，母親に会えるまで家庭訪問を続けることが述べられた。

　③中学校，適応指導教室，児童相談所においては，第1回支援ケース会議での取り組みを継続していくことが述べられた。

情報　**心的外傷後ストレス障害（PTSD）**

　死や重篤な傷害のおそれがある外傷体験によって発症する不安障害の一型である。外傷体験としては，戦争や地震，殺人，性的虐待，などがあげられる。症状としては，①再体験（外傷的出来事の悪夢やフラッシュバックなど），②回避（外傷的出来事や関連した刺激の回避，感情鈍麻，など），③過覚醒（睡眠障害など）の三つが中心である。

1章　スクールソーシャルワーカーのしごと

6 母子の変化のきざし

　精神科病院では，咲希は主治医の診察を受けた後に臨床心理士のカウンセリングを受けていた。しかし，通院開始後まもなく，咲希は自ら通院回数をこれまでの2週間に1回から，週1回に増やしてほしいと希望した。その理由として，主治医や臨床心理士に対して，「とても話しやすい」「親しみやすい」こと，受験に向けて一日も早く病状を改善したいことをあげた。主治医は咲希の希望を受け入れ，通院回数を週1回に増やした。そして，通院を開始してから2週間が経過した頃より，咲希は夜もぐっすり眠れるようになり，発作やその他の心身症状も段階的に快方へと向かっていった。

　11月の中旬に第3回支援ケース会議が開催された。ここでは，咲希の体調も良好となってきており，通院も2週間に1回となったこと，適応指導教室の通級も欠かさず来れるようになってきたこと，乳幼児担当保健師が家庭訪問で母親と会え，弟の乳幼児健康診査が受診できたこと，以後，保健師による育児相談のための家庭訪問が開始されたことなどが報告された。ただし，保健師が家庭訪問した際，玄関口はゴミが山積して玄関が開かないため，裏口から回って部屋に入ったが，部屋のなかは座る場所もないほど散らかっていたことが述べられた。

　一方，中学校もスクールソーシャルワーカーの仲介にて，咲希の定時制高校受験に向けた三者面談が実現したことが報告された。

　そして，何よりも今回の会議ではメンバー全員が非常に喜んだ報告がなされた。その報告は精神科ソーシャルワーカーからのものであるが，精神科病院は咲希の自宅から非常に距離があった。しかし，母親は欠かさず咲希と同行して通院してきた。そして，精神科病院への通院に際して，交通渋滞で予約時間に遅れる場合や母親の体調不良でキャンセルを余儀なくされる場合には，必ず母親は電話連絡を入れてきたとのことである。そして，通院を重ねるにつれて，受診の待ち時間にはいつも仲むつまじく笑顔で歓談する咲希と母親の光景がみられるようになってきたということであった。

7 幸福への歩み

　3学期から，咲希は志望校に向けた受験対策を開始し始めた。適応指導教室では，学校側が準備をした学習教材を使って相談員が個別支援を行った。また，高校受験には面接試験もあるため，これを好機と捉え，スクールソーシャルワーカーは担任教師と話し合い，中学校での模擬面接場面を咲希のために設定してもらった。そして，この頃より，咲希の登校機会が増え始めた。

　咲希はスクールソーシャルワーカーに，定時制高校進学後は日中アルバイトをしたいと伝えていた。この咲希のニーズを叶えるにあたり，スクールソーシャルワーカーは保健師から情報を得て，履歴書の書き方や面接の受け方などを教えてくれる若年者向けの公的な就労支援セミナーがあることを知った。その情報を咲希に伝えると，受講したいと述べた。受講当日は，仕事の関係で同行することができなくなった母親に代わり，急遽，適応指導教室の相談員が咲希に同行した。

　いよいよ高校受験の結果発表日。適応指導教室の庭に咲き始めた桜のように，咲希の希望が開花することを願い，相談員もスクールソーシャルワーカーも朗報を心待ちにしていた。そして，ついに咲希から第一志望の定時制高校に見事合格したとの一報が入った。高校合格の報告に母親と一緒に適応指導教室へ訪れた咲希の表情は，実に晴れやかであった。周囲からの祝福に照れ笑いを浮かべながらも，「いろいろとありがとうございました」と，しっかりとした口調で感謝の気持ちを言葉にして述べた。しばしの歓談の際，母子関係の改善を思わせるやり取りがあった。

　スクールソーシャルワーカー「入学したら高校までの交通手段はどうするの？」
　咲希「普通は電車通学だと思うけど，お金がかかるし，お母さんには迷惑をかけたくないので自転車で行くよ」
　母親「何キロあると思っているの？　咲希が交通費の心配をしなくていいの

よ。ちゃんとお金を出すから定期を買って電車で通いなさい。もし，気が引けるなら出世払いでお願いね」
　咲希「でも，まだアルバイトも見つかっていないし。お金を返すのがいつになるかわからないよ…」
　母親「出世払いは冗談よ（笑）。春先は環境が変わり大変だろうから，落ち着いてからゆっくりアルバイトを探しなさい。あなたの一番の仕事は高校での勉強だからね」
　咲希「お母さん，ありがとう」

　スクールソーシャルワーカーの支援開始当初，咲希は母親のことを「**クソババア**」「**アイツ**」と呼び，視線を合わすことさえなかった。しかし，今では咲希のそのような姿はみられない。母親と笑顔で言葉を交わし，咲希は母親を，母親は咲希を思いやる姿がみられた。それは，母親が継父と再婚して以後，険悪となっていった母子関係の改善を物語る光景であった。そして，この光景は，スクールソーシャルワーカー，中学校，適応指導教室の相談員，ほかの支援チームのメンバーが何よりも一番に願っていたことであった。
　定時制高校合格の報告を終えて，適応指導教室を出て行く母子の後ろ姿を見ながら，相談員はスクールソーシャルワーカーにそっと教えてくれた。
　「咲希さんが性的虐待を受ける以前にね。咲希さんは『先生，内緒よ』って教えてくれたことがあったんですよ。『実は私，お母さんのことが大好きなの』と。今日の咲希さんは，まさにあの日と同じ輝いた笑顔でしたよ」

---- ホッと一言 ----

「はぐくむ」の語源

　①親が子を大切に育てること，②大切にして発展させること。本来のことばは，「鳥の羽」という意味の「は（羽）」と「包む」という意味の「くくむ（含む）」が合わさってできたことばで，「親鳥がひなを羽でおおい包んで育てる」という意味である。
　（山口佳紀編『こども語源じてん』p.155, 講談社，2004年より）

これまでパチンコなどのギャンブルに興じ，子育ても十分にできていなかった母親であった。また，咲希が中学校を欠席する際には一度も欠席連絡を入れたこともなく，咲希の教育にも熱心ではなかった。

　しかし，今回，母親は精神科病院への同行は欠かさなかった。さらに，家庭環境に起因して発育に若干の遅れがみられていた弟であったが，保健師の定期的な家庭訪問をきっかけに母親に対する働きかけを行い，母親は弟を保育園に入れる決心をした。また，咲希の精神科病院の通院や弟の保育園通園の開始をきっかけに，母親は自ら仕事を開始するに至った。

　そして，新しい春，咲希は定時制高校に通い出し，飲食店でのアルバイトを始めた。高校での生活状況は安定しており，欠席もなく精力的に有意義な高校生活を送っている。咲希が中学校を卒業して以後，義務教育下において関わりがもてる学校関係者やスクールソーシャルワーカーは咲希との距離をおかざるをえなくなったが，精神科病院の精神科ソーシャルワーカーが中心となって咲希の支援を続けている。

2章

スクールソーシャルワーカーの専門性

1 | 学校ソーシャルワークの役割

1　ソーシャルワークとは何か

「学校ソーシャルワーク」(social work in schools) は，学校でのソーシャルワークの実践を指す。そこで，まずはソーシャルワークについて述べていくことにする。

ソーシャルワークは，つねに貧困や不平等，人間の苦悩といった問題に取り組んできた。例えば，ソーシャルワークの個別援助（ケースワーク）は19世紀のイギリスにおける慈善組織協会が起源であるが，ボランティアの友愛訪問員が貧困世帯に赴き，貧困から抜け出すための活動を行っていた。その後，この慈善組織協会の活動はアメリカにおいても活発化し，メアリー・リッチモンド（Mary E. Richmond）は友愛訪問活動に科学的視点を導入することで，ケースワークへの専門的実践に大きな貢献を果たした。

一方，ソーシャルワークの集団援助（グループワーク）の起源は，1884年イ

情報　慈善組織協会（COS：Charity Organization Society）

1869年，イギリスにおいて慈善組織協会が設立されるが，当時の貧困および失業における貧窮者に対し，無差別な救済の重複を防ぐために慈善活動の組織化を進めたものである。貧窮者を「救済に値する貧民」と「救済に値しない貧民」に分け，前者のみを対象として友愛訪問を行った。友愛訪問は，貧困の原因が道徳心の未成熟さ（パーソナリティ問題）にあるという考え方を基盤とし，家庭訪問にて道徳心の問題の発見に努め，変容しうる可能性がある場合には友情を通じて助言や貧困離脱の援助を行ったのである。この活動が，ソーシャルケースワークの起源となった。しかし，メアリー・リッチモンドは慈善組織協会の活動を通して，対象者の道徳心の未成熟さに焦点をあてるだけでは必ずしも援助には役立たず，その人を取り巻く社会状況の証拠を収集していくことの必要性を認識していた。そして，著書『社会的診断』（1917年）を記した。

ギリスでの「トインビー・ホール」におけるセツルメント活動である。キリスト教思想に基づき，教会牧師バーネット（Barnett, S.）とオックスフォードやケンブリッジの大学生がロンドンの貧困地区イーストエンドに住み込み，社会教育的なグループ活動を行った。この活動がアメリカでも発展し，1889年ジェーン・アダムス（Jane Addams）はシカゴのスラム地区に「ハルハウス」を設立する。アメリカでの2番目のセツルメントハウスであるハルハウスで，ジェーン・アダムスは住民相互扶助の助け合いに基づき，機織り・裁縫の講習会，クラブ活動，子ども会等を開催し，貧困で無力化した住民を奮い立たせ，社会改良を目指した運動を展開していく。

さらに，ソーシャルワークの地域援助（コミュニティワーク）の理論化に大きく貢献したのが，1939年のアメリカでの『レイン報告書』である。この報告

> **情報　セツルメント運動と学校との関わり**
>
> 　慈善組織協会（COS）が私的慈善と貧困者の道徳心の高揚を目指したこととは異なり，セツルメント運動は貧困状況を改善するために，社会改良を推し進めていくことを目的とした。そのため，住宅や公衆衛生，雇用といった社会的問題や，子どもたちへの教育問題に大いなる関心をもった。セツルメントハウスのレジデントたちは，貧困家庭にある子どもたちのためにハウスで勉強を教えたり，ハウス内に図書館や体育館を設置したり，また，教育委員会に学校給食や学校保健の充実を求めたり，障害児クラスをつくることを認めさせたりといったソーシャルアクションを行っていった。さらに，ハルハウスを設立したジェーン・アダムスは，当時の教育界に多大な影響を及ぼした進歩主義教育のジョン・デューイ（John Dewey）との親交も深く，デューイ自身，1897年にはハルハウスの役員の一人になっている。デューイの著書『学校と社会』『民主主義と教育』はジェーン・アダムスの影響を受けていたことが知られている。さらに，ジェーン・アダムスは貧困と児童労働問題の深刻さから，イリノイ州の労働部に児童労働問題改善に向けた強い働きかけを行い，この取り組みはイリノイ州の最初の工場法へとつながっていった。このようなセツルメントハウスのレジデントたちによる子どもたちへの教育保障の取り組みが，学校ソーシャルワークを生み出すことになる。

書では，地域社会のニーズと社会資源の発見に努め，両者を絶えず効果的に調整する活動（「ニーズ・資源調整説」）を体系的に示し，住民参加の概念を導入した[1]。

これらのケースワークやグループワーク，コミュニティワークの実践活動が発展していくなかで，1950年代ソーシャルワークへと発展する大きな潮流が訪れる。アメリカ・ソーシャルワーカー協会の呼びかけにより，ほかの団体──アメリカ医療ソーシャルワーカー協会，アメリカスクールソーシャルワーカー協会，アメリカ精神医学ソーシャルワーカー協会，コミュニティ・オーガニゼーション研究協会，アメリカ・グループワーカー協会等──が一つにまとまり，1955年に全米ソーシャルワーカー協会（NASW：National Association of Social Workers）が結成されるのである。このNASWの結成にともない，ケースワーク，グループワーク，コミュニティワークを包括したソーシャルワークの定義に向けた作業が進められる。

1958年に『ソーシャルワーク実践の定義』(*Working Definition of Social Work Practice*)[2]が公表される。ソーシャルワークの包括的な定義は示されなかったが，すべての実践分野において共通するソーシャルワーク実践は「人と環境の相互作用」に焦点をあてることが明示された。そして，20年後の1978年，NASWの"Task Force on Specialization"の報告においても，「ソーシャルワークの焦点は，人と環境の相互作用にある。ソーシャルワークの基本的領域は人と環境が互いに交換しあうところである。（中略）ソーシャルワークが他の対人援助専門職と区別しえるところは，人と環境への焦点の二重性にある」[3]としている。

また，バートレット（Bartlett, H. M.）は，「人とその環境の両者に絶えず関心をもつことを強調し，そして援助専門職としての目的を充実するために，結局のところ状況のなかの人（person in the situation）という現象全体を把握するようにしなければならない」[4]と記している。

このように，ソーシャルワークは個人のパーソナリティに焦点をあてるのではなく，「人と環境の相互作用」に焦点をあてる。そして，人への支援に際しては，人と環境の相互作用でもたらされた「状況」に着眼していくことにある。

一方，ソーシャルワークが世界規模で普及，発展するにともない，ソーシャルワークを「グローバルな視点」(global perspective) で捉えていく努力もなされてきた。それが，「国際ソーシャルワーク」(international social work) である。それぞれの国の文化や制度が異なっても，貧困や不平等，人間の苦悩といった問題は世界中のどの国にも共通して存在する。そして，これらの問題に取り組む実践として，アメリカでは「ソーシャルワーク」の用語が使われているが，ほかの国では「社会開発」(social development) や「開発的社会福祉」(developmental social welfare) という用語が使われている。

そこで，「ソーシャルワーク」を世界共通の用語として位置づけていくために，国際ソーシャルワーカー連盟（IFSW: International Federation of Social Workers）は，1996年にソーシャルワークのグローバル定義に取り組んでいく。そして，2000年7月27日，モントリオールでのIFSW総会でソーシャルワークの新たな定義が採択される。

今日，ソーシャルワークの定義はこのIFSWの定義が採用されているが，「人と環境の相互作用」を実践の焦点とするとともに，この定義では実践における専門的価値として「人権と社会正義」が明示された。

重要

IFSWのソーシャルワークの定義

「ソーシャルワーク専門職は，人間の福利（ウエルビーイング）の増進を目指して，社会の変革を進め，人間関係における問題解決を図り，人びとのエンパワメントと解放を促していく。ソーシャルワークは，人間の行動と社会システムに関する理論を利用して，人びとがその環境と相互に影響し合う接点に介入する。人権と社会正義の原理は，ソーシャルワークの拠り所とする基盤である。」（2000年7月27日モントリオールで開催された国際ソーシャルワーカー連盟の総会にて採択）

※日本語訳は日本ソーシャルワーカー協会，日本社会福祉士会，日本医療社会事業協会で構成するIFSW日本国調整団体が2001年1月26日決定した定訳である。

2　ソーシャルワーク実践の専門的価値について

　ソーシャルワークは，専門的価値を重視した実践である。では，「価値」(values)とは何か。

　「価値」の一つ目の意味は，「大切なもの」「貴重なもの」という意味がある。例えば，2008年4月19日，イギリスのオークションで1912年に沈没したタイタニック号の最後の乗船券が落札された。落札額は3万3000ポンド（約684万円）である。この乗船券は当時5歳の男児が両親と兄弟とともにスウェーデンからアメリカへ移住するためにタイタニック号に乗船し悲劇に遭うが，男児は救命ボートに放り込まれて助けられ，以後，保管されてきたものである。今回，遺品として譲り受けた親族が競売に出したものである。

　もし私が廃船になった渡し船の乗船券をもっていたとしても600万円の値段はつかないだろう。ここに，タイタニック号の乗船券という「価値」がつき，高額で落札されることになった。有名な画家の絵画や歴史的に有名な遺物品なども「貴重なもの」という価値で競売では高額で落札される。ただし，個人にとっての思い出の品や形見なども「大切なもの」「貴重なもの」として「価値」がある。

　「価値」の二つ目の意味には，「人の原理や判断基準」という意味がある。例えば，オー・ヘンリーの有名な短編小説『賢者の贈り物』は，貧しい夫婦が互いのクリスマスプレゼントを買うため，内緒でお金を工面し，プレゼントを贈る話である。妻は，夫が祖父と父から受け継いだ大切な金の懐中時計を吊す鎖を買うため，自慢の長い髪を美容室でバッサリ切り落としてお金を得る。一方，夫は妻の長い髪を束ねるためのべっ甲の櫛を買うため，懐中時計を質屋に入れ，お金を得る。互いが相手のことを思いやり，内緒でしたことで行き違いが生じてしまったが，最も賢明な行為であったと物語は結ばれている。ここに，人生において個人が重要と考える判断によって，夫婦は決断したのである。

　「人の原理や判断基準」の意味をもつ「価値」は，その人の行為や活動の基盤となるものである。例えば，街角で倒れている人を見て，救急車を呼ぶという行為をするか，無視して通り過ぎる行為をするか，その人の原理（愛他心な

> **情報** 「価値」と「倫理」について
>
> 「倫理」は道徳的価値に関してのみ使われる用語であるため,「価値」よりも狭い意味をもつ。ソーシャルワークにおいては,専門職の「倫理綱領」が倫理にあたる。例えば,社会福祉士の倫理綱領では,「価値と原則」で,①人間の尊厳,②社会正義,③貢献,④誠実,⑤専門的力量を掲げ,「倫理責任」では,「利用者に対する倫理責任」として,①利用者との関係,②利用者の利益の最優先,③受容,④説明責任,⑤利用者の自己決定の尊重,⑥利用者の意思決定能力への対応,⑦プライバシーの尊重,⑧秘密の保持,⑨記録の開示,⑩情報の共有,⑪性的差別・虐待の禁止,⑫権利侵害の防止,その他として「実践現場における倫理責任」「社会に対する倫理責任」「専門職としての倫理責任」をそれぞれ掲げている。

どでの価値観)や判断基準(救急車を呼んだほうがいい,または無視して通り過ぎてもいい)によって振るまい方は変わる。

「人の原理や判断基準」の価値は,ボランティア活動にもあてはまる。ボランティア活動の場合,活動に参加する人の原理や判断基準は,自発性,主体性,社会性,無償性が基盤となる。ボランティア活動のこの原理や判断基準は,人がボランティア活動をするうえでの一定のルールである。そのため,活動する人が相手からお金をもらうと,ボランティア活動ではなくなってしまう。

そして,ソーシャルワークの実践においては,「人権と社会正義」の原理と判断基準がソーシャルワーカーの対人援助の基盤となる。

3　「人権」とは何か

「人権」を辞典で調べてみると,「人間が人間らしく生きるために生来持っている権利」(『大辞林 第二版』三省堂,2006年),「人間が生まれながらに持っている,生命・自由・平等などに関する権利」(『国語辞典 第九版』旺文社,1998年)とある。

第二次世界大戦において,子どもを含めた多くの人々の尊い命が奪われた。

この歴史的悲劇を踏まえ，1948年12月10日，国連は第3回総会で「世界人権宣言」を採択した。世界人権宣言は，すべての人民とすべての国が達成すべき人権の共通基準として採択されたものである。第1条では，「すべての人間は，生れながらにして自由であり，かつ，尊厳と権利について平等である」。第3条では，「すべて人は，生命，自由及び身体の安全に対する権利を有する」と謳われている。

　しかし，世界人権宣言は「宣言」のため，国家に対し何ら法的な義務を課すものではない。そのため，国連は法的拘束力をもつ「条約」に取り組み始める。「条約」とは，国家間，または国家と国際機関との間の文書による合意である。日本国憲法では，「日本国が締結した条約及び確立された国際法規は，これを誠実に遵守することを必要とする」（第98条第2項）と定めているため，条約は国内法として効力をもつと考えられている。そして，子どもを対象とするソーシャルワークでは，子どもの人権に焦点をあてた「児童の権利に関する条約」が人権の専門的価値となる。

　「児童の権利に関する条約」は，守るべき児童の権利を大きく四つに定めている。一つは，「児童の最善の利益」（第3条）や「生命の権利」（第6条）な

 **コルチャック先生**

　ポーランド政府は，国連が「児童の権利に関する条約」を採択すべきだという提案を，1978年初頭に開かれた第34回国連人権委員会で提出している。ポーランドは，第二次世界大戦下でユダヤ人収容所で子どもたちと死をともにしたJ.コルチャック先生の故国である。1942年8月のはじめ，教育者・医師・作家のコルチャック先生は自分の児童養護施設の子どもたちとともにワルシャワ・ゲットー（ユダヤ人収容所）からガス室へと向かう列車に乗り込むこととなった。「コルチャック先生は子どもたちの先頭に立って，歌を口ずさみながら子どもたちには夏季休暇へ行くと言って，レンブリンカ（ガス室のある収容所）へ向かった。最後の最後まで，彼は子どもたちのことを心配し，子どもたちがのどを渇かさないようにと，水桶まで用意して，貨車に入っていった」[5]。コルチャック先生自身も1929年に「子どもの権利の尊重」を記している。

どの「生きる権利」である。二つ目は，「教育を受ける権利」(第28条，第29条)や「休息，遊び，文化的・芸術的生活への参加権」(第31条) などの「育つ権利」である。三つ目は，「親による虐待・放任・搾取からの保護」(第19条) などの「守られる権利」である。そして四つ目の「意見を表明する権利」(第12条) や「表現の自由についての権利」(第13条)，「思想・良心・宗教の自由についての権利」(第14条)，「結社・集会の自由についての権利」(第15条) などの「参加する権利」は，児童も一人の人間としての権利の主体であるという考え方に基づいた能動的権利である。そして，児童の養育および発達に対する第一次責任は「親」にあり，その親が養育責任を果たすための国の援助や，家庭環境の重視を強調している。

ただし，子どもたちの家庭では，児童の人権を侵害する状況以外にも高齢者虐待，夫などの親密な関係にある男性から女性に対する暴力(ドメスティック・バイオレンス：DV)，障害者虐待，財産侵害などの人権侵害が起きている。そのため，子どもを対象とするソーシャルワークにおいても人権侵害全般に対する取り組みの使命がある。

4　「社会正義」とは何か

次に，「社会正義」(social justice)であるが，「正義」は「平等」を意味する。西洋の歴史において正義のシンボルは「秤」である。その秤をもつ女神は，秤で善と悪の均衡が失われた場合，他方の手にもつ剣や王冠で失われた均衡を回復する。ここに，正義は秤によって比較される均衡，すなわち，平等を意味する。

同じ人間としてこの世に生まれてきたにもかかわらず，ある子どもは幸せな家庭環境で育ち，ある子は不幸な家庭環境で育つ。身体に機能障害があり，車いすを使用する人は，車いすを使用しない人と比べ街中を自由に移動したり，映画や飲食店での娯楽を楽しむことができない。住み慣れた自宅で余生を過ごしたいと思っている高齢者が介護や経済的問題から自宅で住み続けることができない。これらの状況は同じ社会に生まれた人間として不平等なことである。

---- **ホッと一言** ----

> **英語「justice」の語源**[6]
> 　ギリシャ神話において正義の女神ディケーは，人間社会に住んで人間の不正をゼウスに報告する役目を果たしていた。しかし，人間が堕落してしまうとそれを嫌い，天に昇ってアストライアー（「星乙女」）となる。これが乙女座の由来である。そして，アストライアーがもつ人間の善悪をはかる秤が天秤座となる。ギリシャ神話のディケーはローマ神話ではユスティティア（justitia）という名であらわれ，現在の英語の「justice」となった。「justice」は，正義や司法，裁判所を意味する言葉につながっている。「正義」は，公平であること，平等であることを指す。

　しかし，この不平等は，社会のあり様によって改善されるものである。
　ベーカー（Baker, R.L.）は「社会正義」を「社会のすべてのメンバーが同じ基本的権利，保護，機会，義務，社会的恩恵を得ている理想的な状態」[7]と定義づけている。このベーカーの定義は，すべての人が社会のなかで平等である状態を社会正義としている。

5　ソーシャルワーク実践について

　医学や臨床心理学，ソーシャルワークといった専門的な対人支援で共通する点は，目の前の支援を要する人は現在「よくない状況（not-well being）」にあることである。頭が痛い，イライラする，親から虐待を受けている，障害を理由に就労機会が奪われている，その他，個々人によって「よくない状況」がある。その「よくない状況」を「よい状況（well-being）」に変えていくために，専門的な支援活動が行われていく。
　医学の専門性は病理学である。そのため，身体疾患のよくない状況を対象とし，医学知識やアセスメントとしての疫学検査・レントゲン等の専門性を駆使して原因を解明し，それを改善するための治療を行っていく。
　臨床心理学の専門性は心理学である。そのため，心の悩み（不安等）という

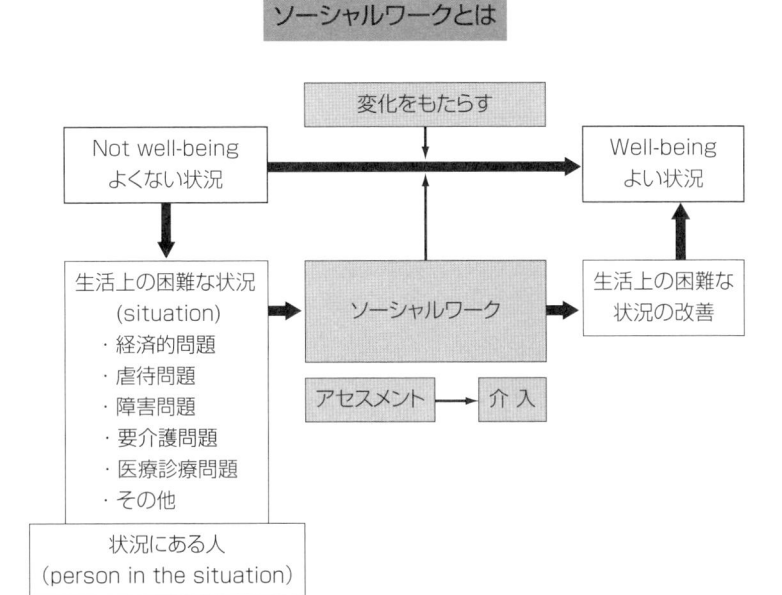

図2-1　ソーシャルワークにおける専門的な支援活動

ソーシャルワークとは

```
                    変化をもたらす
                         │
    ┌──────────────┐     ↓     ┌──────────────┐
    │ Not well-being│ ────────→ │ Well-being   │
    │ よくない状況  │           │ よい状況     │
    └──────┬───────┘           └──────────────┘
           │                          ↑
           ↓                          │
    ┌──────────────┐   ┌─────────┐   ┌──────────────┐
    │生活上の困難な│   │ソーシャル│   │生活上の困難な│
    │状況(situation)├→ │ワーク    ├→ │状況の改善    │
    │・経済的問題  │   └─────────┘   └──────────────┘
    │・虐待問題    │        ↑
    │・障害問題    │   ┌─────────┐   ┌─────┐
    │・要介護問題  │   │アセスメント├→ │介入 │
    │・医療診療問題│   └─────────┘   └─────┘
    │・その他      │
    └──────┬───────┘
           │
    ┌──────────────┐
    │状況にある人  │
    │(person in the│
    │ situation)   │
    └──────────────┘
```

よくない状況を対象とし，心理学知識やアセスメントとしての心理検査の専門性を駆使して状況を判断し，それを改善するための心理療法を行っていく。

そして，ソーシャルワークの専門性は社会福祉学である。そのため，人権侵害や社会不正義によってもたらされた生活上のよくない状況（例えば，経済的問題，虐待問題，障害問題，要介護問題，医療診療問題，ホームレスなど）を改善していくために，ソーシャルワークの専門知識とアセスメントを駆使して状況分析をし，福祉サービスの供給やソーシャルワークの実践方法を展開していく（図2-1）。

ソーシャルワークが展開する実践方法は，図2-2に示すように三つのレベルで取り組まれていく。マイクロレベル（microlevel）は，個人や家族，グループを対象とするレベルである。個人や家族を対象とした支援がケースワーク（case work）で，グループを対象とした支援がグループワーク（group work）

図2-2　ソーシャルワーク実践の体系図

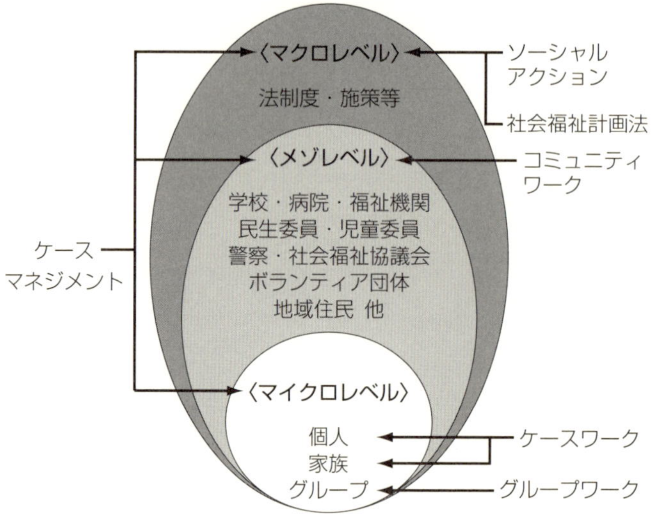

〈マクロレベル〉← ソーシャルアクション
法制度・施策等　　社会福祉計画法

〈メゾレベル〉← コミュニティワーク
学校・病院・福祉機関
民生委員・児童委員
警察・社会福祉協議会
ボランティア団体
地域住民　他

ケースマネジメント

〈マイクロレベル〉
個人　　← ケースワーク
家族
グループ　← グループワーク

である。

　メゾレベル（mesolevel）は，学校や病院，福祉機関，民生委員・児童委員，主任児童委員，警察，社会福祉協議会，ボランティア団体，地域住民等を対象として，住民の組織化や福祉関係機関の組織化を図っていく。この支援がコミュニティワーク（community work）である。

　さらに，マクロレベル（macrolevel）は，教育委員会や福祉機関，国などの法制度や施策を対象とし，法制度や施策の転換・改善，新規の法制度や施策を目指してソーシャルアクション，社会福祉計画法などを展開していく。

　特に，当事者の地域生活支援においては，当事者の複合的なニーズを踏まえて，多種なフォーマルサービスとインフォーマルサービスを組み合わせたり，既存にない社会資源を開発していく支援が求められる。この支援方法をケースマネジメント（case management）と呼ぶが，ケースマネジメントではマイクロ・メゾ・マクロの三つのレベルで支援を展開していく必要がある。

6　学校ソーシャルワークとは

　「学校ソーシャルワーク」は，学校でのソーシャルワークの実践であると述べた。その意味で，学校ソーシャルワークは，学校教育現場でもたらされる子どもたち（児童生徒）への人権侵害や社会不正義に取り組んでいくことになる。そこで，まずは次の事例をみてみよう。

いじめ

対象生徒（中学1年）：孝史

　孝史を含めて四人は，もともと中学1年生からの遊び仲間であった。しかし，友人間の力関係では一番孝史は弱々しく，そのためいつも召使いのように友人のカバン持ちや買い出しなどの用事を言いつけられた。中学2年になって，全員，クラスは替わったが，昼休みには集まっていつも遊んでいた。そして，ある日の昼休み時間，三人の友人たちによるプロレスごっこ遊びが始まった。当然，プロレスの技をかけられる対象はいつも孝史だった。

　当初は，孝史も笑顔で対応していたが，友人たちの手加減のない技にだんだん自分の身体が悲鳴をあげるのを感じていった。そして，「このままでは殺される」と思った。しかし，友人たちに「やめてくれ！」と言うこともできず，先生に言えば，ことが大きくなるのが嫌で，ある日を境に昼休みのチャイムとともに教室から駆け出し，図書室に隠れた。そして，昼休みが終わるチャイムで教室に戻り，帰宅時も駆け足で帰った。友人たちは，態度の変わった孝史に対し，昼休みに探し回った。そして，ついに図書室に隠れているのを見つけ出され，再びプロレスごっこで身体が軋(きし)む音がするほどの技をかけられた。もはや，孝史にとってプロレスごっこは，最大の恐怖の体感であった。

　翌日から孝史は学校に怖くて行けなくなった。孝史にとって三人の友人は仲間ではなく，自分に襲いかかる恐怖そのものであった。自宅にいても扉が

揺れる音，人の足音などに敏感に反応してしまい，彼らが自宅の扉を突き破って，またプロレスごっこをするのではないかという恐怖にかられ，家から一歩も出れなくなってしまった。

　これはプロレスごっこではなく，いじめである。いじめという人権侵害である。この人権侵害によって，孝史は対人恐怖が著しくなり，日々の生活の困難にあわせ，将来にも大きな影響を及ぼされることになってしまった。

絵理の境遇

対象生徒（中学3年）：絵理

　絵理の母親は，父親から容赦のない激しい暴力を受けていた。身の危険を感じた母親は，父親への恐怖から逃れるために，ある日，小学1年の絵理を連れて他市へ姿を隠す。

　数年後，他市の児童相談所にマンションの住民から通報が入った。小学4～5年ぐらいの女の子が授業時間にもかかわらず，マンションの階段でよく遊んでいる姿を見るというものであった。児童相談所の児童福祉司はマンションに出向き，情報を収集すると，そのマンションに子どもがいそうな世帯は1軒だけだった。そこで，児童福祉司がチャイムをならすと一人のやつれた容貌の女性が出てきた。児童福祉司が子どもの有無を尋ねると，女性は**「子どもはいません。私の一人住まいです」**との返答があり，続いて**「今，病気で寝込んでいるので帰ってください」**と言った。児童福祉司は仕方なく，その日は引き返すことにした。しかし，翌日，再度訪問してみると，すでに女性は引っ越していた。

　それから1年後の2月，同市のほかの地域の小学校の校長より児童相談所に通報が入る。校長によれば，学校の子どもの保護者から，小学校高学年の女の子が日中公園で一人で遊んでいる姿を時々見かけることがあるという情報提供があった。児童福祉司は，前回の件が頭をよぎり，再度，通報先の地

域より情報を収集し，1軒の世帯を探しあてた。訪問すると，前回の女性が出てきた。児童福祉司の質問に，今回は女性も子どもがいることを認めた。その女性が絵理の母親であった。

母親によれば，自分たちの居場所が父に知られると殺されるという恐怖心から，絵理を就学させなかったとのである。近隣の人たちから絵理の就学について疑いをもたれるたびに住居を転々とし，絵理は小学5年生まで一度も学校には行っておらず，母は夜にナイトクラブに仕事へ出向き，絵理は一人で就寝し，日中は出来るだけ息を潜めて部屋にいたということであった。しかし，時折，母親が買い物で日中出かけたおりに，絵理は部屋から出て外で遊んでいたのである。

児童福祉司との話し合いで，母は絵理の就学を了承した。これにより，絵理は小学6年生で初めて学校に通うことになった。しかし，小学1年から5年までの学習はすっぽり未学習のままで抜け落ちている。そのため，学校に行っても学習内容が全くわからない。絵理は日ごとに登校しぶりとなっていった。

中学生になっても，1年，2年，3年と欠席日数は多く，自宅で過ごすことが多かった。絵理は「**勉強がわからないのに，学校に行っても授業中，何をしていたらいいのかわからない。居づらくなる**」と言う。しかし，絵理は自分が負ってきた境遇に対し母親を恨んでいるわけでもない。母親については，「**お母さんにとても感謝している。頑張って自分をここまで大きく育ててくれたから**」。そして，将来の夢では，「**今は特に何もない。だから，高校に行っても勉強はわからないし，卒業して何になるかわからないなら，高校に行ってもしかたがない**」と言う。

絵理に与えられなかった平等な教育の機会と義務教育。大人たちは絵理とともに，彼女の将来の夢の探求と実現に向けて応えていく義務があるように痛感した。

学校の主たる機能は教育である。教育を通して，子どもたちは人格形成とと

> **重　要**
>
> **文部科学省の「いじめ」と「不登校」の定義**
> 　「いじめ」とは,「当該児童生徒が, 一定の人間関係のある者から, 心理的・物理的な攻撃を受けたことにより, 精神的な苦痛を感じているもの」
> 　「不登校」とは,「何らかの心理的, 情緒的, 身体的あるいは社会的要因・背景により, 登校しないあるいはしたくともできない状況にあるため, 年間30日以上欠席した者のうち, 病気や経済的理由による者を除いたもの」

もに将来の夢の実現を果たしていく。そして, 教育基本法第4条「教育の機会均等」では,「すべて国民は, ひとしく, その能力に応じた教育を受ける機会を与えられなければならない」とし, 第5条では「義務教育」が掲げられている。しかし, 前述の孝史や絵理の事例において,「教育の機会均等」と「義務教育」が保障されているといえるのだろうか。

今日, 子どもたちへの教育における社会不正義な状況は, 多々存在している。例えば, 陰湿ないじめや教師のモラルを欠いた行為, 親の貧困と養育意識・教育価値意識の低下, 児童虐待など, これらの学校環境や家庭環境の影響を受けた子どもたちは, 学習意欲が削がれたり, 不登校となったり, 怠学や非行の状況を抱えていく可能性がある。また, 通常学級に在籍する発達障害の子どもたちへの不適切な教育環境は, 学習面や発達面での課題を生じさせる。

特に, わが国の教育の機会は学校という場で保障されているため, 学校に参加しない, または参加できない子どもたちは, 教育を受ける機会と権利が保障されない状況を抱える。

学校環境や家庭環境, または地域環境等の影響因によって, ある子どもたちは等しく教育を受ける機会や権利が侵害され, 自己実現が阻害される状況となる。次世代を担う子どもたちの未来を守り育て, 教育を保障していくために, そのような影響因は改善されなければならない。

以上から,「学校ソーシャルワーク」の目的は, 人権と社会正義を基盤に,「種々の要因によって, 児童生徒が等しく教育を受ける機会や権利が侵害された状況

> **重 要**
>
> **学校ソーシャルワーク実践の基盤となる条約，法律**
>
> 【児童の権利に関する条約】
> 「生きる権利」「育つ権利」(「教育を受ける権利」(第28条)(第29条)等)「守られる権利」「参加する権利」
>
> 【教育基本法】
> 第1条「教育の目的」
> 「人格の完成を目指し，平和で民主的な国家及び社会の形成者として必要な資質を備えた心身ともに健康な国民の育成を期して行わなければならない」
> 第4条「教育の機会均等」
> 「すべて国民は，ひとしく，その能力に応じた教育を受ける機会を与えられなければならず，人種，信条，性別，社会的身分，経済的地位又は門地によって，教育上差別されない」
> 「2　国及び地方公共団体は，障害のある者が，その障害の状態に応じ，十分な教育を受けられるよう，教育上必要な支援を講じなければならない」
> 「3　国及び地方公共団体は，能力があるにもかかわらず，経済的理由によって修学が困難な者に対して，奨学の措置を講じなければならない」
> 第5条「義務教育」
> 「国民は，その保護する子に，別に法律で定めるところにより，普通教育を受けさせる義務を負う」
> 「3　国及び地方公共団体は，義務教育の機会を保障し，その水準を確保するため，適切な役割分担及び相互の協力の下，その実施に責任を負う」

にある場合，速やかにその状況を改善し，教育を保障していくこと」にある。

7　アメリカ・カナダのスクールソーシャルワーカー業務

　平成20年度，文部科学省は「スクールソーシャルワーカー活用事業」を開始し，平成21年度からは国の補助事業とした。わが国におけるスクールソーシャ

> **情報**　スクールソーシャルワーカー活用事業
>
> 「スクールソーシャルワーカー活用事業」（文部科学省 2008（平成20）年）では，以下の職務内容を掲げている
> 　教育と福祉の両面に関して，専門的な知識・技術を有するとともに，過去に教育や福祉の分野において，活動経験の実績等がある者
> 　① 問題を抱える児童生徒が置かれた環境への働き掛け
> 　② 関係機関等とのネットワークの構築，連携・調整
> 　③ 学校内におけるチーム体制の構築，支援
> 　④ 保護者，教職員等に対する支援・相談・情報提供
> 　⑤ 教職員等への研修活動　等

ルワーカーの幕開けである。

　しかし，文部科学省の活用事業では「スクールソーシャルワーカー」という名称が用いられながら，ソーシャルワーカーの専門的な支援活動である「ソーシャルワーク」の文言が明記されていない。そのため，「スクールソーシャルワーカー」という肩書きをもつ人が学校でソーシャルワークを実践していないという事態が生じている。そこで，まずはスクールソーシャルワーカーの先進国であるアメリカとカナダの現状について述べていくことにする。

〈スクールソーシャルワーカーが対応する生徒の問題〉
　アメリカとカナダのスクールソーシャルワーカーが対象とする生徒問題を表2-1に示している。両国とも同じような生徒問題があがっているが，両国のスクールソーシャルワーカーに生徒問題の実情を尋ねてみると，両国間の抱える生徒問題の特徴が浮かび上がってくる。
　全米の1639名のスクールソーシャルワーカーを対象としたKelly,M.S.ら(2009)の調査結果[8]では，スクールソーシャルワーカーへの相談依頼者の47%は教師からである。ほかは，特別支援教育チーム（17%），スクールカウンセラー（14%），管理職（12%），生徒自身（4%）や出席対応職員（attendance officer：怠学の子どもに対応する学校職員）（3%），親（3%）である。そし

表2-1　アメリカとカナダのスクールソーシャルワーカーが対応する生徒問題

【アメリカ】(Allen-Mears, P.)[9]
・反社会的,攻撃的行動　・児童虐待　・怠学　・離婚,別居
・薬物乱用　・妊娠　・学業の失敗　・健康（メンタルヘルス及びHIV等）
・経済的問題及び貧困　・特別支援教育　・ホームレス生徒の問題

【カナダ・オンタリオ州】(O'Neil, M.)[10]
○子ども個人の問題
　・学力の問題　・反社会的行動及び社会性の乏しさ　・乏しい友人関係
　・怠学　・健康及びメンタルヘルス　・妊娠　・薬物乱用
○家族の問題
　・家庭内暴力　・児童虐待　・ホームレス及び劣悪な住環境
　・養育困難　・経済的問題及び貧困
○地域の問題
　・暴力,犯罪　・劣悪な住環境　・異文化への理解不足　・貧困
　・地域のサービス資源の不足

て，教師からの主な相談依頼は，生徒の行動上の問題や情緒的問題に対する対応がほとんどである。

　アメリカやカナダの学校において，主要な関心事は暴力問題である。それは，暴力が学校での子どもの学習や精神的発達に深刻な影響を及ぼすからである。そのため，"Safe School"として，学校はすべての暴力に取り組まなければならない。

　アメリカでは，学校区の教育委員会や学校長がいじめも含めたすべての暴力形態の取り組みに失敗すると，「持続的に危険」(persistently dangerous)と指定され，連邦基金や入学希望の生徒を失うことになる。そのため，学校は公的基金を使って，"Safe School"のために最善の成果を上げていくことを目指す。その取り組みの一環には，「ゼロトレランス」(zero tolerance)がある。これは，寛容さをなくし，生徒規律指導を厳格に行うとする方式で，"Safe School"のために悪質な規律違反生徒の放校を含む重い処罰を与える指導方式である。

　アメリカでは低経済層地域の生徒が通う学校では，ギャンググループを含め

> **情報** アメリカ、カナダ・オンタリオ州の義務教育

【アメリカの義務教育】

　公立の幼稚園から高等学校までを運営するためにハワイ州を除き州内を学校区（school district）で区分している。学校区ごとに教育委員会があり、教育委員会主導で独自の教育が行われている。義務教育の年限は州によって異なるが、おおよそ幼稚園から18歳までである。

　小学校（Elementary School）は初等教育、中学校（Middle School）は前期中等教育、高校（High School）は後期中等教育となるが、6・3・3制や6・2・4制、5・3・4制、8・4制、その他、幼稚園を含めた13年間の義務教育期間の分け方も異なる。通常は、幼稚園以降は1年生から12年生までを続けて呼ぶ。例えば、K-8 Schoolは、幼稚園から8年生までを対象とした学校である。

【カナダ・オンタリオ州の義務教育】

　カナダの教育制度は州の管轄になっているため、州毎に多少異なる。カナダ・オンタリオ州トロントは、1998年に周辺の五つの都市と合併し、大トロント地域（Greater Toronto Area）となり、人口は500万人を超える大都市となっている。トロントには90以上の民族が居住し、約80の言語が話され、多文化政策（Multiculterism）をとっている。1年間に世界169か国から8万人の移民を受け入れ、人口の約40％は移民である。イヌイットを含め多民族社会の都市である。

　オンタリオ州の学校教育は、初等教育が6歳（1年生）～11歳（6年生）、中等教育が12歳（7年生）～13歳（8年生）、高等教育が14歳（9年生）～17歳（12年生）である。そして、義務教育は6歳から16歳までである。

　暴力問題や薬物、十代の妊娠、虐待、怠学、中途退学、貧困といった問題が大きな課題となっている。筆者がスクールソーシャルワーカー調査で訪問したコネチカット州ハートフォード学校区の中学校と高校のなかには外部からの脅威や内部の学校安全を保つためにスクールポリスが配置されていた。青少年のギャンググループを地域に抱える中・高校では、学校でのナイフ等の武器持ち込みや薬物の密売を防止するために、学校の入口や校内に複数のスクールポリ

2章　スクールソーシャルワーカーの専門性

ミシガン州アナーバー学校区内の K-8 学校

ミシガン州アナーバー学校区内の高校

ミシガン州でのある K-8 学校の授業風景

トロントの絵はがき

トロント市内の初等教育学校

スが配置されている。ただし，スクールポリスは生徒の暴力を抑止するために，生徒との良き話し相手でもある。

　また，ウィスコンシン州ミルウォーキー学校区でもギャンググループを抱える地域の高校では，スクールポリスや警備員に加え，学校の入口には金属探知機ゲート（空港で搭乗するため手荷物検査時にくぐる金属探知ゲートと同じもの）があった。そのゲートをくぐって校内に入らなければならない。入り口をくぐったフロアの受付カウンターでは，スクールポリスや警備員が生徒と対応している。

　一方，経済層の高い住宅地域にある中・高校では，生徒も落ち着きがあり，学業に励む姿がみられた。アメリカのすべての州を訪問したわけではないが，経済的問題を含め，地域によって学校の実情の違いがあるかと考える。

　他方，トロントの訪問調査にて教育委員会の代表が掲げた教育問題の一つは異文化によるものである。アボリジニーの子どもたちの教育問題，英語を話さない移民の子どもたちがクラスで孤立化してしまう問題や学業低下の問題である。二つ目に，"Safe School" の問題である。ギャング対策や校内トラブル対策を図り，安全な学校をつくる，いじめ対策，高校での防犯カメラの設置，警察との連携を密にするなどである。学校内の安全に取り組むため，トロント教育委員会では school safety monitor を雇用している。中等教育学校ではギャンググループが課題であるため，ある2000名の生徒がいる高校には3名の school safety monitor が配置されている。その役割は，学校で子どもがトラブルを起こした場合，力ではなく，生徒との対話で沈めていくことにある。

　しかし，2008年10月から，トロント教育委員会は市内の20校以上の高校と2校のカトリック系高校に制服警官を配置するとしている。制服警官の配置によって，校内暴力などの犯罪が抑止される効果と，若者たちと警察の間に信頼が生まれるという効果を期待してのことである。トロントもアメリカの高校と同様の課題を抱え始めたといえる。

　いじめの問題は，日本だけではなく諸外国の学校でも抱えている。アメリカのいじめは，1998年の全米調査[11]では4人に1人がいじめを受け，5人に1人がいじめをしているという結果が出ている。言葉や身体攻撃，脅し，侮辱，憂

さ晴らし，落書きをするなどのいじめのほかに，人種的いじめと性的いじめがある。人種的いじめは，人種の中傷，相手の文化をなじるなどである。性的いじめは，性的なジョークを言ったり，性的写真や絵を無理矢理見せたりなどである。いじめの犠牲は，長期の情緒的行動的問題をもたらすだけでなく，学習上の問題を引き起こす。いじめから逃れるために，毎年16万の生徒が学校に行かず，家に留まっている。いじめをする生徒も高学年になるにつれて，ギャングや非行，司法上の罪を犯す可能性が高くなっていく。そのため，"Safe School"として，小学校低学年でのいじめ予防プログラムを取り入れていく学校もある。

一方，カナダにおいてもいじめ問題は重視されており，トロント教育委員会はいじめを「身体的・言語的行動を含む攻撃行動を特徴とし，他者に対して傷害や不快を与えることを意図した行為で，いじめは頻繁に繰り返し行われる」[12]と定義づけている。いじめは，継続的な攻撃行動によって精神的な苦痛を相手に与える行為であるため，カナダでは人権問題として取り組まれている。そのため，日本のように，いじめ問題で子どもが自殺する状況はないとスクールソーシャルワーカーは語っていた。

トロント教育委員会では"Safe School"の目標として，五つのコア・カリキュラムからなる「初等教育での安全プログラム」を行っている。それは，年少・年長幼稚園での「交通安全」，2年生での「安全に町を歩く」，5年生での「いじめ」，6年生での「薬物意識と法律」，8年生での「暴力とギャング」である。

アメリカやトロントの小学校を訪問すると，いじめ問題への啓発のために写真に示す「No Bully Zone」（いじめのない場所）という掲示板を見かけることがある。

次に不登校に関して，訪問調査をしたアメリカやカナダの教育委員会担当者やスクールソーシャルワーカーに，日本のような不登校問題があるかと尋ねてみると，ないという返答が返ってくる。それは，オルタナティブスクール等，ほかの教育機関が多くあり，義務教育を保障するために通学している学校が生徒に合わなければ，ほかの教育機会の選択が可能であるからであるという。

例えば，トロント教育委員会が掲げた生徒が学校に来ない理由は，一つは成

No Bully ZONE　　　　　　　子どものロッカーのポスター

績が悪い，勉強する気がない場合，二つ目はいじめや暴力が怖い場合，三つ目はうつ病または不安症による場合が代表であるという。なお，欠席問題ではアテンダンス・カウンセラー（Attendance counsellor）が家庭訪問をしたり，学

> **情報　スクールソーシャルワーカーの起源**
>
> 　19世紀初頭，アメリカ大陸への移民の増加で都市部は貧困問題を抱えていた。セツルメント・ハウスのレジデントたちは，学校に行けない貧困家庭の子どもの教育保障のため，家庭と学校双方へ活発に関わりをもった。1906年，ニューヨークのセツルメント・ハウスで学校と家庭，地域の橋渡し役として「訪問教師」(visiting teacher)の取り組みが始まった。ニューヨーク以外のハートフォードやボストンでも1907年に同様の取り組みが始まる。ハートフォードでは，心理クリニックが家庭環境の安定と子どもの発達を支援するために訪問教師活動を開始したが，メアリー・リッチモンドのケースワークを実践に反映した。ボストンでは女性教育協会が学校と家庭間の協力を進め，子どもの教育を高めるために訪問教師を学校に派遣した。以後，訪問教師制度は全米で広がり，1919年に全米訪問教師協会が結成される。さらに，訪問教師がソーシャルワークを基盤とした実践を展開していくにともない，1940年以降は「スクールソーシャルワーカー」の名称へと変更していく。

校で保護者面談で改善していくとのことである。

〈スクールソーシャルワーカーの業務〉
　アメリカやカナダにかかわらず，世界のスクールソーシャルワーカーの役割は共通である。それは，子どもたちの教育が種々な要因によって影響を及ぼされている場合，スクールソーシャルワーカーは子どもや家庭，学校，地域への支援を通してその要因を改善し，子どもたちの教育を保障していく手助けをしていくことにある。そして，この役割を担うためにスクールソーシャルワーカーが行う業務は，「学校におけるソーシャルワークサービス」(social work services in school) である。では，どのようなソーシャルワークサービスを提供するのか。
　表 2-2 はアメリカ・スクールソーシャルワーク協会（SSWAA: School Social Work Association of America）が掲げるスクールソーシャルワーカーの業務

表 2-2　アメリカのスクールソーシャルワーカー業務（SSWAA）

【積極的な学校－家庭コミュニケーション】
　生徒の成功（success）は，家族，教師，スクールソーシャルワーカーが協働して学校－家庭コミュニケーションを積極的に取り組むとき最高潮となる。この目標は，家族，教師，スクールソーシャルワーカーの役割で成し遂げられる。そして，スクールソーシャルワーカーは以下の役割を担う。
・危機介入，カウンセリング，支援，ケースマネジメントを行う。
・生徒，家族，学校職員間の信頼関係を築く。
・生徒と家族の守秘義務を守る。
・学習の障壁を理解し，改善していくために，家庭訪問をし，家族と面談する。
・生徒及び家族と学校及び関係機関をつなぐ。
・家族が子どもの教育に効果的に参加するように促す。
・生徒の学業への社会的情緒的障壁をアセスメントするため，すべての学校職員と協働する。
・家族から情報を収集する。
・家族が学校施策やサービスを理解しえるように援助する。
・学業問題や行動問題をもつ生徒への支援計画に際し，教師や校長を援助する。
・学校と家族の不同意に対し仲介に入る。
・教師や管理職が対応した生徒問題のフォローアップを行う。
・予防活動や介入方法を開発し，促進していく。

表2-3　カナダのスクールソーシャルワーカー業務（CASSWA）

1　子どもと家庭への直接的援助
- 子どもの家族，学校，地域の状況から子どものストレングスやニーズをアセスメントする
- 子どものニーズにあわせた介入プログラムを作成する
- 個別カウンセリング
- グループカウンセリング
- 家庭への支援的介入
- 学校や地域で起こった悲惨な事件，事故に対し子どもへの危機介入を行う

2　コンサルテーション
- 教室内外での介入プログラムについて教職員と協議する
- 子どもや教職員への介入プログラムについて校長，学校管理者と協議する
- 子どもの学習目標や成果に関して，教職員に適切なフィードバックを行う
- 関連する専門職からなるチーム会議の運営を行う
- リスクの高い地域にある学校に対し，どのようなプログラムが必要かを教育委員会と協議する
- 学内で重大な事件や事故が発生した場合，教職員や校長等へのコンサルテーションを行う

3　学校外での連携と協力
- 子どもや家族への継続的支援のために，他の支援者と協力する
- 子どもや家庭に役立つサービスを提供している地域の人材や機関と連携し，調整する
- 教育委員会や学校を代表して，地域のさまざまな会合に参加する
- 関係機関との連携を図る

4　予防プログラムの提供（特別授業を行う）
- 社会性の発達
- 自己防衛法
- いじめ対策
- 自殺予防
- 児童虐待防止
- 家庭内暴力の予防
- 健全な異性関係

5　研修の提供（教職員や教育委員会関係者向けの研修会を行う）
- 児童虐待の報告義務に関する諸法律について
- 学級づくりの技術
- 保護者との協力的なコミュニケーションの取り方
- 自殺予防やハイリスクな子どもへの初期予防対策

内容(13)である。また、表2-3は、カナダのスクールソーシャルワーカーおよびアテンダンス・カウンセラー協会（CASSWA：Canadian Association of School Social Workers and Attendance Counsellors）が提示しているスクールソーシャルワーカーの業務内容(14)である。両国ともその業務は共通している。特に、アメリカとカナダのスクールソーシャルワーカーの業務で大きな比重を占めるサービスが、生徒や親への「個別カウンセリング」や「グループカウンセリング」と、他機関との調整役割である。

実際、アメリカとカナダでの訪問調査で、スクールソーシャルワーカーの主要業務は何かと尋ねると、必ず「カウンセリングである」という答えが一律に返ってくる。このように、スクールソーシャルワーカーの業務は、生徒や家族へのカウンセリング援助を主にしながら、コンサルテーションやアドボカシー、他機関への紹介および調整、または学校への襲撃事件や親の死等に対する危機介入、そして児童虐待対応である。

また、学校では、多専門職による生徒サポート会議が月1回開催されている。多専門職としては、スクールソーシャルワーカー、スクールサイコロジスト、理学療法士、作業療法士、言語療法士などである。例えば、トロントにおいて、学内の生徒サポート会議では平均7〜8名の生徒の協議が行われるが、実質、

あるスクールソーシャルワーカーの部屋

〈小学校〉　　　　　　　　　〈高校〉

図2-3　トロントでの生徒サポートサービス会議の生徒問題対応図

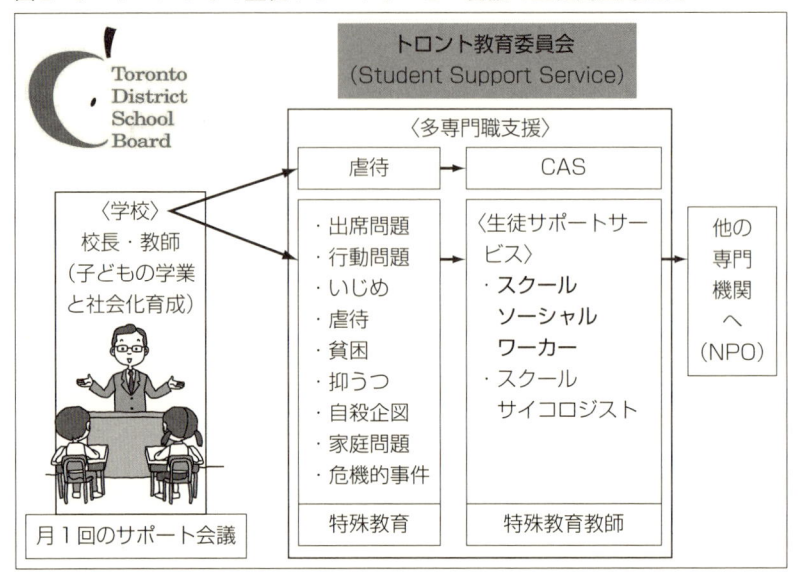

```
〈学校〉                    トロント教育委員会
校長・教師              (Student Support Service)
(子どもの学業
と社会化育成)              〈多専門職支援〉
                    ┌─────────────┬─────────────┐
                    │ 虐待         │ CAS          │
                    ├─────────────┼─────────────┤    他の
                    │・出席問題    │〈生徒サポートサー│    専門
                    │・行動問題    │ビス〉         │    機関
                    │・いじめ      │・スクール     │    へ
                    │・虐待        │  ソーシャル   │   (NPO)
                    │・貧困        │  ワーカー     │
                    │・抑うつ      │・スクール     │
                    │・自殺企図    │  サイコロジスト│
                    │・家庭問題    │              │
                    │・危機的事件  │              │
 月1回のサポート会議 │ 特殊教育     │ 特殊教育教師  │
```

7名の生徒の協議となると十分な時間はとれないようだ。他機関への紹介が必要な場合にはスクールソーシャルワーカーがその業務を担うが，児童虐待に関してはトロントでは法律上，児童虐待専門機関である"Children's Aid Society（CAS）"が対応することになっている。

アメリカやカナダにおいて，スクールカウンセラーはガイダンスカウンセラーやガイダンスの教師である。年度が始まるとスクールカウンセラーは生徒全員を対象にカリキュラムを説明するガイダンスを行う。生徒の学業や進路相談などのコンサルテーションも行う。

一方，スクールサイコロジストは障害のある子どもたちの個別教育計画（IEP：Individualized Education Plan）における心理判定のため，実質的にカウンセリングを行う時間がとれない。そのため，カウンセリングはスクールソーシャルワーカーの業務として認識されている。

> **情報　スクールカウンセラー**
>
> 　専門的スクールカウンセラー（professional school counselor）は，学校カウンセリングの資格をもつ教育者である。初等・中等教育学校で雇用され，①カウンセリング，②ガイダンス，③コンサルテーション，④コーディネーションを通して，生徒の援助を行う。ガイダンスは，生徒の学業や進路，人格的／社会的発達などの育成を計画したガイダンス活動プログラムである。
> （American School Counselor Association の Web サイトより）

> **情報　スクールサイコロジスト**
>
> 　スクールサイコロジスト（school psychologist）は，心理教育的アセスメント，児童期の発達，行動マネジメント，個別／グループカウンセリング，コンサルテーションの分野の専門職である。主な役割の一つが心理教育的アセスメントで，教室で学業面や行動面に困難をもつ生徒（学習障害，外傷性脳損傷，情緒障害，自閉症，知的障害，発達遅滞，ほか）に対し検査を行い，その検査結果と親や教師から集めた情報に基づき，特別支援教育のサービスが必要かどうかを学校と一緒に決定する。
> （National Association of School Psychologist の Web サイトより）

> **情報　個別教育計画（IEP）**
>
> 　アメリカでは，1975年に全障害児教育法（Education for All Handicapped Children Act：P. L. 94-142）が成立し，主要理念として，すべての障害児に対して，①無償で適切な公教育の権利，②障害をもたない生徒と出来るだけ一緒に教育を行っていく最小制約環境（Least restrictive environment）の権利とした。この理念を具体化するために，一人ひとりの障害児の個別教育計画を作成することが義務づけられた。この全障害児教育法の成立によって，スクールソーシャルワーカーは，①子どもの社会発達歴の情報収集，②多専門職会議への参加，③子どもが受ける権利に関して親へのアカウンタビリティ，④障害児の通常学級への移籍に関するアセスメントなどの役割が与えられた。

> **情報** トロントのスクールソーシャルワーカーに聞いてみました

○スクールソーシャルワーカー A さん

担当校は 7 校で、主な業務はアセスメントです。典型的な 1 週間は七つの学校に行っています。小規模の学校では一日 1 時間半いますが、そのあと、ほかの学校に行きます。大規模な学校ではほとんど一日います。すでに訪問時には相談予約が入っており、個々の生徒や親に会います。スクールソーシャルワーカーが会ったことのない生徒でも、校長や教師が問題と感じている生徒についても話します。どう対処したらよいかを話すのが一般的な方法で、プライバシーを尊重しながら取り組んでいきます。自殺予防対策では年齢の高い十代を対象としていますが、教室においてストレスへの悪い対処の仕方やよい対処の仕方を教えています。

現在、担当している七つの学校の校長が生徒のことをすごく心配しており、それらの生徒が自殺の兆候を示しているのかどうかのアセスメントやコンサルテーションを求められます。自殺予防の重要なポイントは、進路指導の教師が生徒に自殺の兆候があるかどうかの疑念をもった場合、スクールソーシャルワーカーがその判断のお手伝いをします。生徒と十分なコンタクトを通してアセスメントをしていきます。

30 年間、自殺数はオンタリオでは増えもせず、減りもしていません。個々の生徒によって問題が違うので、自殺の理由を一般化したくはありませんが、一般的な十代の自殺予備軍では情緒的問題や危機的出来事、希望喪失などです。いじめで自殺することはほとんどありません。大半はいじめで自殺を考えることもありません。一番は孤独感が問題で、ソーシャルサポートで解決していく必要があります。

○スクールソーシャルワーカー B さん

担当校は 4 校で、Safe School（暴力、武器、栄養不良、ほか）への取り組みをしています。学校では、月に 1 回、生徒サポートチームを開催します。校長、スクールサイコロジスト、特別支援教育の教師、言語療法士、精神科医で、時折、教師も参加します。会議では、子どもを他機関（カウンセリングセンター、病院、民間セラピスト、その他）へ紹介する必要があるかどうかを協議したり、その場で解決できるなら解決していきます。ただし、必ず書面で親の許可書、サインをとらないと、介入活動はできません。1 年で通常、125 名の生徒と家族に会います。それぞれの対応は個々の生徒によって異なります。生徒サポートチームは、各学校の方針で行っています。子どもがメンタルな問題を抱えているときには、カウンセリングセンターなどに紹介する必要があります。いじめ予防対策にも力をいれており、現在、4 年、5 年、6 年生に対し教師と一緒に教室でいじめ予防の講座をしています。

2章　スクールソーシャルワーカーの専門性

〈スクールソーシャルワーカーの勤務形態〉

　ケリーらの調査[8]によると，アメリカのスクールソーシャルワーカーの勤務校は小学校（Elementary School）が44％，中学校（Middle School）が18％，高校（High School）が21％である。担当校数は，1校のみの担当が40％，2校担当が19％，3校担当が11％，4校以上担当が32％である。89％が公教育で雇用されているが，私立学校にも雇用されている。雇用財源としては，全障害児教育法の成立（1975年）以降，特別支援教育の財源にてスクールソーシャルワーカーが雇用されているのが一般的である。ケリーの調査でも，回答者の30％が業務の半分以上は個別教育計画（IEP）の業務であると応えている。

　例えば，ミシガン州アナーバー学校区，ウォシュトナー学校区ではすべてのスクールソーシャルワーカーは特別支援教育の財源で雇用されており，そのため業務も個別教育計画（IEP）に関わっている。特に，発達障害の子どもたちの社会技能（social skill）の育成や学級内の適応，学級の友人たちとの良好な人間関係のための仲介役などもスクールソーシャルワーカーの重要な役割であった。

　一方，ウィスコン州ミルウォーキー学校区のブラッドレー工科高校には3名のスクールソーシャルワーカーが配置されているが，1名は特別支援教育の財源で，2名は中途退学防止および非行防止を目的とした学習支援のためのプロジェクト予算で雇用されていた。

　他方，トロントには100名程度のスクールソーシャルワーカーがいるが，週に数校を担当し，ある学校は半日，ある学校は1日勤務するなど，担当校数によって異なる。トロント地区を東西南北に4地域に分け，それぞれの地区にチーフ・スクールソーシャルワーカーが1名ずつ，計4名いる。チーフ・スクールソーシャルワーカーは150校を管轄し，学校を定期的に訪ね，スクールソーシャルワーカー業務も行う。チーフ・スクールソーシャルワーカーの役割はスーパーバイザーの役割であり，一人で約30数名のスクールソーシャルワーカーを担当し，電話での随時の助言や月1回集まって事例研修等を行っている。

　このように，アメリカやカナダは義務教育期間が高校年齢までであるため，高校にもスクールソーシャルワーカーが配置されている。日本においても義務

教育ではない高校でのスクールソーシャルワーカー配置の取り組みが切に求められる。

〈スクールソーシャルワーカーの資格〉
　アメリカやカナダのスクールソーシャルワーカーは，大学院修士課程でソーシャルワークの専門学習（ソーシャルワーク修士号）と2年間のインターンシップによるトレーニングを受けた人が職に就いていく。また，アメリカではスクールソーシャルワーカーとして勤務するために，州によっては州が定める資格要件と試験を受ける必要がある。
　例えば，コネチカット州では，①ソーシャルワーク修士号，②コネチカット州保健局によるソーシャルワーク認可証，③コネチカット州教育委員会による専門教師認可証（professional educator certificate）の3条件を保有している必要がある。イリノイ州でも，①ソーシャルワーク修士号，②イリノイ州によるスクールソーシャルワーカーになるための研修プログラムの受講，③修士を有するソーシャルワーカーからの400時間以上のスーパービジョンと，学校での600時間以上のインターンシップ，④イリノイ州教育理事会による基礎と専門の試験に合格することが要件となっている。ケリーの調査でも，回答者の87%はソーシャルワーク修士号をもっており，70%は州のスクールソーシャルワーカー資格や認可証をもっている。
　トロントにおいてもスクールソーシャルワーカーになるためには，ソーシャルワーク修士号と学校でのインターンシップ経験が基盤となるが，スクールソーシャルワーカーに際しては採用面接を受けることになる。トロント教育委員会のスクールソーシャルワーカー担当部門の管理職が採用面接をするが，事例が提示され，その対応内容などの総合評価で採用の有無が決められる。採用希望者が多く，そのため採用されたスクールソーシャルワーカーは児童福祉部門で長年の経験と実績を積んだソーシャルワーカーが多いようだ。
　以上，アメリカやカナダでは，スクールソーシャルワーカーはソーシャルワークの専門的知識・技術・価値の学習と2年間に及ぶ学校でのインターンシップ経験を通して修士号を取得し，さらにはアメリカでは州により教育委員会が課

す資格要件を得たソーシャルワーカーが勤務している。

　それに対して，わが国ではソーシャルワーカーは社会福祉士または精神保健福祉士の国家資格を保有する人であるが，その養成は福祉系大学や短期大学，専門学校において行われている。しかし，わが国では学校教育分野を対象としたソーシャルワーカーの人材養成を行ってこなかった。今回，スクールソーシャルワーカーとして，初めて学校にかかわるソーシャルワーカーが大半である。また，学校では多様な児童生徒の課題を抱えているため，即戦力のソーシャル

情報　カナダ・トロント大学ソーシャルワーク大学院カリキュラム

【1年目】
○カナダの社会政策と社会福祉
○ソーシャルワーク実践の基礎（援助スキルの基礎）
○ソーシャルワーク実践演習
○ソーシャルワークの基礎：知識・理論・価値
○証拠（evidence）に基づくソーシャルワーク実践
○ソーシャルワーク・グループ実践
○ソーシャルワーク・オーガニゼーションとコミュニティ
○ソーシャルワーク・インターンシップ（総計日数おおよそ68日）

【2年目】
※専門コース選択：「子どもと家族」「多様性と社会正義」「精神保健と健康」「老年学ソーシャルワーク」
〈専門コース：子どもと家族〉
○証拠に基づくソーシャルワーク実践研究
○子どもと家族の実践研究
○家族のソーシャルワーク実践
○子どものソーシャルワーク実践
○子どもと家族に関わるうえでの今日的問題
○ソーシャルワーク・インターンシップ（総計日数おおよそ80日）

ワーカーが期待される。そのため，わが国のスクールソーシャルワーカーには専門性の質的の向上が特に求められている。

2章　スクールソーシャルワーカーの専門性

ミルウォーキーのスクールソーシャルワーカー紹介パンフレット

Milwaukee Public Schools
Department of Special Services
Office of School Social Work

School Social Workers
The Vital Link

The Mission of School Social Work Services is to Assure Academic Success, Educational Equity and Social Justice.

School Social Workers are trained to employ a wide range of professional strategies to enhance student learning.

School Social Workers intervention in student's lives leads to:

Increased achievement

Increased safety

Increased positive social behavior

Competency

Increased Parent and Community Involvement

Milwaukee Public Schools

School Social Workers strive to collaborate with schools, families and community systems helping students with school adjustment and academic achievement. Join with us so that together, failure is yesterday's challenge, the impossible can become possible, and the future is a win-win situation.

Dena Radtke, Coordinator
School Social Work, School to Work Transition and Community Services
6620 W. Capitol Drive
Milwaukee, WI 53216
Phone: 414-438-3559
Fax: 414-438-3404
E-mail: radtkedl@milwaukee.K12.wi.us

School Social Workers Function in a Variety of Roles

Assessment and Screening

- IEP Teams
- Building consultation teams
- Kindergarten screening
- Depression/suicide screening
- Abuse and neglect screening

Counseling and Support Groups

- Educational support groups
- AODA
- Anger management
- Social Skills
- Divorce, family issues
- Individual counseling
- Problem solving
- Services to pregnant teens/parenting teens
- Ropes and Challenges facilitators

Home – School Collaboration

- Home visits
- Telephone contacts
- Parent education and support

Program, Resource and Policy Development

- Curriculum
- Attendance and truancy
- Building district crisis response
- Programs and services to meet the needs of specific populations:
    Homeless/mobile students, school age parents, ESL students and families
- School climate and environment
- Harassment and nondiscrimination
- Discipline, suspension and expulsion
- Grant writing and management

Advocacy

- Student access to school and community—based services and instructions
- Family assistance in finding and utilizing community resources
- School and district roles with the greater community

Partnerships with Community-Based Organizations

- Coordination of student transition to/from foster care, corrections, detention and residential treatment
- Educational resource to community groups
- Coordination of community resources with school services
- Development and management of collaborative relationships with community agencies
- Referrals to community resources
- Address organizational change to improve learning

School Social Work roles and functions used with permission of DPI website.
http://dpi.state.wi.us/sspw/socialwork.html

Design by Raksha Chand, SSW
Photos by Bonnie Pomo, SSW

2 学校ソーシャルワーク実践の視点

1　わが国のスクールソーシャルワーカーの役割

　アメリカやカナダの学校が抱える児童生徒の課題と異なり，わが国では不登校が大きな課題である。そして，毎年12万人以上を超える不登校児童生徒数の現状を鑑みれば，多様な教育の機会の場を設けていくことが求められてきている状況にもあると考える。もし，わが国の教育制度が多様な教育の場を保障する状況にあれば，在籍校で不登校となった場合でもほかの教育の場を選択し，教育を受けることができる。しかし，現行の教育制度のもとで，まずはスクールソーシャルワーカーに求められている役割としては，不登校も含め，子どもたちの教育の機会や権利を侵害する要因の改善に向けた取り組みである。

　わが国のスクールソーシャルワーカー事業の始まりは，平成12年度以降である。いくつかの自治体の教育委員会が独自事業として開始した。そして，平成20年度の文部科学省の「スクールソーシャルワーカー活用事業」により，スクールソーシャルワーカー事業は全国レベルとなった。

　しかし，スクールソーシャルワーカーの配置形態については，いくつかのタイプに分けることができる。すなわち，①複数の小・中学校を担当し，学校からの相談依頼で派遣されていく「派遣型」，②指定された小・中学校に週1～2日程度配置される「指定校配置型」，③中学校区を対象として，小・中学校の連携，地域の関係機関や学校支援者のネットワークなどを推進していく「中学校区・拠点巡回型」等である。表2-4には，「派遣型」「指定校配置型」「中学校区・拠点巡回型」の活動内容，利点，欠点を示している。

　「派遣型」では，相談依頼を受けて学校に出向き，コンサルテーション（助言）や子どもとの面談が業務となる。しかし，対象とする学校数が多く，子どもへの継続的な支援を行うことが出来にくいという課題がある。

　「指定校配置型」では，学校内のケース会議におけるコンサルテーション（助言）や子どもとの面談などが主要業務となる。ただし，週1～2回程度の勤務

情 報　【不登校となった直接のきっかけ】（文部科学省）

○学校生活の起因
- 友人関係をめぐる問題…………………いじめ，けんか等
- 教師との関係をめぐる問題……………教師の強い叱責，注意等
- 学業の不振……………………………成績の不振，授業がわからない，試験が嫌い等
- クラブ活動，部活動等への不適応
- 学校のきまり等をめぐる問題
- 入学，転編入学，進級時の不適応

○家庭生活に起因
- 家庭の生活環境の急激な変化…………親の単身赴任等
- 親子関係をめぐる問題…………………親の叱責，親の言葉・態度への反発等
- 家庭内の不和…………………………両親の不和，祖父母と父母との不和等本人に直接かかわらないこと

○本人の問題に起因
- 病気による欠席
- その他本人にかかわる問題……………極度の不安や緊張，無気力等で他に特に直接のきっかけとなるような事柄がみあたらない

○不登校の継続理由
- 学校生活上の影響………………………いやがらせをする生徒の存在や，教師との人間関係等，明らかにそれと理解できる学校生活上の影響から登校しない（できない）。
- 遊び・非行………………………………遊ぶためや非行グループに入ったりして登校しない。
- 無気力……………………………………無気力でなんとなく登校しない。登校しないことへの罪悪感が少なく迎えに行ったり強く催促すると登校するが長続きしない。
- 不安など情緒的混乱……………………登校の意思はあるが身体の不調を訴え登校できない。漠然とした不安を訴え登校しない等，不安を中心とした情緒的な混乱によって登校しない（できない）。
- 意図的な拒否……………………………学校に行く意義を認めず，自分の好きな方向を選んで登校しない。
- 複合………………………………………不登校状態が継続している理由が複合していていずれが主であるかを決めがたい。
- その他……………………………………上記のいずれにも該当しない。

表2-4 スクールソーシャルワーカーの活用スタイル

		活動内容	利　点	欠　点
Ⅰ	派遣型	①教育委員会もしくは教育事務所に配置され，そこを拠点に対象となる小・中学校からの派遣要請に応じて学校訪問等を行う。 ②コンサルテーション（相談・助言）やケース会議への出席などを中心とした間接的支援を専門的に行う。 ③直接的に対象児童生徒との関わりはもつことは少ない。	①多くの小・中学校でスクールソーシャルワーカーを活用することができる。 ②直接的な支援の大半は学校教職員が担うため，効果的な活用をすることができた場合には，教職員個々の資質向上につながる。 ③必要なときにだけスクールソーシャルワーカーの活用をすることができる。	①学校現場の一員というよりは，"お客様"的な扱いをされるため，教師との密接な関係形成が図り難い。 ②対象となる小・中学校が多いため，全体的に広く浅くかかわらざるを得ない。 ③問題を抱える児童生徒の早期発見・未然防止が間接支援の範囲でしか対応することができない。
Ⅱ	指定校配置型	①教育委員会や教育事務所によって選定された特定の小学校や中学校に配属されて活動を行う。 ②あらかじめ設定された勤務日に常駐して，教師，児童生徒，保護者などに直接的支援を行う。 ③学校・家庭・関係機関との連携を直接的に行う。	①学校に密着した活動が可能になるため，教師や児童生徒と密接な関わりをすることができる。 ②学校現場の一員として活動をすることができる。 ③勤務日であれば，いつでも気軽に相談をすることができる。	①配置校以外の小・中学校は活用することができない。 ②活用方法を誤れば，教職員がスクールソーシャルワーカーに依存する傾向をつくってしまう。 ③コストがかかるため，人材を増やし難い。
Ⅲ	中学校区・拠点巡回型	①教育委員会により選定された特定の中学校区に配置され，そのなかでスクールソーシャルワーカーが活動を行う。 ②担当する各小・中学校の児童生徒に直接支援をする。 ③学校・家庭・関係機関との協働支援を直接的に行う。	①小・中連携を意識した支援活動が可能になる。 ②拠点校と対象校で実態に即した異なる動きをすることができる。 ③各対象校間の相互作用を図ることができる。 ④Ⅱ-①，②，③と同じ。	①対象校以外の小・中学校は活用することができない。 ②教師がスクールソーシャルワーカーに児童生徒対応を委ねる傾向をつくってしまう。 ③スクールソーシャルワーカーの担当ケースが過重負担となる状況が生じる。

となると，学校側も子どものケースを依頼したいがスクールソーシャルワーカーの勤務時間の制約で依頼しづらいなどの課題がある。

「中学校区・拠点巡回型」（図2-4）では中学校と数校の小学校が対象となるが，スクールソーシャルワーカーは特に支援を要する中学校区を担当することになる。小・中学校に定期的に出校して子どもたちと面談したり，家庭訪問にて保護者面談を行ったりする。また，子どもの支援に際して，学校と関係機関が協働して取り組む「校外協働」では，支援ケース会議を開催して実際の支援を行っていくことになる。

本来，スクールソーシャルワーカーの業務は，子どもへの直接支援である。アメリカやカナダのスクールソーシャルワーカーのように，個別やグループのカウンセリングを主業務とする場合には「指定校配置型」の選択もよいかもし

図2-4　スクールソーシャルワーカーの役割

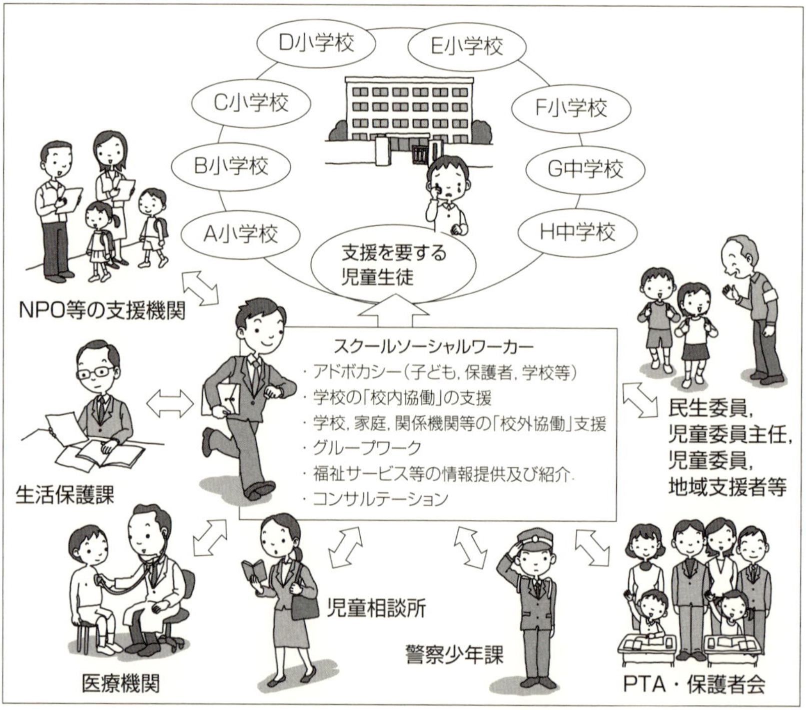

れない。しかし、わが国においては、子どもたちの抱える状況を学校・家庭・関係機関が協働して取り組んでいくことが求められている。この直接支援をスクールソーシャルワーカーが担っていくためには、「中学校区・拠点巡回型」がよいと考える。

　また、家族支援では、児童相談所や生活保護課、行政機関、その他への情報収集や支援ケース会議の調整などの業務を行わなければならない。子どもの支援に際しては早期発見・早期対応が重要であるが、学校での「校内協働」体制づくりの支援にも取り組んでいくことになる。特に、支援を要する子どもには小・中学校できょうだいがいる場合もある。この場合には、小・中学校合同の支援ケース会議にて協働した取り組みが欠かせず、スクールソーシャルワーカーは小・中学校連携への支援が求められる。

2　学校ソーシャルワーク実践の視点

　子どもの教育の機会や権利に影響を及ぼす種々な要因を大別すると、図2-5に示すように、学校環境や家庭環境、地域・社会環境があげられる。そして、スクールソーシャルワーカーは、これらの影響要因を改善していくために学校ソーシャルワーク実践を行っていく。

　学校ソーシャルワークを実践していく場合、その専門性は「人と環境との相互作用」を分析するための「視点」（perspective）を活用することである。この場合、子どもの状況を教育学や心理学の視点で分析していくと、おのずとその支援方法は教育学や心理学の視点で実行されていくことになる。

　ソーシャルワークにおいて代表的な実践モデルの視点としては、一般システム論的視点や生態学的視点、エンパワメント（empowerment）の視点、ストレングス（strengths）の視点、ナラティブ（narrative）の視点などがある。学校ソーシャルワークにおいて、全米ソーシャルワーカー協会（NASW）は「学校ソーシャルワークサービスのためのNASW基準」[15]（2002年）で生態学的視点の活用を薦めている。

　生態学的視点は生態学（ecology）を基盤とする視点であるが、生態学とは

図2-5　子どもの教育の機会や権利に影響を及ぼす種々な要因

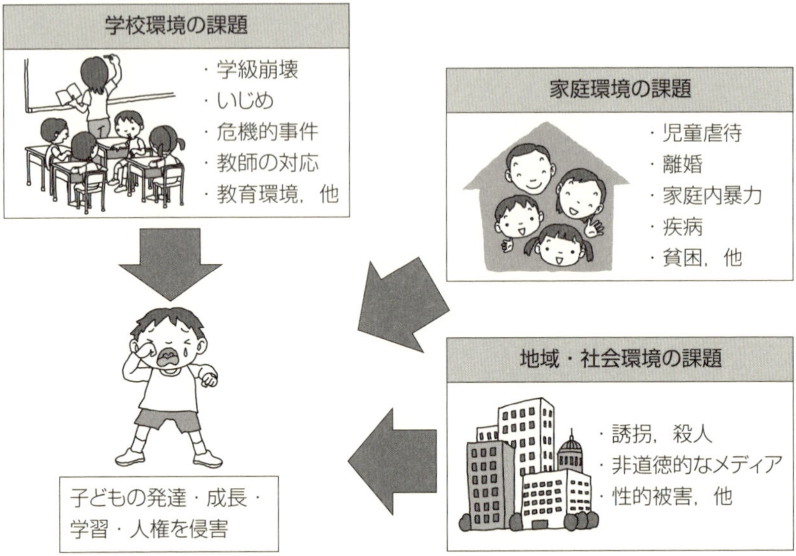

学校環境の課題
・学級崩壊
・いじめ
・危機的事件
・教師の対応
・教育環境，他

家庭環境の課題
・児童虐待
・離婚
・家庭内暴力
・疾病
・貧困，他

地域・社会環境の課題
・誘拐，殺人
・非道徳的なメディア
・性的被害，他

子どもの発達・成長・学習・人権を侵害

　有機体とその環境との間の交互作用を研究する学問である。この生態学的視点を活用した代表的なソーシャルワーク実践モデルが，ジャーメイン（Germain, C. B.）とギッターマン（Gitterman, A.）の「ライフモデル」（Life Model）である。この実践モデルの中心となる概念は，「交互作用」「適応」「ライフストレス」「生息地と適所」である。

　生態学的視点を活用する学校ソーシャルワーク実践では，家庭環境や学校環境での「適応」が支援のポイントとなる。支援対象の子どもは「不適応」状態にあり，その状況を改善することが目指される。

　例えば，子どもが学校環境でいじめのストレッサーで学校不適応を起こしている場合，ライフモデルでは子どものいじめへの対処行動を強化するために，カウンセリングやソーシャルスキルトレーニングなどを行うとともに，いじめという環境を改善していく取り組みが行われる。

　このように，生態学的視点で学校ソーシャルワーク実践を展開していく場合，おのずとスクールソーシャルワーカーは子ども個人のストレス（またはメ

> **情報** 生態学的視点での中心的概念
>
> ・「交互作用」：人間と環境との絶え間ない相互交換により、それぞれが単独で変化していくことである。
> ・「適応」：人間と環境との交互作用において、人間はその環境に適応していく。特に、人間と環境が適応的であれば、人間のウェルビーイングと環境側のサポート体制は「最良の適合（goodness-of-fit）」を果たしている。他方、不適応的であれば、人間のウェルビーイングはみたされない状況となる。
> ・「ライフストレス」：ライフステージを通して、ライフストレッサーによって抱えるストレスである。それに対処していくことを「対処行動またはコーピング」という。
> ・「生息地と適所」：生息地とは、有機体の巣づくりの場所やテリトリーなどを見つけ出す場所を意味し、人間の場合は家庭や学校、地域、職場などを指す。一方、適所とは、環境での個人の場所や状態を表し、子どもにとっては安心する家庭や学校は適所である。

ンタルヘルス）とその対処行動能力に注目し、子ども個人への直接アプローチとしてカウンセリングを行っていくことになる。生態学的視点を基盤としたアメリカのスクールソーシャルワーカーがカウンセリングを主要業務とするのもうなずける。その意味で、わが国のスクールソーシャルワーカーが生態学的視点を基盤とした支援を行っていく場合、カウンセリング技能を高めていくことが求められる。

ただし、生態学的視点も含め、既存の代表的なソーシャルワーク実践モデルは、いずれも学校ソーシャルワーク実践のために開発されたものではない。例えば、エンパワメントの視点は、貧困と差別という二重の重圧に苦しむアフリカ系アメリカ人に対し、ソーシャルワーカーはどのようなソーシャルワーク実践を行うべきかという視点からソロモン（Solomon, B. B.）によって開発された。

また、ストレングス（または「強さ」）の視点は、クライエントに対する従

> **情報　エンパワメントの視点**
>
> 「エンパワメントとは，スティグマを負わされた集団に所属するクライエントが，差別経験からもたらされたパワーの減退（powerless）を改善していくために，ソーシャルワーカーやほかの援助専門職とクライエントがともに取り組む一連の諸活動の過程として定義づけられる。これらの諸活動は，とりわけ，否定的評価に対抗していくことをねらいとする」[16] (Solomon, B. B. 1976)

来の病理学による「弱さ」や「問題」（problem）といった個人に原因をきたす視点を批判し，クライエントに本来備わる「強さ」に焦点をあて，強さを発揮できる環境を改善していくソーシャルワーク実践を提唱し，開発されたものである。

そのため，生態学的視点を学校ソーシャルワーク実践に活用していくことも有益であるが，併せて学校ソーシャルワークのための実践モデルを開発していくことも求められている。その趣旨から開発された学校ソーシャルワーク実践モデルが，「パワー交互作用モデル」（門田光司（2002））である。

3　パワー交互作用モデルについて

子どもたちが抱える状況をみていると，子ども―子ども間，子ども―教師間，子ども―親間，教師―親間の人間関係で起きていることを実感する。特に，人間関係での「力関係またはパワー関係」が大きく関係している。

例えば，先述の咲希や絵理の事例のように，二人が抱える状況は親によって左右されてきた。子どもは親を選べない。親の考え方によって，子どもは幸せになれる場合もあれば，不幸になる場合もある。ここに，子どもの人生はある意味，親の考え方によって左右され，子どもは親に従わざるを得ない状況を抱える。また，孝史のいじめの事例のように，いじめをする側の力によっていじめを受ける子どもの人生も大きく左右されてしまう。

そこで，「人と環境の相互作用」を，人間関係の「人と人との交互作用」に

焦点をあててみると，人権侵害や社会不正義が人間間の相互の力関係でもたらされていることがうかがえる。このような観点で構築した学校ソーシャルワーク実践モデルが，「パワー交互作用モデル」である。

　人間関係において，人と人との関係ではそれぞれの思いが互いに交錯する。この思いは個人のニーズであり，個人は自分のニーズをみたすために相手や社会に働きかけていく。

　例えば，「自分はあの人と友達になりたい」というニーズを実現するために，自分から直接その人に話しかけたり，または誰かを介して紹介してもらうという働きかけを行う。この「個人のニーズをみたすために相手や社会に働きかけていく能力」を「パワー」と捉える。なお，個人のニーズには，マズロー（Maslow, A. H.）が掲げるように，「生理的ニーズ」「安全のニーズ」「所属と愛情のニーズ」「承認のニーズ」「自己実現のニーズ」がある。

　個人のニーズを基盤としたパワーは，人間関係で互いに交錯し合う。この交錯するという状況を「交互作用」（transaction）という概念で捉える。それは，一方的な関係性ではなく，「相互に影響を及ぼし合い変化する関係性」である。例えば，ある子どもが空腹（生理的ニーズ）で泣き出す。親はその子の泣き声がうるさくてイライラし，子どもの泣き声を鎮めたいために，体罰をふるう。この子どもと親との交互作用によってこの関係性が常態化すれば，児童虐待という状況がもたらされる。

　人間関係のパワー交互作用がお互いを認め合い，受容し，尊重し合う場合には，「良好なパワー交互作用」といえる。子どもは教師から依頼された手伝いをして，教師から褒められる。他方，教師も依頼したことを子どもに受け入れてもらえた。この関係性がクラスの子ども同士にも広がれば，お互いの承認のニーズが充足され合う関係が広がり，クラスは落ち着き，互いを尊重しあうクラスとなっていく。このようなクラスには，いじめは生じにくいであろう。クラスの集団が良好なパワー交互作用の状況であれば，クラスの調和とまとまりとともに，学級での所属感から自尊心を育成していく。また，個々の子どもたちは互いに触発され合い，自己の学習意欲や良好な社会化を形成していく。

　他方，一方が自分のニーズをみたすために，継続的に相手に対して権威や権

> **情報** 社会化
>
> 「社会化」(socialization) とは，一人の人間が社会の文化を身につけ，社会のメンバーとしての資質を発達させ，社会的生活を形成していく過程をいう。子どもは大人に向かって成長・発達していくうえで，①人に対して，してよいこと，悪いこと，②人を思いやる心を育てていく。この社会化は，親子関係や友人関係，教育を通して形成されていく。

力を行使してくる場合，パワー交互作用は強者―弱者関係が形成されていく。このような関係性は，「権威的・権力的パワー交互作用」といえる。広辞苑（第四版 1991年）によれば，「権威」とは「人に承認と服従の義務を要求する精神的・道徳的・社会的または法的威力」である。また，「権力」とは「他者を抑えつけて支配する力」である。では，この「権威的・権力的パワー交互作用」の例として，次の事例をみてみよう。

教室での居場所がない

対象生徒（中学2年）：良子

　仲の良い友人二人から，ある日突然，無視されるようになった。帰宅時，良子は友人二人に「帰るの待っててね」と言ったが，二人とも良子を置いて先に帰宅してしまったのである。良子は訳がわからず，その状況が1週間続いた。当初は事情を聞く勇気もなかったが，週末に意を決してファックスで理由を聞いてみた。すると友人から返ってきたファックスには，「あなたが私の悪口を言っていると聞いたので，無視することにした」と書いてあった。すぐにファックスで「悪口なんて言ってないよ」と返信したが，返事は返ってこなかった。
　翌日の朝，良子は体調不良で起きられなかった。登校時間が近づくにつれ

て，体の緊張が強まっていった。不審に思った母親が良子に理由を聞いた。その理由を聞いた母親は事態を深刻に受け止め，担任教師に相談するため学校に足を運んだ。

1週間，学校を休んだが，母親は毎日，学校に行って担任教師に相談した。良子は体調もよくなってきたので，勇気を出して学校に行ってみた。しかし，学校に行くと雰囲気は以前よりも悪化していた。クラスの多くの生徒が良子を無視するようになっていたのである。もはや教室には自分の居場所はなくなっていた。そして，担任教師からはこう言われた。「あなたの親はうざいのよね」。

この担任の言葉から，こんな学校にはもう二度と行かないと良子は心に決めた。

この良子の事例では，下線の部分が権威的・権力的なパワーが行使されている状況である。当初，良子はファックスで返信したが返事は返ってこなかった。そして，勇気をふりしぼって学校に行ってみると，クラスの多くの生徒が良子を無視し，教師からも「あなたの親はうざいのよね」という言葉を浴びせられる。この教師の言葉の背景には，「もうこれ以上あなたの母親が私に相談しにくることはやめてくれないか」という権威的・権力的パワーの行使といえる。そして，この状況により，良子は不登校となってしまった。

では，次の事例をみてみよう。

> **身勝手な親**
>
> 対象児童（小学6年）：敦夫
>
> 両親の離婚後，両親はそれぞれ愛人宅に引っ越していった。そして，一人っ子の小学6年の敦夫だけが残された。両親とも敦夫を引き取る気はないた

め，父方の祖父母が面倒をみることにした。
　しかし，祖父母にとっては敦夫はわが子でなく，孫である。そのため，今まで「おじいちゃん」「おばあちゃん」と敦夫から呼ばれながら，祖父母は敦夫を甘やかし，ほしがるものは買い与えてきた。しかし，敦夫を引き取る状況となって，今や親として敦夫をしつけていかなければならない。
　しかし，<u>孫として甘やかしてきた関係性を変えることは難しい</u>。敦夫は物を出したら出しっぱなし。片付けるように<u>祖母が注意をすると</u>,「しつこい！」「うるさい！」と反発し，ときには蹴ってくる。夕食も嫌いな野菜は一切食べず，偏食が著しい。また，翌日，ぎりぎりまで寝て，すぐに登校できるからと，寝るときも明日登校する服を着て寝る。祖父は敦夫を厳しくしつけるが，敦夫が機嫌を損ねたときには機嫌を直させるために，ついつい深夜遅くまでゲームの相手をしてしまう。
　そして，ある朝，敦夫は学校は楽しくないから行かないと言い出した。<u>祖父が強引に登校させようと試みたが，激しく祖父を蹴り散らし，祖父は力負けしてしまった</u>。その日を境に，敦夫は家庭では王様となり，学校には行かず，自宅でゲームに没頭する日々となった。

　この敦夫の事例では，下線の部分が権威的・権力的なパワーが行使されている状況である。両親はそれぞれの自分の愛情ニーズをみたすために愛人宅に引っ越していく。両親は敦夫に対して権威的・権力的パワーを行使して，祖父母に養育を委ねてしまう。敦夫は両親への愛情ニーズをみたせない不満から，祖父母に対して権威的・権力的パワーで愛情ニーズをみたそうとする。そして，敦夫のしつけに際し，祖父は自分の権威的・権力的パワーを行使するが，敦夫のパワーに負けてしまう。この敦夫と祖父母の権威的・権力的パワー交互作用によって，敦夫は不登校という状況を抱えてしまうことになる。
　表2-5は，権威的・権力的パワーの例を示したものである。教師の圧制による児童生徒のパワーの減退は，不登校による学校環境の回避を引き起こしやすくする。親の圧制による子どものパワーの減退は，学業意欲の低下や将来の

表 2-5　権威的・権力的パワーの例

○教師から児童生徒への権威的・権力的パワーの例
　・児童生徒の自尊心を傷つける発言・行為をする
　・児童生徒のパワーを圧制し，自分の考えや判断に服従させる
　・その他
○親から子どもへの権威的・権力的パワーの例
　・子どもの自尊心を傷つける発言・行為をする
　・子どものパワーを圧制し，自分の考えや判断に服従させる
　・養育放棄および放任，親のニーズを優先させる
　・体罰
　・経済的問題
　・夫婦間の仲違い・別居・離婚
　・子どもに反社会的・非道徳的行為を強要する
　・その他
○ほかの児童生徒および集団から児童生徒への権威的・権力的パワーの例
　・いじめ
　・暴力・威圧的行動
　・児童生徒に反社会的・非道徳的行為を強要する
　・その他
○児童生徒から教師および親への権威的・権力的パワーの例
　・暴力・威圧的行動
　・その他

進路への悲観，自己実現への動機づけの低下，非行行動を引き起こしやすくする。友人関係の圧制による生徒のパワーの減退は，人間への不信感と不登校による学校環境からの回避を引き起こしやすくする。そして，子どもたちが権威的・権力的パワーを行使する側に立つ場合もある。しかし，この場合，子どもたち自身は良好な社会化を発達させていくことを阻害されてしまう。

なお，権威的・権力的パワー交互作用は常に生じる。例えば，社会化形成において，子どもに「してよいこと，悪いこと」を教える場合，親や教師は子どもが「して悪いこと」をしたときには権威的・権力的パワーを行使（すなわち，叱責）する。しかし，問題となるのは，一方が「権威的・権力的パワーを継続的に行使する」ことである。これにより，相手は威圧を受け，個人のパワーを減退させていくだけではなく，虐待等の人権侵害や不登校等の教育上の社会不

図2-6　パワー交互作用モデルの概念図

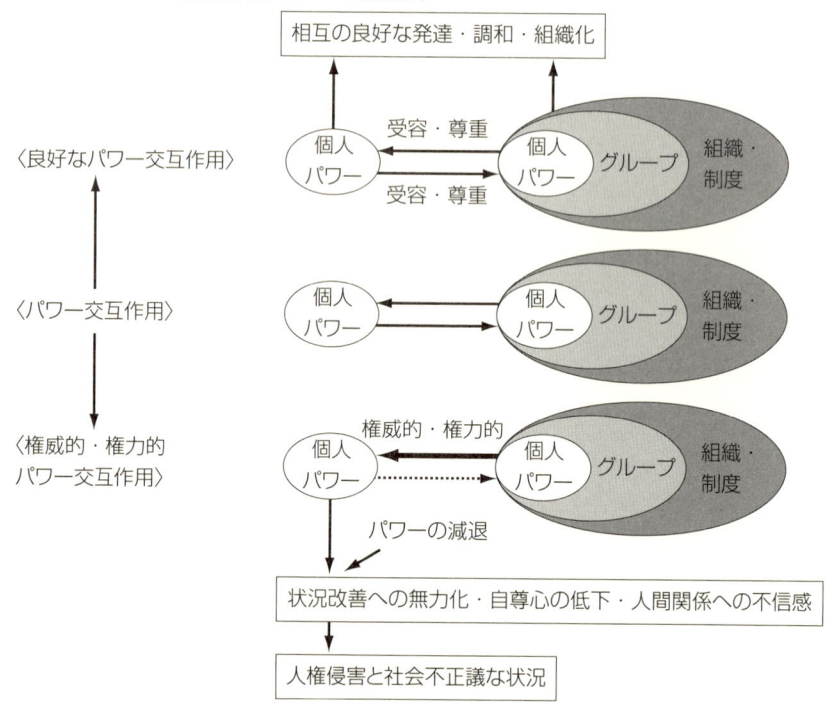

〈良好なパワー交互作用〉

相互の良好な発達・調和・組織化

個人パワー ←受容・尊重→ 個人パワー　グループ　組織・制度
　　　　　　受容・尊重

↕

〈パワー交互作用〉

個人パワー ← → 個人パワー　グループ　組織・制度

↕

〈権威的・権力的パワー交互作用〉

　　　　　権威的・権力的
個人パワー ← 個人パワー　グループ　組織・制度
　　　　 ┈┈┈→
↓パワーの減退

状況改善への無力化・自尊心の低下・人間関係への不信感

↓

人権侵害と社会不正義な状況

正義な状況に追いやられることである。そして，権威的・権力的パワー交互作用は人間関係のみならず，人間関係の社会集合（家庭や学校，地域）と個人との関係においても存在する。図2-6は，パワー交互作用モデルの概念図を表したものである。

4　状況分析アセスメント

　子どもへの支援を行ううえで，まずは子どもがどのような状況を抱えているのかを知る必要がある。そのためには，状況分析アセスメントが欠かせない。
　「アセスメント」（assessment）とは，「クライエントが参加する継続的な過程であり，その目的はクライエントとその環境との関係性を理解することで

ある。アセスメントはクライエントのニーズを尊重しながら，クライエントやクライエントの環境，または双方に変化をもたらしていくための支援計画の基礎となる」[17] (Coulshed, V., and Orme, J. 1998)。このように，ソーシャルワークにおけるアセスメントは，①クライエントのニーズを尊重しながら，②人と環境との関係性に主眼をおいて支援計画を検討していくための情報収集といえる。そして，「アセスメントでの情報収集には，量的技法と質的技法がある」[18] (Jordans, C.)。

アセスメントでの量的技法と質的技法は，ともに支援計画を立てるうえで役立つデータを収集していくことにある。例えば，量的技法では，子どもの状況（または行動など）を数値化したり，数量化したり，尺度化したり，または質問紙を使用する方法などがある（表2-6）。一方，質的技法は，子どもの状況をより詳細に深く理解することにある（表2-7）。

アセスメントの目的は単なる情報収集ではなく，その後の支援計画や支援方法と連動していく。特に，情報収集にあたっては，子どものニーズを尊重しながら，子どものパワー交互作用の状況を理解していくことが大切である。

アセスメントで収集したデータは支援の実施後，状況改善の指標として使われることにもなる。これらのデータは，支援の実施前と支援の実施後で変動していくため支援の成果を示す「証拠」(evidence) となる。支援の実施後，望むデータの変動（数値が増加するか，低下するか，または状況が変化していくか）がみられる場合，支援の成果の証拠となる。この支援の成果を示す実践を「証拠に基づいた実践」(EBP: Evidence-Based Practice) という。当然，このデータは支援の成果がみられた後も，子どもの状況を継続的に観察していくためのフォローアップで使われる。

表2-6　データ収集での量的技法の例

【数値化の例】
・直接の行動評価：
　　・月ごとの欠席日数
　　・月ごとの登校日数
　　・1時限内での離席回数
　　・家での1日の攻撃行動回数
　　・1か月の深夜徘徊回数
　　・その他

【尺度化の例】
・自己評価尺度：
　例　『学校がとても楽しい場合を10点，全然楽しくない場合を0点としたとき，今の気持ちは何点？』といった質問で子どもに得点を答えてもらう。その場合，子どもが『5点』と言った場合，5点の意味とどのような状況改善が図られたら得点があがるかを尋ねる。これが支援目標に活かされる。
・目標達成尺度：
　例　登校状況のステップ化
　　　「ステップ1：週1日保健室登校ができる」
　　　「ステップ2：週2日保健室登校ができる」
　　　「ステップ3：週3日保健室登校ができる」

【質問紙】（既存の質問紙や作成した質問紙）
　例　質問「登校前の体調不良はよくなりましたか？」
　　　答え「はい」「いいえ」「どちらでもない」

表2-7　データ収集での質的技法の例

・ジェノグラムを使う。
・子どものニーズを聞き取る。
・エコマップを活用して権威的・権力的パワー状況をマッピングする。
・子どもの状況について過去からの経緯や現状を子ども自身・保護者・学校・関係機関等から聞き取る。
・子どものケース記録を調べる。
・その他

5 ジェノグラムを描いてみよう

「ジェノグラム」(genogram)は，家族の2～3世代の家族構成と家系を記した図である。図2-7にジェノグラムの基本的な描き方を記しているが，ジェノグラムを描くことで対象者の家族規模や誕生順位などを知ることができる。

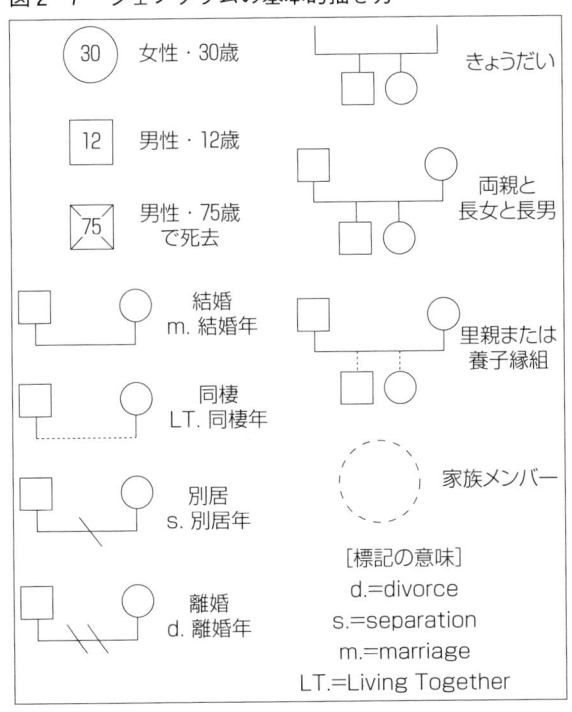

図2-7 ジェノグラムの基本的描き方

- ㉚ 女性・30歳
- 12 男性・12歳
- 75 男性・75歳で死去
- □─○ 結婚　m. 結婚年
- □┄○ 同棲　LT. 同棲年
- □─/○ 別居　s. 別居年
- □─//○ 離婚　d. 離婚年

- きょうだい
- 両親と長女と長男
- 里親または養子縁組
- 家族メンバー

[標記の意味]
d.=divorce
s.=separation
m.=marriage
LT.=Living Together

図2-8は，1章の咲希のジェノグラムである。咲希の家族は，母親（35歳：無職）と継父（25歳：運送業），咲希（14歳），弟（1歳）の4人家族である。離婚した父親（35歳）には，子どもがいる。母方の祖父は死亡しているが，祖母（58歳）は健在である。なお，咲希のジェノグラムには，両親の離婚年，再婚年はあえて記載していない。

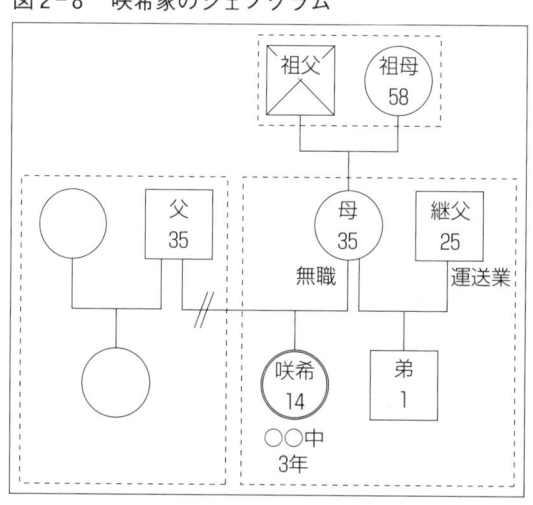

図2-8　咲希家のジェノグラム

2章　スクールソーシャルワーカーの専門性

〈ジェノグラムの記載マニュアル〉

ジェノグラム（家族構成および家族関係を示した家系図）

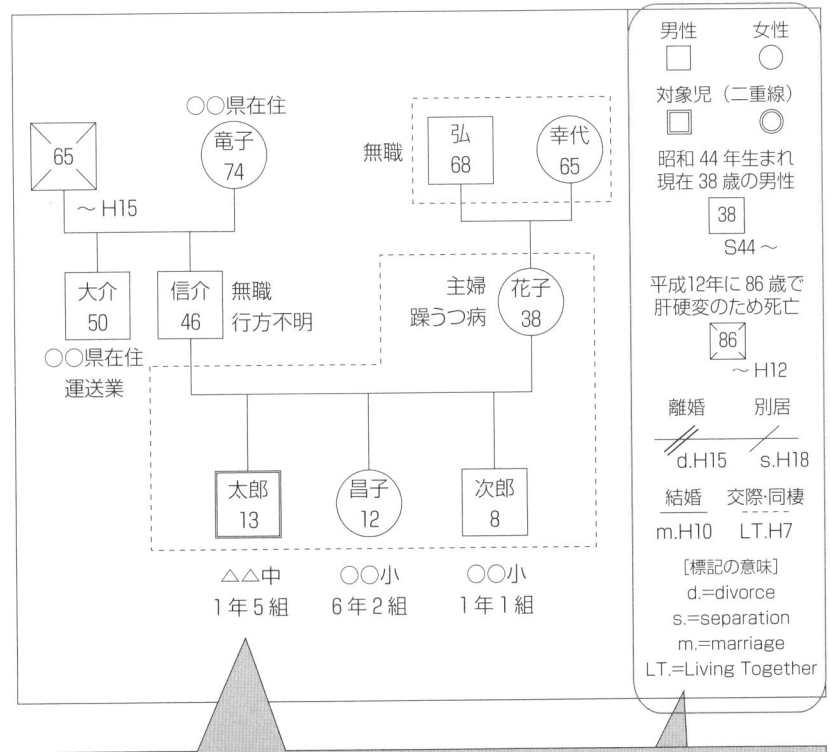

```
                                    男性        女性
                                    □          ○

        ○○県在住                   対象児（二重線）
   ☒    ◯                  □        □          ◉
   65   竜子           無職  弘   幸代
        74                 68   65    昭和44年生まれ
   ～H15                               現在38歳の男性
                                      38
                                      S44～

  □    □ 信介 無職         主婦  ○    平成12年に86歳で
  大介  46  行方不明         躁うつ病 花子 肝硬変のため死亡
  50                             38      ☒
                                         86
  ○○県在住                              ～H12
  運送業
                                      離婚      別居
        □    ○    □                  ─╱╱─    ─╱─
        太郎  昌子  次郎                d.H15    s.H18
        13   12   8
                                      結婚      交際・同棲
        △△中  ○○小  ○○小           ────    ─ ─ ─
        1年5組  6年2組  1年1組          m.H10    LT.H7

                                      ［標記の意味］
                                      d.=divorce
                                      s.=separation
                                      m.=marriage
                                      LT.=Living Together
```

ジェノグラム～家族構成および家族関係を示した家系図（1）

　ジェノグラムを描くときには，まず児童生徒と保護者までの家族構成を中心に描く。さらに関係のある親戚等については三世代以内で記す。あとは，「○○小学校」「○○県在住」などの情報を対象者の付近に記す。

ジェノグラム～家族構成および家族関係を示した家系図（2）

　ジェノグラムに馴染みのない人たちのために，簡単な説明書きを添えている。アセスメントシートの使用がスクールソーシャルワーカーだけであったり，関係機関と共有する範囲であれば，この欄は削除してもよい。

6　子どものニーズを大切に

ノーリン（Norlin, J. M.）とチェス（Chess, W. A.）は，ニーズ（needs）を「ウエルビーイングに向けて個人が必要とするもの」[19]と定義づけている。パワー交互作用モデルでは，個人のニーズとしてマズローのニーズ論を参考としている。

マズローのニーズ論では，まず第一に「生理的ニーズ」がある。このニーズは食欲，睡眠等，人間の生存に関係するものである。人間の生体は生きるようにつくられている。意識では死にたいと思い，リストカットをしても，生体は傷つけられた傷口を元に戻そうとする。空腹という状態に対し，生体は生存に向けて生理的ニーズを誘発する。

次に「安全のニーズ」は，安全や安定を求める，恐怖・不安・混乱からの自由を求める，構造・秩序・法・制限を求めるなどのニーズである。子どもの平穏な生活環境が乱された場合（例えば，身体的・性的虐待，夫婦間の家庭内暴力，いじめ，学級および学校崩壊，地域の治安悪化，社会的混乱，ほか），子どもは精神的混乱をきたし，安全のニーズをもとめる。

「生理的ニーズ」と「安全のニーズ」は基本的ニーズであるが，次の「所属と愛情のニーズ」と「承認のニーズ」は社会的ニーズである。マズローは，「所

重要

マズローのニーズ論
○生理的ニーズ：生命維持に関するニーズで，食物，飲物，性，睡眠，酸素へのニーズである。
○安全のニーズ：安定，依存，保護，恐怖・不安・混乱からの自由，構造・秩序・法・制限を求めるなどのニーズ
○所属と愛情のニーズ：所属する集団や家族においての位置を切望するニーズと愛情へのニーズ
○承認のニーズ：自尊心と他者からの承認のニーズ
○自己実現のニーズ：自分がなりたいものにますますなろうとする願望

属と愛情のニーズ」がみたされない場合，人間は不適応や重度の病理をもたらす可能性が高いと指摘している。子どもにとって，親の養育放任や友人からのいじめなどはこのニーズが妨害されている状況といえる。家庭や学校においてこのニーズがみたされない状況が続くと，自分は家族やクラスの友人からは愛されていないんだといった所属感の喪失や自尊心の低下を招く可能性がある。

名前があったよ！

対象生徒（中学1年）：夏美

　夏美は，1学期に友人からの仲間外しや無視などのいじめがきっかけで学校に行けなくなった。担任の先生はいじめに厳しく対応し，いじめをした生徒も謝罪した。しかし，謝罪されても，自分はクラスの誰からも愛されていないし，必要とされていないんだという気持ちが心に重くのしかかっていた。

　ある日，お母さんの薦めもあって適応指導教室に通い始め，日ごとに親しい友人ができて，落ち着いた生活を取り戻すことができた。担任の先生も夏美のことが気がかりで放課後，定期的に家庭訪問をした。クラスの友人も時折，担任の先生と一緒に家庭訪問をしてくれたため，夏美も登校への気持ちが募り始めた。

　学期末試験の前日，適応指導教室の相談員が夏美の学期末試験を受け取りに学校を訪問した。職員室で担任の先生と夏美の状況を話している際，黒板に記載された職員室の掃除当番表に夏美の名前があるのに相談員が気づいた。担任の先生は，「**夏美は，この学校の一員ですから，当然，掃除の当番表にも名前はありますよ**」と言われた。

　相談員が適応指導教室に戻って，夏美に掃除当番表に名前があったよと伝えると，夏美の顔が輝き，うれしそうに笑顔で頷いた。翌日の朝，夏美の母親より，「夏美が学期末試験は学校の保健室で受けたいといっているので学校に連れていきます」という連絡が適応指導教室に入った。

> この夏美の行動にみられるように，人は集団の人間関係のなかで所属ニーズがみたされるとき，その場所が心の居場所となっていく。

「承認のニーズ」は，人から認められたいというニーズである。このニーズがみたされることで人間の自尊心は高まっていく。しかし，このニーズがみたされないと，劣等感や無力感が生じる。

そして，「自己実現のニーズ」は，自分がなりたいものになりたいというニーズである。子どもは将来に対し，いろいろな進路や職業の夢をもっている。こ

情報　Q―U

Q―Uは，Questionnaire―Untilitiesの意味で，河村茂雄氏が開発した「楽しい学校生活を送るためのアンケートQ―U」という心理テストである。マズローの「所属と愛情のニーズ」と「承認のニーズ」を基盤に，子どもたちの学級生活での満足感と意欲，学級集団の状態を質問紙によって測定する。Q―Uは，「いごこちのよいクラスにするためのアンケート」（学級満足度尺度）と「やる気のあるクラスをつくるためのアンケート」（学校生活意欲尺度）の二つの心理テストから構成されている。「学級満足度尺度」の結果からは，クラスの子どものなかで早急に支援すべき子どもの早期発見や，学級集団の状態が悪い方向（学級内の荒れや崩壊等）にいっていないかを把握できる。また，「学校生活意欲尺度」の結果からは，友達関係や学習，学級活動に問題を抱える子どもの発見などに役立つ。子どもが自分の学級に居場所を感じているかどうか（所属と愛情のニーズ），学級内の友達関係が良好か（承認のニーズ）を調べることで，早期にいじめや不登校兆候の子どもを発見できる。Q―Uの実施にあたっては，新学期の5月下旬～6月上旬，2学期や3学期にそれぞれ実施することで，学級集団や学級生活における子どもの満足度が把握でき，教師も対応するための指針をQ―U結果から得ることができる。Q―Uは，小学生用から高校生用までの4種類があるが，近年では学校教育現場でよく活用されている。スクールソーシャルワーカーもQ―Uの知識をぜひ備えておくことが必要である。

河村茂雄『学級づくりのためのQ―U入門』図書文化社，2006年

れらの自己実現のニーズの充足に大きな役割を果たすのが親子関係と教育である。

7　子どもの発達を知ろう

　小学校から高校へと成長，発達していく過程で，子どもたちは発達の質的変化を起こしていく。児童期は，読み，書き，計算，概念などの認知領域が発達していく年齢であり，その発達を促進していくうえで学校教育が果たす役割が重要な時期である。

　特に，児童期では，小学校低学年の「他律性」から小学校高学年への「自律性」へと質的変化を遂げていく時期である。「自律性」は自分で物事の判断をすることであるが，それが小学校高学年で発達してくる。それまでの他律性では，大人の勝手な論理に対し，わからないまま受け入れていたが，自律性では親や教師が勝手な論理を押しつけてくると反発するようになる。例えば，次のような例をみてみよう。

　由香：「先生，友紀さんは幸子さんの心を傷つけるような手紙を渡したんですよ。ひどいですよ！」

　先生：「そんな手紙を出す友紀さんにもちゃんと理由があると思うよ。うまく言葉で伝えられないから手紙を出したんだと思うよ」

　由香：「先生の言っていることの意味がわかりません。幸子さんの心を傷つける手紙を出すことはよくないことだと思います。相手を傷つけることをしても先生は注意しないんですか！」

　このように，子どもが納得する説明をしないと反発するのは，自律性の発達による。

　また，児童期後半から思春期にかけては，第二次性徴期にあたり，性腺ホルモンの分泌にともない身体的に変化がみられ，性的衝動が高まってくる。このようなホルモン分泌の変化は子どもたちに不安をもたらす。この身体的変化は，異性への関心の高まりと合わせ，自分の容姿やスタイルに強い関心をもち

始める。背丈や体型，容貌等，男子は女子からカッコよく思われたい，女子は男子から可愛く思われたいという願望が強くなる。

　思春期の子どもたちは，日々，心が揺れ動く時期でもある。誉められて有頂天になったり，逆に自分を卑下し，必要以上にコンプレックスになることがある。そして，思春期において大きな発達の質的変化としては，親からの心理的離乳である。これが第二反抗期となって現れる。反抗は，特に母親に対して顕著に示される。このときの親子の関係のあり様によっては，今まで築かれてきた良好な親子関係が一変し，険悪な関係に変わってしまうこともある。親が発する不用意な発言，「**ちゃんと勉強してる？**」「**そんなことも出来ないの**」「**ダメな子ねえ**」。誉めるよりも注視・叱責する親の関わりは，子どもの反発をさらに助長し，子どもは親から愛されていない，認めてもらえていないという不信感を募らせていく。

> **手紙「私には自由がない」**
>
> 　「私には自由がない。勉強するのが当たり前，親の言うことは絶対で，逆らったり，無視したり，反論すると生意気だとか，屁理屈だとか，突然，訳もわからずかんしゃくを起こす。学校の先生も同じで，学校の大半の先生は自分のことしか考えていない。気分しだいで生徒をしかったり，よくできる生徒をひいきしたり，何もしていないのに注意をしてくる。いじめに対して，生徒の必死の訴えにあまり関心がない先生も多い。どんなに嫌でつらい毎日を過ごしているかわかってくれない。『**おまえも強くなれ！**』と言われてしまうと，もう二度と相談するものかと思ってしまう。いじめは自殺につながる。いじめを見て見ぬふりをする先生やクラスの友人。この世の中は腐っている。この腐った世の中で，私は自分が落ち着ける場所を探し求めている」
>
> 　　（いじめによる不登校の生徒より）

　さらに，思春期の子どもたちは大人への憧れがある。タバコやお酒，化粧，携帯，その他，大人の世界に憧れる。自分はもう子どもじゃない，早く大人に

なりたいという思いと，まだ子どもとして親に甘えたいという思いが錯綜して，悩みと不安を抱える。

そして，この親からの心理的離乳の不安を軽減してくれるのが，友人関係である。子どもたちは，単なる知り合いの関係から親しい人の「親友」関係をつくり，親友から信じている人としての「信友」へ，そして信友から心からの友としての「心友」へと人生の宝を得ていく。親からの心理的離乳を乗り越えるうえで，友人関係による心の支えはとても大きく，悩み事の相談も親よりは友人に打ち明けていく。また，友人関係において社会化を発達させ，大人への人間関係の基礎を築いていく。ここに，児童期後半から思春期の子どもたちにとって，友人関係は日々の生活には欠かせない重要な存在なのである。

二度とこんな学校には来るか！

対象生徒（中学3年）：雅史

中学3年の雅史は，修学旅行をとても楽しみにしていた。心友である孝夫と過ごす旅行は初めてだし，何より片想いの彼女とも旅行期間，一緒に時間を共にできることが何よりうれしかった。そして，当日がやってきた。

名跡めぐりや土産物を買う時間は，孝夫を含め仲間数名で行動を共にした。雅史は想いを寄せる彼女を見つけては，そっと話しかけたり，わざと茶化したりした。そして，楽しい時間はあっという間に過ぎていった。その夜の就寝時間，男子部屋ではみんなの大騒ぎで寝つけなかったが，話題の中心は決まってお互い誰が好きなのかの告白タイムであった。互いに「絶対内緒だよ」の約束のもと，雅史，孝夫を含めそれぞれが好きな彼女の名を告白した。そして，告白した彼女の名があがるたびに，男子部屋では喚声があがった。

楽しい修学旅行を終え，再び，雅史は登校した。いつものように，教室に向かうとき，クラスの友人がニヤニヤしながら雅史の顔をみて通り過ぎていった。そして，教室の扉を開け，教室に入った瞬間，雅史の体は凍りつい

た。「絶対内緒だよ」の約束は破られ，黒板に大きく相合い傘の落書きで雅史の名前と告白した彼女の名前が書かれていた。雅史はすかさず怒鳴った。**「誰が書いたんだよ！」**。男子生徒の一人が言った。**「孝夫だよ」**。心友と思っていた孝夫の行為に，雅史は深い失望感にかられ，二度とこんな学校には来るかと決心した。そして，教室から飛び出していった。

　1学期が終わり，夏休みも終わり，その間，担任の先生は足繁く家庭訪問を繰り返し，雅史と話をしてきた。その先生の熱意に雅史の人間不信も少しずつ和らぎ，2学期からは学校内の相談室登校をすることになった。2学期はほとんど休むこともなく相談室登校を続け，目指す高校の選択も決まった。

　そんな雅史の変化に，担任の先生も最後の中学校生活なので3学期はクラスに戻ってこないかと言った。信頼する先生の言葉に応えたいという気持ちも沸いてきた。しかし，クラスに入るにはかなりの勇気がいった。そこで，雅史は勇気試しに，2学期のある日，所属していたが行かなくなったクラブ活動に顔を出すことにした。授業時間が終わり，クラブ活動が始まった頃を見計らい，雅史は勇気を絞り出して体育館に向かった。そして，体育館のなかに入った瞬間，1年生の後輩から予想もつかない言葉を浴びせられる。**「あっ！　不登校の先輩が来た！」**。雅史は卒業するまで，相談室登校で一人過ごすことを決心した。

8　子どもと親のストレングスを知る

　1950年代以降，ソーシャルワークの焦点が「個人」から「人と環境との相互作用」に移されたことにより，個人の抱える「問題」（problem）という焦点化に異議が唱えられるようになる。すなわち，個人の抱える「問題」への焦点化は，①その問題が個人の無能力さにあるとみなし，②問題の本質は専門職によって定義づけられ，③治療は問題の核心である欠陥（deficiency）を克服することに向けられることになる。

〈今日の気分はどんな気分〉

EXHAUSTED	CONFUSED	ECSTATIC	GUILTY	SUSPICIOUS
ANGRY	HYSTERICAL	FRUSTRATED	SAD	CONFIDENT
EMBARRASSED	HAPPY	MISCHIEVOUS	DISGUSTED	FRIGHTENED
ENRAGED	ASHAMED	CAUTIOUS	SMUG	DEPRESSED
OVERWHELMED	HOPEFUL	LONELY	LOVESTRUCK	JEALOUS
BORED	SURPRISED	ANXIOUS	SHOCKED	SHY

© 1994 CREATIVE THERAPY ASSOCIATES, INC.

**School Social Worker
Milwaukee Public Schools**

例えば、不登校という「問題」は、子ども自身の人格上の問題であり、その対応は子どもの人格上の問題を改善することにねらいをおくという捉え方である。しかし、不登校になる人格上の問題などあるわけではなく、文部科学省も「不登校については、特定の子どもに特有の問題があることによって起こることではなく、どの子どもにも起こりうることとしてとらえ、関係者は、当事者への理解を深める必要があること」（文部科学省初等中等教育局長通知「不登校への対応の在り方について」平成15年5月16日）としている。

　また、「**親の養育が問題である。だからあの子は学校で悪さをしたり、先生に暴力を振るったりするんだ。そんな子どもを抑えきれない親が弱いんだ**」。この場合の「問題」という捉え方も個人に起因したものとする。そして、この捉え方は、人間の「弱さ」(weakness) に着目している。そのため、人格上の弱さを治療したり、その弱さを克服していくことが目指される。このような捉え方は、「医学モデル」と呼ばれている。

　しかし、個人の弱さや問題といった側面に焦点をあてていくと、人間が本来有する「強さ、またはストレングス (strengths)」を見逃してしまうことになる。ここに、1989年、ウィック (Weick, A.) らによるストレングスの視点が提示された。

　ストレングスの視点は、スクールソーシャルワーカーが子どもや保護者、教師等を支援していくうえで、その個人をどのような存在と見るかにおいてとても重要な視点である。ウィックらはストレングスの視点で、「すべての人間には広範囲の才能、能力、技能、資源、熱望を保有している」[20]と述べている。そして、個人のストレングスは、環境との関係で促進されたり、抑制されたりする。

　表2-8は、ストレングスの視点と弱さの視点の違いを示した例である。下線が視点の焦点となる捉え方であるが、ストレングスの視点では本人の「できること」「できたこと」「やろうと思っていること」「やろうとすること」などに着目していく。当然、ストレングスの視点に立てば、人の対応も承認や賞賛がともなう。これにより、承認のニーズがみたされ、自尊心が高まる。他方、弱さの視点では、叱責や軽視がともなう。これにより、承認のニーズはみたされず、自尊心は低下する。

表2-8　ストレングスの視点と弱さの視点の例

ストレングスの視点 （下線が視点の焦点）	弱さの視点 （下線が視点の焦点）
不登校の子どもが放課後，学校の校門<u>まで行けた</u>。	不登校の子どもが放課後，学校の校門<u>までしか行けない</u>。
不登校の子どもが朝，<u>登校のために制服を着たが</u>，登校できなかった。	不登校の子どもが朝，登校のために制服を着たが，<u>登校できなかった</u>。
頻繁に離席し，<u>じっと座っている時間が短い</u>。	<u>頻繁に離席し</u>，じっと座っている時間が短い。
教師に暴言を吐くことが頻繁で，<u>指示に従うことが少ない</u>。	教師に<u>暴言を吐くことが頻繁で</u>，指示に従うことが少ない。
親に連絡しても居留守を使うことが多く，<u>連絡がとれるのもたまにある</u>。	親に連絡しても<u>居留守を使うことが多く</u>，連絡がとれるのもたまにある。

「先生が怖い」（DV被害に影響した異性に対する恐怖心）

対象生徒（中学3年生）：優花

　教師「お前ら，一体何度言えばわかるんだ！！」
　朝から教室には担任（男性）の怒鳴り声が響き渡る。机を蹴飛ばし，チョークを投げつける。静まり返る教室。怒られているのはクラスの男子生徒。
　ところが，廊下側最前列に座る優花の小さな体が小刻みに震えていた。今にも教室を飛び出したい気持ちを精一杯にこらえる。無意識のうちに心臓は高鳴り，脂汗が頬を伝う。いつの頃からか，優花は担任に対し恐怖心を抱くようになっていた。
　担任はとてもユーモアがあり，熱血溢れる指導から生徒の人気も高い。しかし，優花は担任に対して，ほかのクラスメートと同じ気持ちを抱くことができないでいた。担任の強面の顔立ち，野太い声，がっちりとした体格。普段の明るくやさしい様子と怒ったときのギャップ。これらは，優花が強く憎しみ嫌う父親の姿と重なるものであった。

3年前に両親が離婚して以後，優花は母親と二人きりの生活を送る。家を逃げるように飛び出したあの日以来，父親とは一度も会っていない。父親が今どこで何をしているかなど知りたくもない。仕事もろくにせず昼間から酒を飲んでは，家で暴れる父親に怯える毎日だった。理不尽な説教に苛立ちを覚え，乱暴な口調には思わず耳を塞いだ。機嫌が悪いとすぐに物を破壊し，母親や優花にも容赦なく暴力を繰り返した。絶えず顔色をうかがいながらの生活に，家族はまるで父親の奴隷のようであった。

　今は経済的には厳しいが，この生活に満足している。それでも，未だに父親の顔が脳裏をよぎり，恐怖から眠れない夜を過ごすことも多い。1年前から，母親と一緒に精神科クリニックへ通い始めた。とにかく，この苦しみから一刻も早く逃れたい。父親と過ごした日々は，優花が最も忘れ去りたい記憶であった。

　本当は担任とも向き合いたい。それは自分の素直な気持ちだ。でも，担任から父親の残像が離れない。優花はどうしても一歩前に進むことができずにいた。

　優花「先生のことが嫌いなわけではないんです。でも，先生が怖いんです」
　スクールソーシャルワーカーに対して，優花は素直な気持ちを言葉にして表した。このままじゃいけないことは優花自身が一番よくわかっている。

　優花「私，強くなりたい」
　優花は，「先生が怖い」と思う自分の気持ちに打ち勝ちたいと思っている。そのためには，過去から逃れるのではなく，過去を乗り越えなければならないと感じている。

　この優花の「**私，強くなりたい**」という思いは，優花の未来に向かっての熱望であり，過去から逃れるのではなく，過去を乗り越えようとする能力である。優花の支援に際しては，スクールソーシャルワーカーは優花のストレングスを受け止めて，乗り越えていくための方法を一緒に考えていくことになる。

　子どものストレングスに対して，教育は多大な影響を与える。例えば，図2-

9に示すように，子どもは現在関心をもっていること，熱中していること，将来への進路等において，才能や能力，技法，熱望等を保有している。この子どものストレングスをどのように開花させていくのか，その役割が教育である。しかし，「君には無理だろ」「夢みたいなことを言ってないで」等，子どものストレングスの芽を摘んでしまう学校環境，家庭環境がある。スクールソーシャルワーカーは子どものストレングスを開花させるために，教育を含めた環境整備やストレングスを叶えられる機会や資源を提供していくことで，子どもの成長と発達の促進を担っていく。

また，親の面談においては，スクールソーシャルワーカーは「バイステックの7原則」を基本に，親がどのようなニーズやストレングスをもっているのか，親の語りを尊重したコミュニケーションを図っていく必要がある。これは，親が子どもの抱える状況改善のキーパーソンとなるため，スクールソーシャルワーカーは親との信頼関係を築いていく努力が求められる。特に，親の養育意識の低下や教育価値の低下，虐待，ギャンブル，不摂生な生活等，スクールソーシャルワーカーが親を審判的に批判したり，問題のレッテルを貼ったりすると，親との良好な関係性が築けなくなり，しいては子どもの抱える状況改善も遠のいていくことになる。その意味での「非審判的態度」と「受容」は親との面談ではとても重要である。

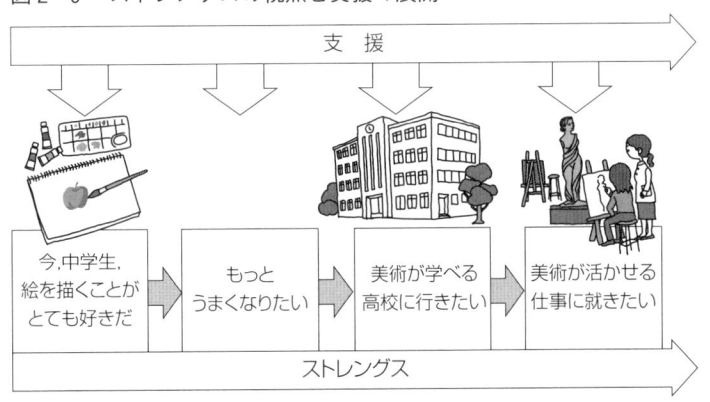

図2-9　ストレングスの視点と支援の展開

> **重要**
>
> **バイステック（Felix P. Biestek）の7原則を大切に！**
> 　1章の咲希の母親の態度や養育に関して，人はそれぞれの価値観で判断するであろう。しかし，スクールソーシャルワーカーは，ソーシャルワークを実践する専門職である。ソーシャルワークにおける面接では，バイステックの7原則を大切にしている。その7原則とは，①クライエントを個人として捉える（個別化），②クライエントの感情表現を大切にする（意図的な感情表現），③援助者は自分の感情を自覚して吟味する（統制された情緒関与），④受け止める（受容），⑤クライエントを一方的に非難しない（非審判的態度），⑥クライエントの自己決定を促して尊重する（クライエントの自己決定），⑦秘密を保持して信頼感を醸成する（秘密保持），などである。この7原則のなかでの非審判的態度では，咲希の母親に対してスクールソーシャルワーカーは個人的な価値観による人物評価を脇におき，個人として生活上の困難な状況を抱える人として捉えていくことが大切である。

9　アセスメント・シートを活用しよう

　アセスメントは状況分析をし，支援プランを検討していくうえで，重要な情報収集の作業である。そこで，子どもの抱える状況に関する情報を収集するにあたっては，アセスメント・シートを活用していくことが望ましい。

　例えば，表2-9は，アメリカ・ミシガン州のある学校でスクールソーシャルワーカーが使用しているアセスメント・シートである。前述したように，アメリカやカナダでは生徒サポート会議が学校内で開催され，その会議で協議する生徒に対するアセスメントをスクールソーシャルワーカーが行う。ただし，この場合のアセスメント・シートには，学校区で規定された様式を使う場合もあれば，スクールソーシャルワーカーが独自で作成したものを使用したりする。

　また，表2-10は，ミシガン州において特別支援教育の財源で雇用されているスクールソーシャルワーカーが業務とする個別教育計画（IEP）でのレポー

トである。記載内容は守秘義務により，修正している。このスクールソーシャルワーカーのレポートに加え，各専門職によるトムの諸検査結果や観察結果の詳細なレポートが加わる。これらの情報に基づいて，トムの個別教育計画が作成され，教育支援が実施されていく。

　アセスメント・シートの内容は，スクールソーシャルワーカーに求められるソーシャルワーク・サービスの提供に応じて異なる。図2-10のアセスメント・シートは，われわれが使用しているものでもあるが，シートでは情報収集の内容をいくつかの欄に分けて構成している。

表2-9　ミシガン州のある学校で使用されているスクールソーシャルワーカーの
　　　　アセスメント・シート

```
                          生徒介入チーム依頼書
                              守秘義務
日付_____        生徒名_____         性別_____
教師名_____         学年_____
保護者_____         電話_____    保護者が会議開催に承諾した日付_____
生徒のストレングス／関心：_____
_____
_____

現在の関心領域：_____

□ 学　業
  □ 読み        □ 読み理解        □ 書字言語        □ 話し言葉／言語
  □ 算数        □ 作業習慣／作業完成 □ 運動技能      □ 動機づけ
  □ 他
コメント：_____

□ 行　動
  □ 情緒        □ 非従順          □ 攻撃            □ 引っ込み思案
  □ 混乱        □ ソーシャルスキル  □ 仲間関係        □ 他
コメント：_____

□ 記憶力
記載：_____

□ 出　席
弁解欠席_____  弁解無しの欠席_____  遅刻回数_____
出席日（from_____ to_____）  出席文書の送付日_____

□ 健　康
記載：_____

□ 注意力
記載：_____

□ 家族／地域問題
記載：_____

今年取り組まれた介入／方略
  □ 親との接触    □ 教師サポート   □ 緊急ヘルスケア計画  □ 放課後サポート（チューター）
  □ 校長への送致  □ 宿題提供       □ 個人学業サポ        □ 行動プラン
  □ 小グループサポート □ バイリンガル □ 宿題内容の修正    □ 優先座席
  □ 関係機関サポート  □ 代替教育   □ 読み／算数の訓練    □ 医学的評価
  □ 怠学送致      □ 学校サポートスタッフ □ 他_____

今年に先立つ介入
  □ 早期児童期教育          □ 就学前プログラム  □ K-4プログラム
  □ 特別支援教育（資格無し）：日付_____   □ 考慮すべき領域_____
  □ 特別支援教育（資格有り）：日付_____   □ 障害領域_____
  □ 心理アセスメント        □ ADDスクリーニング
  □ 医学的評価              □ 緊急メンタルヘルス計画
  □ バイリンガル一学年____  □ 放課後チューター  □ 読み訓練サポート
  □ 個人学業サポート（チューター） □ 算数訓練    □ 関係機関サポート
  □ 夏季学校一学年____      □ 怠学送致          □ 代替教育（ホームスクール）
  □ 学校支援スタッフ        □ 行動計画          □ 他_____
備考：_____
```

2章 スクールソーシャルワーカーの専門性

表2-10 特別支援教育の個別教育計画（IEP）におけるスクールソーシャルワーカーのレポート

○○公立学校
生徒介入＆サポートサービス

多専門職評価チーム（MET）レポート

名前：Last_____　　　First　トム_____　　Middle_____
誕生日：_____　　　生活年齢：_9_年_5_月
学年：_3_____　　学校名：○○小学校_____　　居住地域：_____
保護者氏名：_____　　　　　　　　　　　　　　　電　話：_____
ケースコーディネーター（スクールソーシャルワーカー）：____　MET日付：05／17／2005
評価のタイプ：□ 初回　　☑ 3年　　□ 他_____

【鑑別された問題／関心領域の主な記載】
　トムは，算数と読みで学習が遅れている。彼の学習技能は2年生程度である。トムは複雑な医療問題，数回の手術，健康問題の経緯をもっている。それが彼の学習に影響を及ぼしてきた。トムは，運動面での巧緻技能と粗大運動，注意，学業に問題をもつ。

【必要なチームメンバー】　　　　　　　【他のMET関係者】
教師　　　　　　　　　　　　　　　　スクールナース
医師の手紙　　　　　　　　　　　　　作業療法士
教師コンサルタント　　　　　　　　　理学療法士
スクールサイコロジスト　　　　　　　スピーチ＆言語病理士

【評価手続き】
スクールサイコロジスト
ウエクスラーテスト（WIAT-Ⅱ）（WISC-Ⅳ）
コーナー評価尺度：親評価尺度（CPRS-R：L），教師評価尺度（CTRS-R：L）
行動評価尺度改訂版（BES-2）

教師コンサルタント
教室観察05／12／2005

教師
教室での学業のレポート

スクールナース
親からの健康歴

スピーチ＆言語病理士
Goldman Fristoe Test of Articulation 4-10-05

作業療法士
The Beery Botanical Developmental Test of Visual Motor Integration（VMI）
The VMI Developmental Test of Visual Perception
The VMI Developmental Test of Motor Control
臨床観察
担任教諭へのコンサルテーション

図2-10 アセスメント・シート

| 作成日 | 年 月 日 | (担当者　　　　) | 1-1 |

㊙

アセスメント・シート～面接等による事前調査～

児童生徒	(相談受理№　－　)	在籍		学級		担任教諭	
フリガナ		性　別		生年月日	年　月　日	(満　　歳)	
氏　名		自宅		保護者氏名		(携帯・　　　　)	
住所	(〒　－　)						

相談主訴	
相談種別	□養　護　　□非　行　　□育　成　　□障がい　　□その他　(　　　　　　　　)

ジェノグラム(家族構成及び家族関係を示した家系図)	記載例	生活歴
	男性　女性 対象児(二重線) □　○ 昭和44年生まれ 現在38歳の男性 ㊳ S44～ 平成12年に86歳で 肝硬変のため死亡 ⊗ 86 H12 離婚　別居 d.H15　s.H18 結婚　交際・同棲 m.H10　LT.H7 [標記の意味] d.=divorce s.=separation m.=marriage LT.=Living Together	

児童生徒の生活状況・相談に至る経緯	児童生徒の出席等状況			
	①年次別欠席状況			
		欠席日数	在籍校	担任教諭
	年	日		
	年	日		
	年	日		
	年	日		
	年	日		
児童生徒の家庭環境	年	日		
	②○○年・○○年度出欠状況			
		欠　席	遅刻	早退
	4月	／		
	5月	／		
	6月	／		
	7月	／		
	8月	／		
児童生徒の学校生活状況	9月	／		
	10月	／		
	11月	／		
①学習面　　②生活面	12月	／		
	1月	／		
	2月	／		
	3月	／		
身長　　cm／体重　　kg	合計	／		

2章 スクールソーシャルワーカーの専門性

〈アセスメント・シートの記載手引き・その1〉

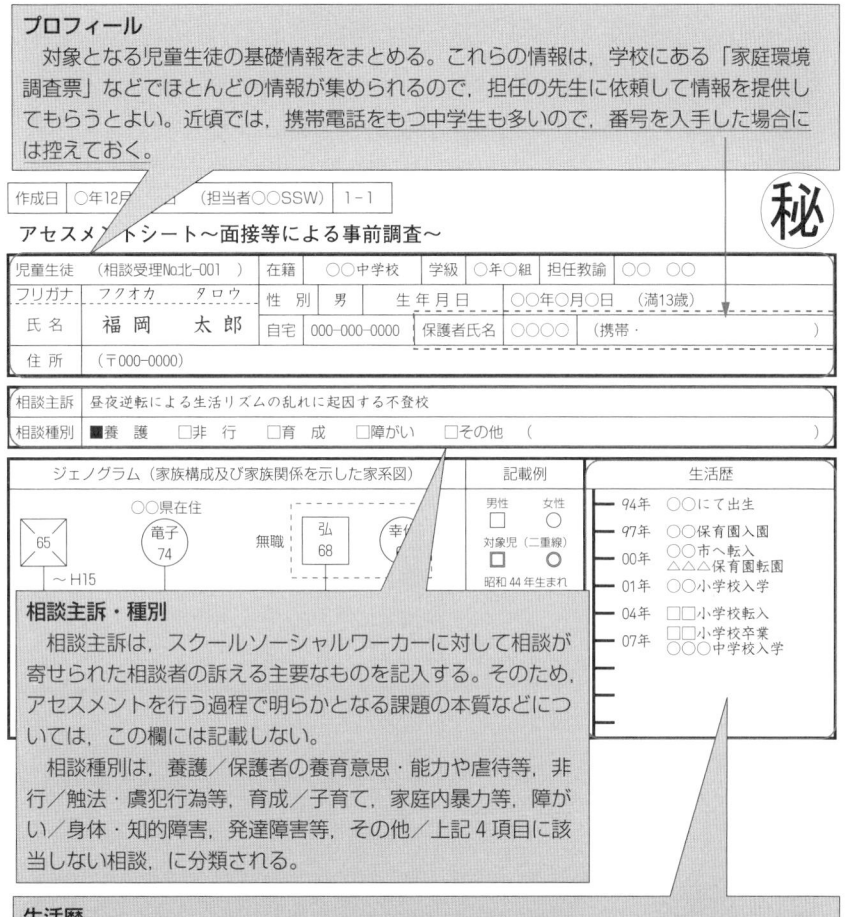

プロフィール
　対象となる児童生徒の基礎情報をまとめる。これらの情報は，学校にある「家庭環境調査票」などでほとんどの情報が集められるので，担任の先生に依頼して情報を提供してもらうとよい。近頃では，携帯電話をもつ中学生も多いので，番号を入手した場合には控えておく。

作成日	○年12月○日	(担当者○○SSW)	1-1

アセスメントシート～面接等による事前調査～ ㊙

児童生徒	（相談受理No.北-001）	在籍	○○中学校	学級	○年○組	担任教諭	○○　○○
フリガナ	フクオカ　タロウ	性別	男	生年月日	○○年○月○日（満13歳）		
氏名	福岡　太郎	自宅	000-000-0000	保護者氏名	○○○○	（携帯・　　　）	
住所	（〒000-0000）						

相談主訴	昼夜逆転による生活リズムの乱れに起因する不登校
相談種別	■養護　□非行　□育成　□障がい　□その他（　　　　　）

ジェノグラム（家族構成及び家族関係を示した家系図）　　記載例　　生活歴

○○県在住
[65] 竜子74　無職　弘68　幸[?]
～H15

男性　女性
対象児（二重線）
昭和44年生まれ

- 94年　○○にて出生
- 97年　○○保育園入園
- 00年　○○市へ転入
　　　　△△△保育園転園
- 01年　○○小学校入学
- 04年　□□小学校転入
- 07年　□□小学校卒業
　　　　○○○中学校入学

相談主訴・種別
　相談主訴は，スクールソーシャルワーカーに対して相談が寄せられた相談者の訴える主要なものを記入する。そのため，アセスメントを行う過程で明らかとなる課題の本質などについては，この欄には記載しない。
　相談種別は，養護／保護者の養育意思・能力や虐待等，非行／触法・虞犯行為等，育成／子育て，家庭内暴力等，障がい／身体・知的障害，発達障害等，その他／上記4項目に該当しない相談，に分類される。

生活歴
　児童生徒が出生してからの足取りを年表形式でまとめていく。これらの動きは「小学校児童指導要録」「中学校生徒指導要録」を参照すれば，保幼小中の経歴は少なくとも辿ることができる。これらは校長室の金庫で厳重に保管されているので，校長に開示をお願いするとよい。それ以外の生活上の特記事項（結婚・離婚，入退院等）は，関係機関等からの情報収集により追加して記入を行う。

〈アセスメント・シートの記載手引き・その２〉

児童生徒の生活状況・相談に至る経緯
　スクールソーシャルワーカーが支援介入を行う以前の児童生徒に関する生活状況を整理する。ここでは，客観的情報を中心に相談主訴と照らし合わせて情報を整理していく。

児童生徒の出席等状況
(1) 年次別欠席状況　(2) 年度出欠等状況
　これらの情報は「健康観察簿」「指導要録」から収集する。

児童生徒の生活状況・相談に至る経緯
・小学生時代より不登校傾向あり。 ・小学６年時より，同級生の○○と深夜徘徊や無断外泊などを繰り返し始めた。当時は○○の自宅が溜まり場となっていたが，中学に入ってからは，深夜のゲームセンターで頻繁に目撃されている。○○年７月には，警察に補導された。 ・本人は，幼少期に父親から身体的虐待を受けていた。過去に２度児童相談所に一時保護をされた（１回目／○○年11.12～12.10，２回目○○年7.19～8.30） ・中学入学と同時に野球部へ入部。１年夏に他校生徒とのトラブルが原因で退部した。 ・中学１年夏休み頃より，母親や妹弟に対して暴力行為がみられるようになった。 ・日頃は昼夜逆転した生活を送っており，日中は自宅で眠っていることが多い。担任教諭の家庭訪問には応じるが，登校刺激には頑なに拒否的態度を示している。
児童生徒の家庭環境
・生活保護世帯（○○福祉事務所，生活保護課○○CW） ・信介（父親）は，実父：大介から借金（推定500万円）をしている。本人の話では，消費者金融にも多額の借金があるとのことで，自宅に取り立てがあるとのこと。近頃，信介は自宅に帰っておらず，行方不明の状態にある。 ・花子（母親）は，○○年春より精神的に不安定な状態となり，同年10月に○○病院（精神科○○Dr）で「躁うつ病」と診断。現在も定期通院をしており，薬物療法に加療中。 ・昌子（長女）は，体調不良の母親に代わり，家庭での家事全般を担っている。 ・次郎（次男）は，時々遅刻することはあるが，これまで欠席なく登校できている。 ・祖父母が近所に居住しているが，弘（祖父）は２年前に脳梗塞で倒れて以後，右半身麻痺が残り稼働困難となる。本人家族への経済的支援は難しい様子。

| 児童生徒の出席等状況 |
| ①年次別欠席状況 |

	欠席日数	在籍校	担任教諭
１年	15日	○○小	
２年	13日	○○小	
３年	20日	○○中	
４年	24日	□□小	
５年	31日	□□小	
６年	68日	□□小	

②○○年・○○年度出欠状況

	欠席	遅刻	早退
４月	15／18	2	1
５月	12／20	1	
６月	18／21	0	0
７月	17／22	1	0
８月	0／0		

児童生徒の学校生活状況	
①学習面	・低学力 ・中学校卒業後の進路として，○○高校の受験を希望している。学力的には，積み上げ学習が不足しており厳しい状況にある。 ・保健室登校時には，弱点である理科・社会の勉強に取り組むことが多い。 ・最近では受験を意識して意欲的に取り組む姿勢が窺える。	②生活面	・学級では目… ・集団行動が… ・全体での活…が，養護教諭…せば参加する ・活動に参加…にいることは… ・賑やかな場…
身長 160.2cm／体重 56.8kg	合計 116／150	5	1

児童生徒の家庭環境
　児童生徒の家族に関する情報を中心に，家庭生活に影響を与える問題等についてまとめていく。これらの情報の大半は，担任など学校関係者からの聴き取り，関係機関からの情報提供等で構成されている。

児童生徒の学校生活状況　(1) 学習面，(2) 生活面
　これらの情報は，担任から寄せられる情報が中心となる。主に学習面では，学習能力，習熟度，得意・不得意教科など，生活面では，対人関係や学級・学校での生活の様子などの情報をまとめていく。その他に身長・体重を記入する欄があり，これらは，健康的な成長過程にあるかを把握することを目的としている。

まず,「基本属性」欄には,子ども本人の氏名や生年月日,担任教諭の氏名,保護者の氏名,住所,連絡先,「相談主訴・相談種別」「本人の生育歴」などがある。「アセスメント・シートの記載手引き・その１」を参考に記載してほしい。また,家族構成を把握するための「ジェノグラム」欄も設けている。

　量的技法でのデータ収集欄としては,「年次別欠席状況」と「学年での月別の欠席状況」の欄がある。この欠席状況は,子どもの過去から現在の欠席状況の把握に加え,学校ソーシャルワーク実践での支援における今後の欠席状況の変動の証拠データともなる。なお,欠席状況の情報は担任教師より得ることになる。

　「児童生徒の生活状況・相談に至る経緯」は,子どもが現在の状況に至った経緯を把握するための情報欄である。この欄で情報収集する必要のある内容項目は表２-11に示したとおりであるが,子ども本人や家庭,学校,関係機関の

表２-11　「児童生徒の生活状況・相談に至る経緯」の聴取項目

```
1  現在に至るまでの子どもの抱える状況経緯
  ・状況はいつ頃からなのか
  ・状況はどのような変化の経緯をたどってきたのか
  ・状況に対し,子どもはどのような思い,発言,行動をしてきたのか
  ・状況に対し,子ども自身はどのような取り組み(ストレングス)をしてきたのか
  ・その他
2  子どもの抱える状況に対する家庭での関わり経緯
  ・子どもの状況に対し,家族(母親・父親・きょうだい・祖父母・親族)はどのような取り組みをしてきたか
  ・子どもの状況に対し,家族(母親・父親・きょうだい・祖父母・親族)はどのように感じてきたか,また家族間での感じ方,特に父母間の感じ方はどうであったか
  ・その他
3  子どもの抱える状況に対する学校での関わり経緯
  ・子どもの状況に学校はどのような取り組みをしてきたのか
  ・子どもの状況に学校と保護者の関係はどうであったのか
  ・その他
4  子どもの抱える状況に対する関係機関の関わり経緯
  ・子どもの状況に関係機関はどのような支援を行ってきたのか
  ・その他
```

取り組み経緯を情報収集していくことで，取り組み成果がみられた点や今後取り組んでいく必要性がある点などを知ることができる。

　一方，質的技法でのデータ収集欄が「児童生徒の生活状況や家庭環境」「学校生活状況」の欄である。この欄の情報収集では子どもの発達を踏まえて，子どものニーズとストレングス，子どもと学校（友人，教師，学級）および家庭（親，きょうだい，祖父母，親族等）との関係性，特にパワー交互作用の状況を踏まえて情報収集していく必要がある。この欄での情報収集は後述する「パワー交互作用マップ」を記載していくうえでの有益な情報となり，加えて子どもへの支援内容を検討していくための情報ともなる。「児童生徒の生活状況や家庭環境」の聴取項目については表2-12に，そして「学校生活状況」の聴取項目については表2-13に示している。

表2-12 「児童生徒の生活状況や家庭環境」の聴取項目

```
1　子どもの生活状況
　・子どもの生活状況に対するニーズ
　・食事，入浴，起床および就寝時間，深夜活動状況等
　・子どもの平日，土日の過ごし方（余暇，趣味，交友関係等）
　・家族との団らん状況
　・子どものお手伝い等のストレングス
　・その他の生活環境およびストレングス
2　子どもの家庭環境
　・子どもの家庭環境に対するニーズ
　・親の養育意識・養育状況
　・親の生活状況
　・親のニーズ
　・親のストレングス
　・家族（本人・父親・母親・きょうだい）間のパワー交互作用
　・親族（祖父母・親戚）と家族間のパワー交互作用
　・親と学校との関係性およびパワー交互作用
　・親と関係機関との関係性およびパワー交互作用
　・その他の家庭環境およびストレングス
```

表2-13 「学校生活状況」の聴取項目

```
1  子どもの学習面
   ・子どもの学習面でのニーズ
   ・子どもの進路におけるニーズ
   ・教科の学習状況および学習意欲等のストレングス
   ・教室内での学習態度とストレングス
   ・学習環境で配慮を要する状況
   ・その他
2  学校生活面
   ・子どもの学校生活面でのニーズ
   ・子どもと教師間のパワー交互作用
   ・子どもと友人間のパワー交互作用
   ・学級環境の状況（いじめ，学級崩壊，他）
   ・クラブ活動等での子どもと他生徒間のパワー交互作用
   ・その他
```

3 学校ソーシャルワーク実践の支援方法

1　状況分析とパワー交互作用マップ

　子どもや家族を取り巻く人々とのパワー交互作用状況を知るために，エコマップの活用は大いに参考となる。エコマップ（ecomap）とは，生物と環境との関係性を研究する生態学などで用いられてきた研究調査方法の一つであるが，生態地図ともいうことができる。ハートマン（Hartman,A.）はこのエコマップをソーシャルワークの実践用に考案した。エコマップは家族やクライエントの「ストレス状況」に焦点をおき，家族メンバーに影響を及ぼす人や組織，機関，要因などの関係図を円を使って表示する。ソーシャルワーカーはエコマップをクライエントと一緒に作成していくが，クライエント自身も自分の抱えている状況を知る手がかりとなる。

　パワー交互作用マップでは，このエコマップを活用し，ストレス状況ではな

く，パワー交互作用の状況を表示し，権威的・権力的パワー交互作用の状況分析をすることが目的である。図2-11は，1章の咲希のパワー交互作用マップである。咲希は，継父からの性的虐待という権威的・権力的パワーを行使され，母親もその事実を認めず，咲希に対して「**あんたのせいで家族やばあちゃんが迷惑している。これ以上騒ぎを大きくするなら，私は恥ずかしくて生きていけない。そうなったら自殺するからね！**」と脅迫的な圧力（権威的・権力的パワー）をかけた。祖母も「**ばあちゃんは，あんたが嘘をつくような子だとは思ってもいなかった。（性的虐待の）嘘をつくような子はもう家に置いておくわけにはいかないから，早くこの家に帰りなさい！**」と言って，突き放した（権威的・権力的パワー）。咲希は友人もなく，担任教師との関係も疎遠である（希薄な関係）。また，母親と学校は対立・反発的関係である。唯一，咲希と良好なパワー関係にあるのが，適応指導教室の相談員（親しい関係）である。この咲希のパワー交互作用マップから，咲希の抱える状況を改善するためには，家庭内での母子間の関係改善（良好なパワー交互作用）と継父の性的虐待という権威

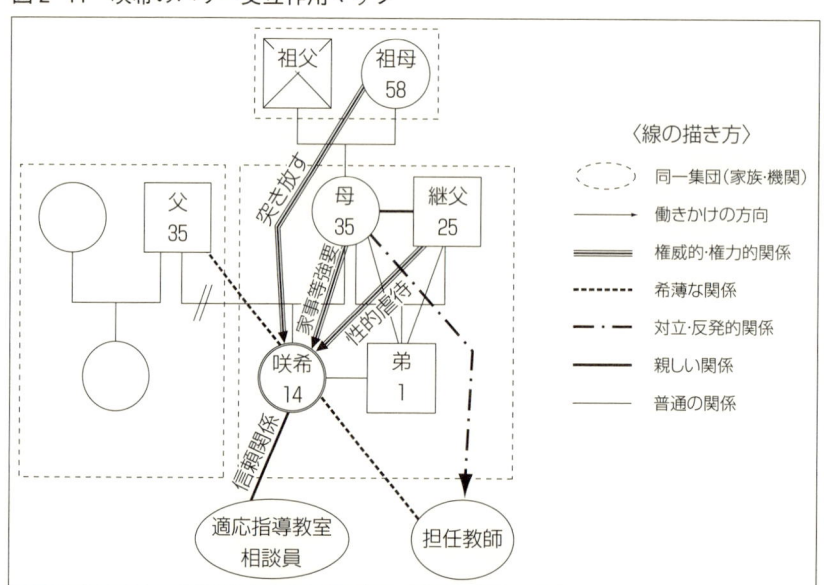

図2-11 咲希のパワー交互作用マップ

的・権力的パワーの行使の阻止，咲希と学校との良好なパワー交互作用の進展といった支援が必要であることがうかがえる。

「家には帰りたくない!!」（子どもを取り巻く人間相関図）

対象児童（小学4年）：健治

　「健治がまだ家に帰ってこないんです」
　夜8時を過ぎた頃，学校に母親から電話がかかってきた。学校に残っていた担任を含め，教職員5名が健治の捜索にあたる。近所の公園で保護者とも合流し，警察へ捜索願を出すか協議をしていたその時，母親の携帯電話に担任から健治を発見したとの一報が入る。
　健治は近くの河川敷に一人でいるところを担任に発見された。うつむきふさぎ込む健治に対し，担任はやさしく寄り添う。
　「**家には帰りたくない!!**」。強い口調で話す健治の目は，今にも溢れそうな涙でいっぱいだった。「家に帰っても誰もいないから楽しくない」「**毎日，毎日，お父さんとお母さんがケンカばかりでうんざりする**」「休みの日もいつも僕は一人ぼっちやし」。
　健治は"家にいるのがストレス"だと言った。ひとしきり健治の思いを聞いた後，担任がそっと切り出す。「一緒に家に帰ろう。そして，**お父さんとお母さんに健治の気持ちを伝えよう**」。重い足取りながらも，担任に付き添われながら健治は家路につく。
　家では，両親が玄関先で健治の帰りを待ちわびていた。健治の姿を前方に発見すると母親はすぐに駆け寄り，「ごめんね。**寂しい思いをさせてごめんね**」。怒られることを心配していた健治の予想とは裏腹に，母親は強く健治を抱きしめた。後ろから父親がゆっくりと歩み寄り，「健治，悪かったな。**心配したぞ**」。不器用な言葉ながらも健治を思う気持ちが伝わる。とりあえず，家に入り家族と担任の4人で話をした。
　母方祖母は2年前に脳梗塞で倒れて以後，左半身に麻痺が残り寝たきり生

活を送っている。母親は祖母の介護のために家を留守にする機会が多く，健治はいつも一人で夕食を食べていた。気がつけば，宿題を見てあげることも，学校での生活について聞いてあげることもなくなっていた。

　父親は，バリバリの営業マン。しかし，自身の業績悪化と比例するかのように会社の経営も傾いていることがストレスとなり，気がつけば，健治に対して過剰に厳しく関わっていた部分があったことを認めた。

　母親の慣れない介護疲れによるストレス。父親の仕事に対する見通し不安からくるストレス。すれ違いの感情から相手を思いやる余裕もなくなり，夫婦喧嘩も頻繁に繰り返した。知らないところで健治を傷つけていたことに両親は気づいていなかった。

　そして，担任も反省した。これまで母親とは連絡帳や電話連絡などで定期的に情報交換を行っていた。もちろん，祖母の介護についても把握していた。しかし，学校での元気な姿を見る限り，心の奥に閉まった健治の気持ちには気づくことができないでいた。すべての人間関係において僅かな配慮を欠いたことが，間接的に健治を追い込んでいたのかも知れない。みんなが健治に謝った。

　これからはどんなことでも家族3人で共有していこうと約束した。「今度の日曜日，みんなでお婆ちゃんの家に遊びに行こう」。父親の提案に健治も母親も笑顔でうなずいた。

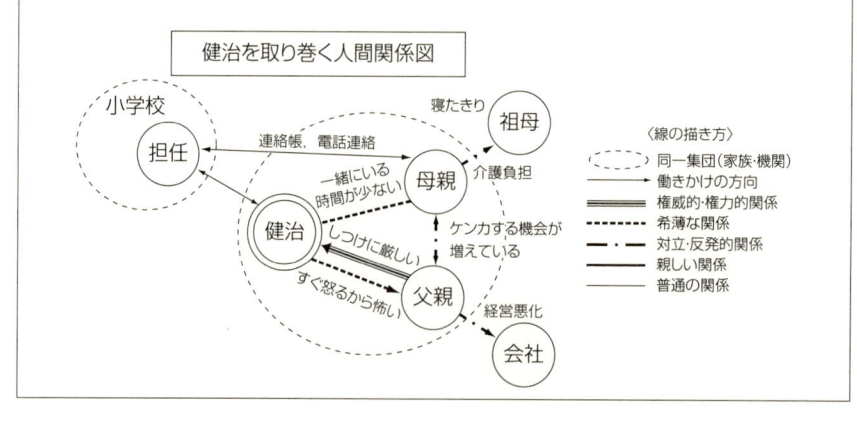

健治を取り巻く人間関係図

〈線の描き方〉
- 同一集団（家族・機関）
- → 働きかけの方向
- ＝ 権威的・権力的関係
- ---- 希薄な関係
- -・- 対立・反発的関係
- ━ 親しい関係
- ― 普通の関係

2章 スクールソーシャルワーカーの専門性

〈パワー交互作用マップの記載マニュアル図〉

| 作成日 | 年　月　日（担当者　　　　） | 2－1 |

㊙

アセスメントシート〜面接等による事前調査〜

エコマップ（児童生徒を中心にした人間関係図）

凡例：
- ⇔ 改善を要する関係
- ── 普通の関係
- ━━ 親しい関係
- ─・─ 対立・反発的関係
- ------- 希薄な関係
- ══ 権威的・権力的関係
- → 働きかけの方向
- ◯ 同一集団（家族・機関）

［備　考　欄］

パワー交互作用マップは，支援を要する児童生徒・家族を中心として，児童生徒・家族につながりのある関係者や関係機関を示したものである。それらの関係性において働くパワー（力）を分析して，支援介入を要する対象を見極めていく。ジェノグラム同様，シンプルにまとめていくことがコツとなる。

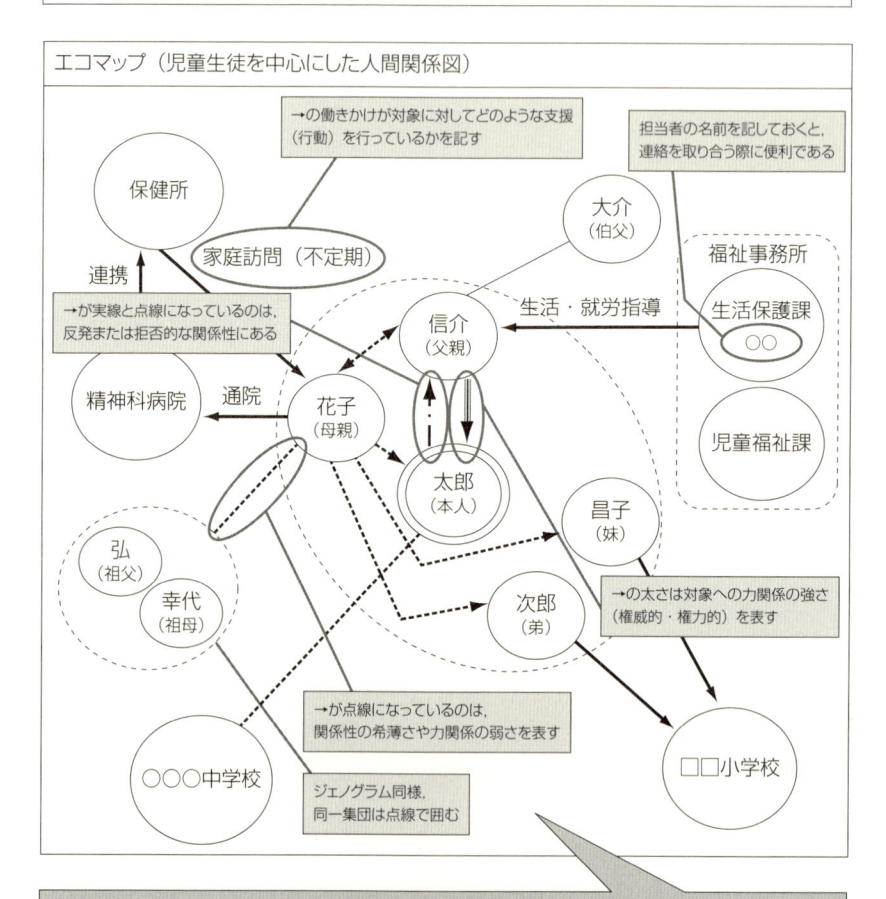

エコマップ（児童生徒を中心にした人間関係図）

- →の働きかけが対象に対してどのような支援（行動）を行っているかを記す
- 担当者の名前を記しておくと，連絡を取り合う際に便利である
- →が実線と点線になっているのは，反発または拒否的な関係性にある
- →の太さは対象への力関係の強さ（権威的・権力的）を表す
- →が点線になっているのは，関係性の希薄さや力関係の弱さを表す
- ジェノグラム同様，同一集団は点線で囲む

登場要素：保健所／家庭訪問（不定期）／大介（伯父）／福祉事務所（生活保護課〇〇・児童福祉課）／精神科病院／信介（父親）／花子（母親）／太郎（本人）／昌子（妹）／次郎（弟）／弘（祖父）／幸代（祖母）／〇〇〇中学校／□□小学校／連携／通院／生活・就労指導

パワー交互作用マップ～児童生徒を中心にした人間関係図

パワー交互作用マップでは，人間関係における関係性に着目して，→の太さや形状（実線，点線など）の変化を用いて，パワー（力）関係がどのように児童生徒・家族に影響を及ぼしているかを分析していく。児童生徒を中心に家族，学校，地域（支援機関）などを図示して，それらに必要情報を書き加えていくことで，支援介入を要する関係性が見えてくる。

2 パワー交互作用モデルの支援方法

　パワー交互作用モデルではパワー交互作用マップで示したように，権威的・権力的パワー交互作用によって子どもが状況改善に無力化し，教育を受ける機会や権利が侵害された状況を抱えてしまうと捉える。そのため，子どもが無力化していく前に，スクールソーシャルワーカーは子どもの抱える状況を改善する支援を行う必要がある。その支援として，「アドボカシー活動」「グループワーク」「サービス情報の提供および関係機関の紹介」「コンサルテーション」を中心的方法に据える（図2-12）。ただし，本書ではスクールソーシャルワーカーの実践で特に求められるアドボカシー活動を重点的に述べていくことにする。

図2-12　パワー交互作用モデルにおける支援方法

児童生徒が抱える状況を改善していく ← スクールソーシャルワーカー 〈学校ソーシャルワーク実践〉

アドボカシー活動	ケースアドボカシー（マイクロレベル）
	学校ケースマネジメント（マイクロ・メゾ・マクロレベル）

サービス情報の提供および関係機関の紹介
（マイクロ・メゾ・マクロレベル）

グループワーク
（マイクロレベル）

社会資源の開発
（マイクロ・メゾ・マクロレベル）

コンサルテーション
（マイクロ・メゾ・マクロレベル）

3　アドボカシーについて

「アドボカシー」（advocacy）という用語が最初に示されたのは，1917年の全米慈善・矯正会議（Proceedings of the National Conference of Charities and Corrections）である。しかし，アドボカシーの活動に関しては，シカゴのハルハウスのジェーン・アダムスをはじめとするセツルメントハウスのレジデントたちによる子どもの教育保障の取り組みがその起源として位置づけられている。

例えば，セツルメントハウス内に勉強部屋や図書室，体育館等を備え，学習機会を提供したり，1900～01年にヘンリー・ストリート・セツルメント（Henry Street Settlement）のレジデントたちはニューヨーク市教育委員会の認可を得て，未就学の子どもたちのための学級をつくったり，学校給食を保障

> **情報　アドボカシーの起源**
>
> ソーシャルワークにおけるアドボカシーの起源は，シカゴのハルハウスにおけるジェーン・アダムスたちの児童福祉への取り組みである。アメリカ大陸に渡ってきた英語を母国語としない移民の貧困家庭にとって，親たちは公教育を受けていないために子どもに教育を受けさせる価値意識は薄かった。特に貧困にあえぐ家庭では，子どもに教育を受けさせても家庭の生活費の足しにはならず，働かせることのほうが重要であった。ジェーン・アダムスは自著『ハルハウスの20年』において，子どもたちが親よりも英語が上手で，低賃金でも喜んで働き，かつ両親も子どもたちの働きで食べていくことに甘んじてしまい，子どもが働いて支える家族が多いことを知るようになったと記している。この児童労働の深刻さに対し，ハルハウスの初期のレジデントであるフローレンス・ケリー（Florence Kelly）はイリノイ州の労働部に働きかけ，シカゴ市の児童労働の調査をするように勧めた。この取り組みはのちに，イリノイ州の最初の工場法へとつながっていく。また，ジェーン・アダムス自身もシカゴの教育委員会の一員として，公立学校におけるサービスの拡大に向けた取り組みを行っていった。これらの児童福祉問題への取り組みは，ハルハウスに限らず，ほかのセツルメントハウスにおいても行われていった。

するように教育委員会に働きかけている。そして，子どもたちの教育保障のために，レジデントが学校と家庭を訪問し，学校と家庭のつなぎ役を果たす事業が開始される。これが学校ソーシャルワークの始まりである。このように，学校ソーシャルワークは，子どもの教育機会の平等を保障するために取り組まれたアドボカシー活動から生まれてきている。その意味で，学校ソーシャルワークでは，アドボカシー活動は不可欠な実践なのである。

その後，1969年，全米ソーシャルワーカー協会の倫理綱領"The Social Worker as Advocate: Champion of Social Victims"において，アドボカシーがソーシャルワーカーの責務であることが明示される。以後，今日でもアドボカシーはソーシャルワークの重要な実践基盤である。

アドボカシーは1960年代まで，ソーシャル・アクションとしての意味合いが濃いものであった。しかし，アドボカシーがソーシャルワーカーの専門的価値のみならず，実践活動として脚光を浴びるようになるのはエンパワメントへの関心によってである。クライエントへのエンパワメントを重視したソーシャルワークでは，パワー関係への介入としてアドボカシーが実践活動として捉えられるようになる。例えば，1995年の"The Encyclopedia of Social Work 第19版（『ソーシャルワーク辞典』）"において，マイケルソン（Mickelson, J.S.）は，「ソーシャルワークにおいて，アドボカシーは社会正義の保障を目標とし，一人以上の個人やグループ，コミュニティのために直接，言明し，弁護し，介入し，支援し，または一連の活動を勧めていく行動として定義づけることができる」。そして，「ソーシャルワーカーはエンパワーできない人たちのためにアドボケイトの義務がある」。さらに，「アドボカシーの目標は，変化をもたらすことである」[21]としている。

このマイケルソンと同様の定義は，ソーシン（Sosin,M.）とカールム（Caulum, S.）においてもみられ，彼らは「アドボカシーはソーシャルワークと他の援助専門職を分けるうえで核となる実践活動である。アドボカシーは，パワーレスな人の福祉や利益に関わる決定に際して，個人やグループが他の個人やグループに影響を及ぼしていく試みである」[22]と定義づけている。

このように，アドボカシーはエンパワーできない人たちの社会正義を保障す

るための活動である。ただし、エンパワメントは、「スティグマを負わされた集団に所属するクライエント」が、差別経験からもたらされたパワーの減退（powerless）を改善していくことにあり、とりわけ、「否定的評価に対抗していくこと」をねらいとしている。しかし、学校ソーシャルワークは、子どもの教育の機会や権利を侵害する学校環境や家庭環境に対抗していくことをねらいとしていない。むしろ、子どもたちの抱える状況をよりよい状況に改善していくことで、子どもたちの教育を保障していくことをねらいとしている。そのため、特に人間関係における権威的・権力的パワー交互作用の状況改善にねらいをおいた学校ソーシャルワーク実践が、パワー交互作用モデルである。この点が、パワー交互作用モデルとエンパワメントの視点の異なるところである。

では、学校ソーシャルワーク実践では、どのようなアドボカシー活動を展開していく必要があるのだろうか。アドボカシー活動には、いくつかのタイプがある。一つ目は、個人や家族の権利や利益を保護していくためのアドボカシーとして「ケース・アドボカシー」がある。二つ目には、政策的制度的変化を求めるクラス集団のアドボカシーを行っていく「クラス・アドボカシー」がある。三つ目は自分の権利や利益を自分自身で保護していくために活動していく「セルフ・アドボカシー」、四つ目は互いの権利や利益を仲間と一緒に保護していくために活動していく「仲間アドボカシー」、五つ目が潜在的に孤立した人たちとの関係性を発展させ、その人たちのニーズを理解し、アドボカシーをしていく「市民アドボカシー」などである。

なお、ケース・アドボカシーは、マイクロ・アドボカシーやクライエント・アドボカシーとも呼ばれる。また、クラス・アドボカシーは、マクロ・アドボカシーやコーズ・アドボカシーとも呼ばれる。

4　ケース・アドボカシー

ソーシンとカールムは、アドボカシー活動の目的がクライエントに対して決定されたことを変更していく試みであるとしている。そして、それを達成していくためには、アドボケイト（アドボカシーをする人）と決定者の関係性にお

いて三つの取り組み方があるとする。それが,「同盟」(alliance),「中立」(neutrality),「対決」(adversarial) である。
　「同盟」とは,例えば,スクールソーシャルワーカー（アドボケイト）と,子どもの抱える状況を改善していくうえでのキーパーソン（親や学校,関係機関,ほか）が,子どものニーズに対して理解を共有し合い,一緒に取り組んでいくことである。この場合,アドボケイトであるスクールソーシャルワーカーは,キーパーソンに対して子どものニーズを代弁し,キーパーソンもアドボケイトからの代弁内容に理解を示し,状況改善に向けて同調していく。例えば,次の事例をみてみよう。

「先生を替えてください！」（ケースアドボカシーの「同盟」の一例）

対象児童生徒（小学5年）：あゆみ,真理,若菜,知美,美紀

　「先生!!　ちょっと話聞いて〜!!」
　廊下の向こう側から,スクールソーシャルワーカーを見つけた5人の児童が全速力で駆けてくる。息を切らしながらも深刻な表情で若菜が切り出す。
　「話を聞いてもらいたいことがあるんですけど…」
　そこで,場所を会議室に移して話の続きを聞くことになった。会議室では,横一列に児童たちが座り,誰が代表して話をするか小声で相談している。しばしのやり取りの後,あゆみが口を開いた。
　「あの,どうやったら先生（担任）を替えることができますか？」
　ストレートな質問に多少面食らいながらも,スクールソーシャルワーカーはその後も丁寧に児童らの話に耳を傾けた。
　真理「先生がいつも翔太ばかり怒るんです」——翔太とはクラスのガキ大将。
　美紀「そうそう。授業中うるさいのは翔太だけじゃないのに」
　若菜「大体さ,先生はいつも翔太ばかり怒って卑怯じゃない？」
　あゆみ「あれじゃ翔太がかわいそうやん」

知美「翔太も頑張っているときもあるのに…」
　真理「それにさ，先生はすぐに翔太の頭を叩くやん？」
　若菜「それって体罰だよね」──一同うなずく
　知美「１学期からずっとだもん」
　あゆみ「私たちも何度か先生に注意したけど，全然やめてくれないし」
　若菜「先生（スクールソーシャルワーカー），何とかして！」
　この後も昼休みが終わるまで相談は続き，今後の対応策についても話し合いを重ねた。児童たちの真剣な訴えを受け止めて，スクールソーシャルワーカーは校長にこの気持ちを伝えることを提案した。そして，翌日，児童らと校長の話し合いの場を設定した。
　約束の時間，緊張の面持ちで児童たちは校長室へやって来た。
　校長「よく校長室に来てくれました。今日はじっくりお話を聞きましょう」
　校長は笑顔で児童たちを迎え入れた。スクールソーシャルワーカーが司会進行をしながら，いよいよ本題へと入っていく。児童たちは力を合わせて自分たちの言葉で思いを校長に訴えた。
　校長「大変よくわかりました。君たちは翔太君のことを思い，勇気を出して校長先生に話をしてくれました。とても嬉しく思います。どんな理由があっても叩くということは絶対に許されません。担任の先生には二度とこのようなことがないよう，私からしっかりと注意をしておきます。これからも，何かあればいつでも校長先生に相談をしてください。今日は相談をしてくれて本当にありがとう」
　校長室を後にする児童たち。それぞれが納得した表情で足取りも軽く教室へと帰っていった。

　スクールソーシャルワーカーが「同盟」のケース・アドボカシーを行う状況は多様であり，代弁を要する人は子どもに限らず，親や学校でもある。学校と関係機関が協働して子ども支援に取り組んでいく場合も「同盟」であるが，この場合のキーパーソンは数人である。ただし，この「同盟」では，スクールソー

シャルワーカーとキーパーソンが状況改善に向けて共通の価値観を共有していくことが求められる。そして、「同盟」において大切なことは、スクールソーシャルワーカー自身が「同盟」となるキーパーソンとの良好な関係性を築いていくことである。

しかし、スクールソーシャルワーカーとキーパーソンが共通の価値観を共有しておらず、両者の同意が図れないとき、共通理解に向けた取り組みが求められる。これが「中立」である。例えば、次の事例をみてみよう。

> 「大人は何もわかってくれない」
> （ケースアドボカシーの「中立」を要する一例）
>
> 対象生徒（中学2年）：真理子
>
> **担任「真理子の欠席は母親のネグレクトが原因なんです」**
> 担任は、深刻な面持ちでスクールソーシャルワーカーに相談をもちかけてきた。真理子は中学2年の1学期以後、週の半分は学校を欠席する日が続いている。
> 担任からの情報では、真理子の家族は派遣社員の母親、小学3年の弟、保育園の妹の4人家族である。母親は2年前に父親と離婚した。仕事で家を留守にすることが多い母親に代わり、真理子は弟妹の世話だけでなく、炊事や洗濯など家事のほとんどを一人でこなしている。
> 最近になり、母親が夜の仕事に転職したとの情報が地域から寄せられた。ちょうどその頃から、母親の携帯電話に連絡を入れても応答がない状況が続いている。担任は、母親が仕事を理由に子どもたちの養育を放棄しており、それによる家事・育児の負担が真理子の欠席増加の直接的な原因となっているのではないかと考えていた。1週間後、スクールソーシャルワーカーは、真理子との面接機会を得た。
> **担任「スクールソーシャルワーカーの○○さんだ。初対面だから先生も一緒にいてやろうか？」**

相談室へやって来た真理子に担任は声を掛けた。「いえ，大丈夫です」。真理子はそっけなく答える。担任が席を外したことを確認すると，真理子は冷めた表情でこう切り出した。
　真理子「私，基本的に大人が大嫌いなんです。大人は何も知らないくせに好き勝手なことを言うから信用していません」
　短い言葉の裏には，大人に対する強い不信感が凝縮されていた。そして，真理子は慎重に言葉を選びながら，今の気持ちを語り始めた。
　真理子「お母さんは，私たちのために仕事を掛け持ちして一生懸命働いてくれているんです」
　母親は，早朝に新聞配達，日中はホームセンター，夕方からは飲食店で仕事をしていた。
　真理子「家のことをするのは私の仕事だと思っています。お母さんは一度もそれを私にしなさいと言ったことはありません。それなのに，大人は『大変だ』『かわいそう』『（母）親が悪い』と無責任なことを言うから頭にくるんです」
　実は，欠席が増え始めた理由はほかにあった。春先，体調を崩した真理子は数日続けて昼頃に登校した。
　生徒「お前，給食だけ食いに来たんか？」
　生徒「いいなぁ～，授業サボれて」
　生徒「もしかして，また家事をさせられていたの？」
　クラスメートからの心ない言葉に傷ついた。悩んだ末に勇気を出して担任に相談した。
　しかし…
　担任「それなら，毎朝きちんと登校しないとな」
　学校へ行きたくないと思った。そして，真理子は思った。
　真理子「大人は何もわかってくれない」

　この真理子の事例では，スクールソーシャルワーカーは真理子のニーズをま

ずは担任教師に理解してもらうため，代弁をしていく必要がある。担任教師の理解がクラスの生徒への理解を促す。その意味で，担任教師も真理子のアドボケイトになってもらう必要がある。「中立」にあたっては，スクールソーシャルワーカーはキーパーソンに説明や説得，交渉等，良好なパワー交互作用を図りながら理解を求めていくことがポイントとなる。

しかし，キーパーソンが全く理解する意志がない場合，法的な手段で対応していくことになる。これが「対決」である。例えば，児童虐待に対し，親が虐待を認めず，このままでは子どもの生活状況が改善されず，また生命の危険性が危ぶまれる場合，児童相談所が一時保護，ないしは児童養護施設への措置に踏み切る場合などが「対決」となる。次の事例をみてみよう。

「頭が痛いよう」（ケースアドボカシーの「対決」を要する一例）

対象児童（小学3年）：正輝

朝の始業チャイムが鳴り，担任教師が教室に入っていった。突然，児童の一人が担任に叫んだ。
児童「先生，正輝が頭から血を流しているよ！」
驚いた担任は正輝に駆け寄り，額から流れ落ちる血をハンカチで拭き取りながら，頭髪をかきわけて傷口を見た。
担任「どうしたんだ！」
正輝「学校に来る途中で転けたん。先生，頭が痛いよう」
痛みを我慢していた正輝も担任の言葉で泣き出した。動揺するクラスの児童を鎮めながら，児童に依頼して養護教諭を呼んできてもらった。すかさず，養護教諭が駆けつけた。ケガの状況から養護教諭は病院に連れて行くことにした。担任は校長，教頭と対応を協議した。
実は，正輝のケガは今回が初めてではなかった。正輝は父親と二人暮らしであるが，父親の飲酒は常態化しており，酔っては正輝を叩くことがあった。しかし，飲酒しないときは，小心な父親であった。

学校での支援ケース会議では，スクールソーシャルワーカー，児童相談所も加わり，父親の虐待問題への対応が協議されてきた。スクールソーシャルワーカーは定期的に家庭訪問をして父親との関係づくりを図ってきた。しかし，今回の出来事の3日前，スクールソーシャルワーカーが家庭訪問すると，父親は日中から飲酒でひどく酔っていた。会社が倒産し，職を失ったとのことであった。
　校長からスクールソーシャルワーカーと児童相談所の児童福祉司が呼ばれ，今朝の状況説明がなされた。早速，スクールソーシャルワーカーと児童福祉司は，正輝の家に向かった。血痕は学校の教室から廊下，正輝の家の玄関まで続いていた。そして，家にはひどく酔いしれた父親がいた。父親は家の正輝のケガについては，「知らん」と押し通した。しかし，血痕は畳にもあった。父親の正輝に対する過去の身体的虐待歴から，児童福祉司は正輝を一時保護することを告げた。

　2008年に新たに改訂された"*The Encyclopedia of Social Work* 第20版"において，アドボカシーの用語解説では，シュネイダー（Schneider, R.L.）とレスター（Lester, L.）のアドボカシー活動が提示されている。このアドボカシー活動の特徴は，「ソーシャルワーク・アドボカシー」という用語を使用している点である。まさにアドボカシーがソーシャルワーカーが保有すべき専門的価値のみならず，専門的知識・技術として位置づけられたことを意味する。スクールソーシャルワーカーは前記のソーシンやカールムのアドボカシー活動に限らず，有効なアドボカシー活動の方法について常に学びを深めておく必要がある。

> **重　要**
>
> ## シュネイダーとレスターの「ソーシャルワーク・アドボカシー」[23]
>
> 「ソーシャルワーク・アドボカシーは，討議の場において，クライエントやコーズ（cause）に対して排他的，相互的な弁護をすることである。それは，不正義的または非対応的なシステムの決定に系統的に影響を及ぼしていく試みである」。この定義における下線の用語の解説は以下の通りである。
>
> ① 「討議の場」（forum）とは，問題や規則，ルール，法律，種々な意見などを討議して解決に向けた計画を行っていくこと。
> ② 「コーズ」（cause）とは，同様の関心をもつ人々のグループや，ある階級に所属する人々に対して影響を及ぼしている要因や問題のこと。
> ③ 「排他的」（exclusive）とは，アドボケイトはクライエントのニーズを優先すること。
> ④ 「相互的」（mutual）とは，クライエントとアドボケイト間の関係は，相補的，相互依存的，共同的，そして平等であること。
> ⑤ 「弁護」（representation）とは，アドボケイトはクライエントのために他者に話したり，書いたり，行動したり，クライエントの関心を伝えたりといった活動をすること。
> ⑥ 「不正義的」（unjust）とは，公正（fairness），平等，合法性などを欠いていること。
> ⑦ 「非対応的」（unresponsive）とは，返答や対応をしない，質問や依頼，嘆願，要求，手紙に応じない，時間通りに約束を守らない人の態度や制度のこと。
> ⑧ 「システム」（system）とは，有資格者に対するサービス提供や，法律の判断と施行，社会資源の分配に重要な責任をもつ権限がある組織化された機関などを意味する。例としては，矯正システム，メンタルヘルスシステム，教育システム，その他である。
> ⑨ 「決定」（decision-making）とは，資源やサービスを分配すること，サービスへの平等とアクセスを決定したり，政府や公的機関の政策をつくる立場にある人たちが下す結論や判断，活動を意味する。
> ⑩ 「系統的」（systematically）とは，クライエントを侵害する政策や資源において，権威やパワーをもつ人やグループに対して修正してもらったり，決定を変えてもらったり，影響を及ぼしたり，活動をしたりすること。
> ⑪ 「影響を及ぼしていく試み」とは，クライエントのグループを組織化したり，団体を形成したり，一般大衆に知識を提供して理解してもらったり，公的職員や立法者と接触したり，証言をしたりすること。

5 「校内協働」体制づくりに向けたクラス・アドボカシー

　学校において，気がかりな子どもを発見していく「アウトリーチ」は担任教師の役割である。日々，子どもの様子を観察していく目が担任教師にあれば，「元気がない」「学習に身が入らない」「遅刻が増え始めた」「身体に体罰痕がある」など，瞬時の子どもの変化に気がつく。その担任教師の気づきによって対応することで，早期に子どもの状況が改善される場合がある。

　しかし，「学校に来れないとわがままを言う生徒にどうして家庭訪問をしないといけないんだ」と担任教師が発言している場合，子どもが示すSOSのサインとその基盤にあるニーズに対し担任教師の十分な理解がないため，スクールソーシャルワーカーは子どもとの面談から担任教師にケース・アドボカシーを行っていく必要がある。しかし，学校において望まれるのは，教職員が常に子どもが示すSOSとそのニーズに目を配り，積極的に支援していく風土である。そのような学校風土をつくるためには，学校内での教職員が気がかりな子どもへの支援を協働して取り組んでいく体制，すなわち，「校内協働」体制を築いていくことが必要である。

　校内協働は，子どもの抱える課題を教職員間で共有認識し，担任教師一人で抱え込まずに教職員が協働して取り組んでいくことである。そのためには，学校内のケース会議を定期的に開催したり，状況に応じては随時，ケース会議を開催していくような体制が求められる。そして，このような体制を築くのは校長の役割である。

　子どものSOSに教職員が一致団結して取り組んでいく学校づくりを目指し，校長や生徒指導・教育相談の担当教師等，学校内の組織体制に役割をもつキーパーソンに働きかけていくことは，マクロレベルでのスクールソーシャルワーカーの児童生徒全体の支援を目指すクラス・アドボカシーといえる。ただし，スクールソーシャルワーカーが校長等にどのような「校内協働」体制を築くのかを助言をしていく場合，それはコンサルテーションともいえる。コンサルテーションとは，直面している課題についてほかの専門分野の専門職からその専門知識や技術について助言や援助が行われることである。

2章　スクールソーシャルワーカーの専門性

　図2-13は,「校内協働」体制づくりの一例である。まず, 4月の新学期は新たな学級づくりの始まりである。学級が楽しいと答える児童生徒が多い学級では, 児童生徒間のいじめや疎外風土は少ない。社会化で述べたように, 子どもはしてよいこと, 悪いこと, 愛他心などを発達させていく年齢にある。これは良好なパワー交互作用を形成していくことである。そのため, 担任教師は児童生徒との良好なコミュニケーションを通して, 人間関係づくりを重視した学級経営をしていくことが望まれる。

　しかし, 学級にはさまざまなニーズをもつ子どもが一堂に会している。そのため, 子どものなかには遅刻や欠席, 学級に馴染めない, 友人間のトラブルなどに対し支援を要する子どもが出てくる。その早期発見のためのツールとしては, 学校ではQ－Uが用いられることがある。支援を要する子どもを発見した場合, 担任教師で対応すべきだという「担任の抱え込みの学校風土」であれば, 担任教師の考えで対処されることになる。その対処がうまくいけばよいが, うまくいかなかった場合には担任教師は対応の限界を超えてしまう。また, 保

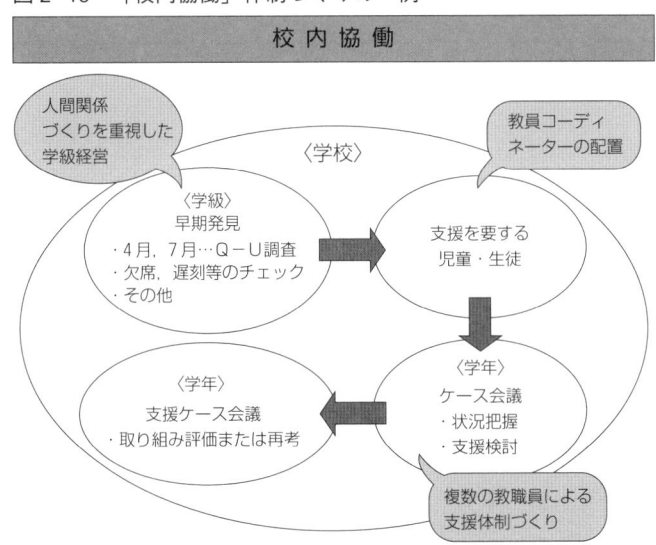

図2-13　「校内協働」体制づくりの一例

校内協働

- 人間関係づくりを重視した学級経営
- 教員コーディネーターの配置
- 〈学校〉
  - 〈学級〉早期発見
    - ・4月, 7月…Q－U調査
    - ・欠席, 遅刻等のチェック
    - ・その他
  - 支援を要する児童・生徒
  - 〈学年〉ケース会議
    - ・状況把握
    - ・支援検討
  - 〈学年〉支援ケース会議
    - ・取り組み評価または再考
- 複数の教職員による支援体制づくり

護者から担任教師自身や校長，または教育委員会へとクレームが出される。

そうすれば，担任教師のストレッサーは増大し，子ども自身の課題も改善されないままとなっていく。まして，支援を要する子どもが学級内に複数いる場合には，担任教師はオーバーワークとなってしまう。

そこで，支援を要する児童生徒の課題は教職員一体で取り組んでいくという体制づくりが必要となる。その具体的な取り組みが「ケース会議」である。この場合，学校内に各学年の担任教師から支援を要する子どもの情報が集約される「教員コーディネーター」がいればかなりケース会議が可動しやすくなる。教員コーディネーターの役割（図2-14）は，①各学年担任教師から支援を要する子どもの情報の集約であるが，その内容で担任教師と話し合って「担任の

図2-14　教員コーディネーターの役割

教員コーディネーターの役割

＜校内協働＞
①支援を要する子どもの情報集約をし，
　・担任の支援で対応できる児童生徒か？
　・学校組織の支援で対応できる児童生徒か？
　・関係機関の協働支援を要する児童生徒か？
を担任教師と判断する。

校長
教頭
担任教師
他教師，
養護教諭等

担任教師等は，事例の概要のみ（3〜5分ほど）を教員コーディネーターに口頭で示す。担任等も時間に追われているため，準備は簡単なメモ程度とする。

〈担任教師からの事例提供の例〉
・5年生，男子。
・遅刻・欠席が多い。
・学力は中。担任は，やればできると言っている。
・友達関係は良好で，休み時間は男子とサッカーなどを楽しんでいる。
・学習意欲がなく，テストは白紙状態で提出したり，課題を出すと「えー，やるの？」という感じで，課題に取り組まない。いつもボーッとしている。
・担任の願い：遅刻・欠席を減らしたい。学習で出された課題に対してはやる気を出してほしい。

教員コーディネーター

②定期的なケース会議の校内設定
③スクールソーシャルワーカーとの協議

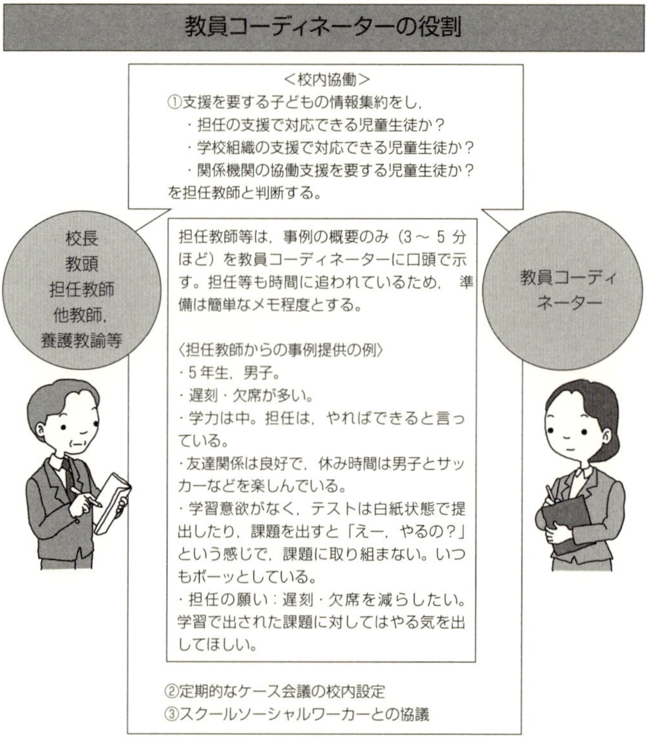

支援で対応できる児童生徒」か,「学校組織の支援で対応できる児童生徒」か,「関係機関の協働支援を要する児童生徒」かを判断していく。

子どもの状況が学校組織や関係機関の支援を要する場合には,②定例ケース会議に子どもの事例を提出する。学校はケース会議の曜日と時間を年間計画のなかでしっかり位置づけておけば,教員コーディネーターも日程・時間調整に

情報 校内ケース会議の進め方

〈初回ケース会議〉
【情報共有】
①ルールを確認する
　・さまざまな視点から多くの考えがでることを奨励する。
　・全員でつくり上げ,全員の力を結集する。
　・会議は効率的に30〜40分程度で終わる。
②担当者から何に困り,何を検討してほしいかを出してもらう。
③担当者からどのような児童生徒であるかを簡略に説明してもらう。
④もし自分が対応することになったとしたら,どのような情報が必要になるかを考え,担当者に質問する。
【協議】
⑤情報共有に基づき,支援目標を協議する。
⑥支援目標における役割分担を明確にする。
　・担任教師が行うこと。
　・ほかの教師による担任教師や対象となる児童生徒への取り組み支援など。
⑦会議を終えるにあたり,再度,支援目標と役割分担を確認する。
⑧次回のケース会議日・時間を決める。

〈2回目以降のケース会議〉
⑨前回のケース会議で決めたこと,確認したことの振り返り,今回のケース会議までの取り組み成果を報告しあう。
⑩児童生徒の現状を踏まえて,次回のケース会議まで期間で取り組んでいくこと,または役割分担内容の検討。
⑪次回のケース会議日・時間を決める。

追われることはない。そして、関係機関の支援を要する場合には、③教員コーディネーターがスクールソーシャルワーカーとの窓口となる。スクールソーシャルワーカーにとっても、学校訪問時に教員コーディネーターに会えばすぐに情報把握ができやすい。教員コーディネーターがいない場合には、スクールソーシャルワーカーは校長や担任教師、養護教諭等、学校内を歩き回りながら子どもの情報を収集していかなくてはならず、迅速な情報収集も行いにくくなる。

このように、学校が教員コーディネーターを配し、「校内協働」体制をつくっていくことで、教職員間の子ども支援に対する一体感が醸成され、関係機関との協働を図る「校外協働」とも連動した取り組みが展開できていく。スクールソーシャルワーカーはケース会議に参加し、学校ソーシャルワークの視点から子ども支援についてのケース・アドボカシーやコンサルテーション、サービス情報を提供していく役割を担う。

6　学校ケースマネジメントについて

学校ソーシャルワーク実践の支援を要する子どもの課題は、表2-14に示すように不登校や児童虐待、暴力、発達障害、精神疾患等、多様である。子どもへの支援においてはスクールソーシャルワーカーが教師と一緒に取り組んでいく場合に加え、学校・家庭・関係機関が協働して取り組んでいくことが必要な場合がある。その取り組みもアドボカシー活動ではあるが、実際に学校・家庭・関係機関が協働して取り組んでいくためには、「学校ケースマネジメント」による支援方法が必要となる。

バーカー（Barker, R. L.）は、「ケースマネジメント」（case manegement）を「クライエントのために、種々な社会機関と職員がサービスを計画し、探求し、評価する手続き」[24]と定義づけている。また、モクスリー（Moxley, D. P.）は、「多様なニーズをもった人々が、自分の機能を最大限に発揮して健康に過ごすことを目的として、フォーマルおよびインフォーマルな支援と活動のネットワークを組織し、調整し、維持することを計画する人、もしくはチームの活

表2-14 学校ソーシャルワーク実践の支援が求められる子どもの課題

●不登校への支援
　1．本人支援
　2．家庭支援
　3．学校支援
　4．不登校への学校―家庭―関係機関の協働による支援

●児童虐待への支援
　1．児童虐待の早期発見
　2．児童虐待の早期対応
　3．児童虐待に対する学校―家庭―関係機関の協働による支援

●暴力課題への支援
　1．非行予防プログラム
　2．暴力のない学級・学校づくり
　3．暴力への早期発見と早期対応
　4．いじめの予防と児童生徒への支援
　5．家庭内暴力への支援
　6．非行児童生徒への学校―家庭―関係機関の協働による支援

●発達障害等の児童生徒または保護者への支援
　ADHD，LD，広汎性発達障害（自閉症，アスペルガー症候群，ほか），身体障害，知的障害，ほか

●精神疾患等の疑いまたは診断を受けた生徒または保護者への支援
　精神障害，行為障害，分離不安障害，強迫神経障害，摂食障害，ほか

動」[25]と定義づけている。このように，ケースマネジメントは，多様なニーズをもった人びとに対して，そのニーズをみたすために多様なサービスを包括的に提供していく手続き，または活動である。

　ケースマネジメントの展開[26]は，①クライエントへの「アウトリーチ」（支援を要する状況を発見していくこと），②クライエントの「ニーズアセスメント」，③サービスや社会資源を含めた「支援計画」，④クライエントとサービスまたは社会資源を結びつけたり，紹介していく「支援計画の実行」，⑤支援計画に対する「評価（モニタリング）」である。

　図2-15はケースマネジメントの展開過程を示したものであるが，支援計画

図2-15　ケースマネジメントの展開過程

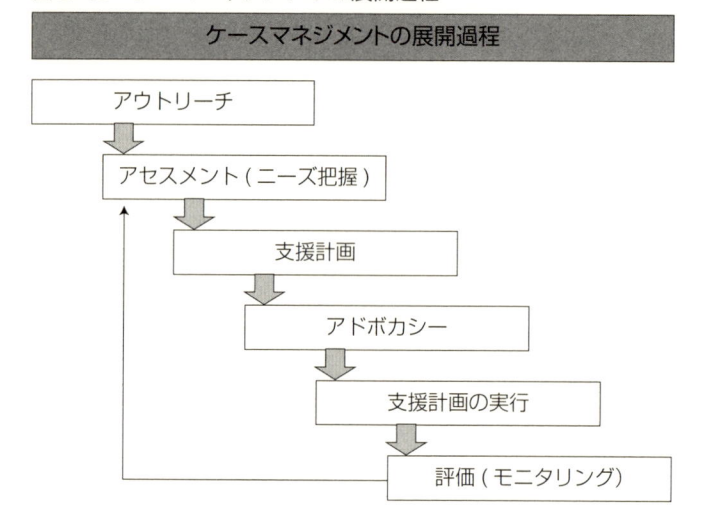

```
ケースマネジメントの展開過程
   ↓
アウトリーチ
   ↓
アセスメント（ニーズ把握）
   ↓
支援計画
   ↓
アドボカシー
   ↓
支援計画の実行
   ↓
評価（モニタリング）
```
（評価からアセスメントへ戻る矢印あり）

に際してはクライエントのアドボカシーを踏まえ，実行していくことが大切である。また，支援計画の実行後，支援計画がクライエントのニーズと生活支援に沿った内容となっているかどうかを「評価（モニタリング）」し，支援計画の内容を変更する必要がある場合には再度，アセスメントを実施していくことになる。

　ケースマネジメントでは，クライエントへのサービスまたは社会資源の提供に際して，複数の関係機関や職員が一体となって支援を展開していく必要がある。そのためには，調整役が必要となる。その調整役がケースマネジャーと呼ばれるソーシャルワーカーである。ケースマネジャーは，クライエントへのアドボケイトとして複数の関係機関が保有するサービスや社会資源を調整していく役割を担う。また，地域内に社会資源がない場合には，社会資源を開発していく役割も担う。

　学校教育分野においても，アメリカ・スクールソーシャルワーク協会（SSWAA）はスクールソーシャルワーカーの主要業務にケースマネジメントの実践を掲げている。例えば，HIV/AIDSの子どもたちには精神保健ニーズ

> **情報** **ケースマネジメントの出現背景**
>
> 　ケースマネジメントという用語は比較的新しい用語である。1970年代初期，アメリカにおいてノーマライゼーション理念の普及により，障害者が入所する大規模収容施設は閉鎖され始め，障害者が地域で生活していくという脱施設化運動が進展した。また，精神保健においても1950年代の向精神薬の発見により，長期入院ではなく，地域での生活が基盤となってきた。
>
> 　しかし，施設を退所し，地域に戻っても，十分なサービスは受けられず，またサービスが散在しているため障害者自らがそれらのサービスを調整することが困難であった。そのため，非衛生的な環境で生活し，近隣からも拒否されるという状況があった。そして，これらの課題に取り組む論文が出始め，その支援方法として注目されたのが「ケースマネジメント」である。ケースマネジメントは1980年代以降，障害分野に限らず，HIV/AIDS患者へのサービス部門，長期ケアを要する要介護高齢者部門，移民やホームレスへのサービス部門，児童福祉部門や学校部門へと普及していった。
>
> 　イギリスにおいては，1990年の「国民保健サービス及びコミュニティケア法」により，高齢者分野でのサービス調整手法としてアメリカのケースマネジメントを導入するが，「ケース」ではなく「ケア」という用語を採用し，「ケアマネジメント」と呼んだ。これには，マネジメントするのは「ケース（人）」ではなく，「ケア（サービス）」であるという意味が込められている。
>
> 　わが国では，高齢者の介護保険導入に際してケアマネジメントの用語が採用されている。ただし，「ケア」という視点に関しては，人の抱える諸問題・ニーズのうち心身機能状況を中心としたケア・サービスに焦点があたり，生活全体に目配りした支援の視点が欠落してしまうという指摘もある。

や経済的ニーズ，社会的ニーズなど，広範囲のサービス調整と提供が求められ，ケースマネジメントの実践が求められている。

　また，特別支援教育においてもケースマネジメントは重視されている。アメリカでは，1975年の全障害児教育法（the Education for All Handicapped Children Act: P. L. 94-142）において個別教育計画（IEP: Individualized Education plan）の作成が義務づけられた。このIEPにあたって，スクールソーシャルワーカーは，①子どもの発達歴の情報を収集する，②障害のある子どもとその

家族へのカウンセリングサービスを提供する，③子どもの学校適応に影響を及ぼす環境要因(家庭，学校，地域)の改善を図る，④学校と関係機関の関連サービスの調整等の役割を担うことになっている。

ここでの関連サービスとは，「移動」「言語療法」「心理サービス」「理学療法」「作業療法」「レクリエーション」「障害の早期鑑別とアセスメント」「カウンセリング」「診断と評価のための医療サービス」「学校保健サービス」「学校でのソーシャルワークサービス」などである。これらのサービス調整はスクールソーシャルワーカーの中心的業務であり，このサービス調整の手法としてケースマネジメントの手法が欠かせない。

一方，わが国の特別支援教育においても，ケースマネジメントを展開していくうえで，スクールソーシャルワーカーの活躍が今後望まれる。特に，特別支援教育コーディネーターが担う学校と関係機関の連絡調整役に加えて，生活支援を要する児童生徒(例えば，親子ともに障害をもち，生活支援を要する場合)や，卒業後の就労等の移行計画を立案する必要のある生徒においては，学校と複数の関係機関が集ってサービス提供をしていくケースマネジメントの展開が必要となる。

同様に，子どもの教育保障を妨げる要因が家庭環境にある場合，その状況を改善するために，学校と関係機関がそれぞれのサービスを包括的に提供していくことが必要となる。このサービス提供の方法もまさにケースマネジメントである。

しかし，学校におけるケースマネジメント，すなわち，「学校ケースマネジメント」は，高齢者の介護保険法のようなサービス調整手続きとは異なる。例えば，要介護高齢者の在宅生活を支援する場合，ケアマネジャーは要介護度で決められたサービス量を踏まえて，週5日（月曜日から金曜日）の日中は特別養護老人ホーム等への通所介護を利用し，土・日曜日の週2日は訪問介護を利用し，月1回は訪問看護を利用するといったサービスを配分したケアプランを立てていくかもしれない。このように，介護保険法では「公的サービスの組み合わせ」が主眼となり，各サービス提供者は決められた日時にそれぞれのサービスを提供していくことになる。ここには，各サービス提供者が協働して支援

> **情報** **特別支援教育コーディネーター**
>
> 特別支援教育コーディネーターは校長によって教員のなかから指名され，研修を受けた教員がなる。その役割は，小・中学校では，①学校内の関係者や関係機関との連絡調整，②保護者に対する学校の窓口，特別支援学校では，①学校内の関係者や関係機関との連絡調整，②保護者に対する学校の窓口，③小・中学校等への支援，④地域内の特別支援教育の核としての関係機関とのより密接な連絡調整を担う。

を展開していく度合いは高くはない。

それに対し，学校ケースマネジメントでは，学校と関係機関の「協働」によるサービス提供が主眼となる。ここに，学校ケースマネジメントの特徴がある。ただし，関係機関の協働が主眼となるケースマネジメントは，知的障害や精神障害の人たちの単身生活支援でも求められる。それは，多くの人的支援が切れ目なく協働して取り組んでいく必要があるからである。

7　学校ケースマネジメントの展開

「コーディネーター不在」
（生徒サポートチームの課題とスクールソーシャルワーカーの役割）

対象生徒（中学2年）：洋平

　G中学校は年間40名ほどの不登校生徒を抱えている。日頃から校内に「不登校対策委員会」を設置して対応を行っているが，学校だけでは十分な成果をあげることができていないのが実情である。そんな不登校生徒の一人に中学2年の男子生徒洋平がいる。

　洋平は小学校高学年頃より不登校の状態にある。これまで学校側は，担任

を中心に家庭訪問や電話連絡等を繰り返し行ってきた。しかし，本人の登校意欲は低く，保護者も非協力的であったことなどから，学校側はその主たる要因を本人の「怠学」であるとみなしていた。

今年に入り，G中学校にもスクールソーシャルワーカーが配属された。スクールソーシャルワーカーも「不登校対策委員会」のメンバーとして出席をするようになり，洋平に対する支援にも加わった。

洋平は幼い頃より父子家庭で育ち，家族構成は，父親，洋平，妹，父方祖母の4人家族である。父親は5年前に職場をリストラにあって以降，無職が続き，生活保護を受給している。また，3年前より躁うつ病を発症し，精神保健福祉手帳2級を取得している。妹は小学3年で特別支援学校に在籍している。78歳の祖母は，4年前に腰椎を骨折して以降，寝たきり状態となっている。

これらの情報は学校も把握していたが，洋平の不登校との因果関係については十分な分析が行われていなかった。スクールソーシャルワーカーは，洋平の不登校要因について改めて情報収集を行うことの必要性を提言し，家庭環境における家族個々の生活状況との関連性について整理していくことになった。

その後，担任とスクールソーシャルワーカーが家庭訪問を行い，関係機関と連携していくことについて家族の承諾を得た。本人と父親に対して行われた面接のなかで，家族には多くの支援者が関わっていることが明らかとなった。

父親には，生活保護課，保健師，精神科クリニック
妹には，特別支援学校，障害者地域生活支援センター
祖母には，介護保険制度によるヘルパー事業所，ケアマネジャー

しかし，それらは対象となる個人に対する支援にとまっており，家族という枠組みで家庭環境まで配慮した横断的なネットワーク形成が成されている状況にはなかった。

そこで，スクールソーシャルワーカーのコーディネートで各関係機関から

支援者が集い，ケース会議を開催するに至った。会議では，これまでは知ることのなかった家庭の実態像が浮き彫りとなり，洋平の不登校理由の一つに，家族に対する食事，洗濯，介護等の負担が重くのしかかっていたことが明らかとなった。当面は，①父親に訪問看護サービス，②祖母にデイサービス，③妹に日中一時支援事業，などの利用に向けた調整を行い，洋平の登校阻害要因を軽減していくことを目標にした。最後に，今後も継続的にケース会議の場を設定し，協働して家族支援を展開していくことが確認された。

それから1か月後，家族に対する介護等の負担が軽減された洋平は，徐々に登校する機会が増え始めた。学習の遅れについては，担任が中心となり個別指導として別室で補習活動を行っている。何より，洋平が明るい表情で過ごす姿が印象的だと教師は口々に言う。

今日，子どもの抱える問題は複雑多様化しており，その要因が学校に限定されるものは極めて少ない。一方，学校だけでは子どもに対する支援にも限界がある。その意味では，学校・家庭・地域の「生活」をキーワードに公的機関だけでなく，インフォーマルなネットワークも活用して生徒のサポート体制をつくり上げていくことは重要な課題である。その意味では，スクールソーシャルワーカーは多角的な視点から子どもの抱える問題を捉え，家庭・学校・地域などの生活環境の調整から，状況改善を目指していくコーディネーターとしての役割が期待されている。

子どもの抱える状況を改善していくために，学校が家庭や関係機関と協働して取り組んでいくことが必要な場合がある。この場合には，学校の「校外協働」として，スクールソーシャルワーカーによる学校ケースマネジメントの実践が求められる。

図2-16は，学校ケースマネジメントの展開を示したものである。展開過程はケースマネジメントの展開と同じである。「状況分析アセスメント」「支援計画の検討」「支援計画の実行」「状況改善の評価（モニタリング）」と展開していく。

図2-16　学校ケースマネジメントの展開

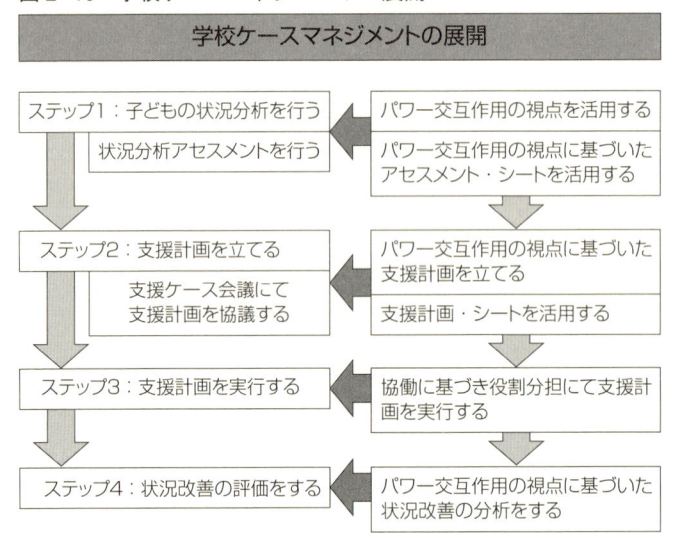

学校ケースマネジメントの展開

ステップ1：子どもの状況分析を行う　←　パワー交互作用の視点を活用する
　　状況分析アセスメントを行う　　　　パワー交互作用の視点に基づいたアセスメント・シートを活用する
↓
ステップ2：支援計画を立てる　　←　パワー交互作用の視点に基づいた支援計画を立てる
　　支援ケース会議にて支援計画を協議する　　支援計画・シートを活用する
↓
ステップ3：支援計画を実行する　←　協働に基づき役割分担にて支援計画を実行する
↓
ステップ4：状況改善の評価をする　←　パワー交互作用の視点に基づいた状況改善の分析をする

〈状況分析アセスメント〉

　図2-17に示すように，スクールソーシャルワーカーは「校外協働」の支援を要する子どもの支援依頼を学校から受け，①学校および関係機関から情報の収集を経て状況分析アセスメントを行う。このとき，前述したアセスメント・シートを活用する。状況分析アセスメントで収集した情報に基づいて，パワー交互作用マップにて権威的・権力的パワー交互作用状況を表示する。

　次に，②学校と関係機関の日程調整を行い，第1回目の「支援ケース会議」を開催する。③支援ケース会議ではスクールソーシャルワーカーが会議の進行役を担い，パワー交互作用の視点から子どもの状況について参加者の共有認識を図る。そのとき，アセスメント・シートとパワー交互作用マップを共通認識を図るためのツールとして活用し，参加者の意見などを集約しながらアセスメント・シートとパワー交互作用マップを完成していく。

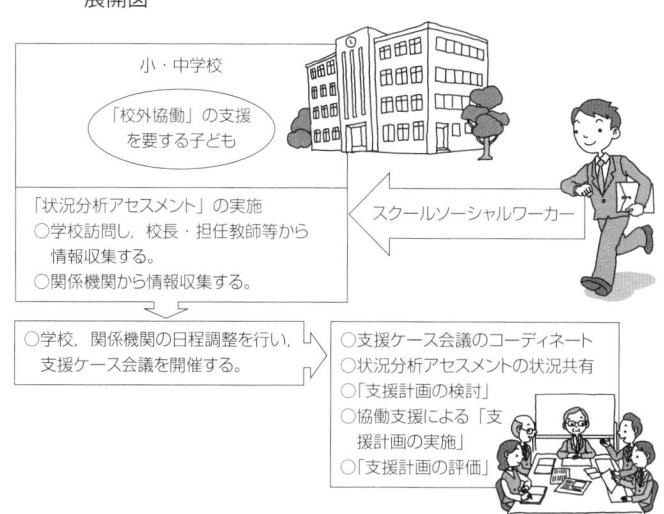

図2-17　スクールソーシャルワーカーの「学校ケースマネジメント」展開図

〈支援計画の検討・決定と実施〉

④支援計画にあたっては，1章の咲希の事例で示した支援計画・シートを活用する。図2-18は「支援計画・シート」であるが，記載欄には「児童生徒の日常生活における課題」「児童生徒，家族のニーズ」「短期支援計画」「長期支援計画」「支援機関」がある。

「児童生徒の日常生活における課題」には，現在，児童生徒の学習環境を妨げ，改善を要する状況のものを記載する。例えば，「虐待を受けている」「親が本人にきょうだいの世話をさせている」「不登校状況にある」「担任教師との関係が悪い」「深夜徘徊で家に帰らない」「親がパチンコに興じて，家事炊事をしない」などである。

「児童生徒，家族のニーズ」は，現在の状況に対して状況分析アセスメントより聴き取った子どものニーズや家族のニーズを記載する。例えば，「家庭内の暴力がなくなってほしい」「今よりもっと家庭がよくなってほしい」「クラスの荒れが落ち着いてほしい」「高校に行きたい」などである。

図2-18 支援計画・シート

| 作成日 | 年　月　日（担当者　　　） | 3－1 |

㊙

支援計画・シート

児童生徒	（相談受理No.　－　）	在籍		学級		担任教諭	
フリガナ		性　別		生年月日		年　月　日（満　歳）	
氏　名		自宅		保護者氏名		（携帯・　　　　　　　）	
住所	（〒000-0000）						

相談主訴	
相談種別	□養　護　　□非　行　　□育　成　　□障がい　　□その他　（　　　　　　　　　）

1．児童生徒の日常生活における課題

2．児童生徒，家族のニーズ

3．短期支援計画

計画内容 【対象児・者】	担当機関 【担当者】	具体的支援内容	評価・分析	見直し

4．長期支援計画

計画内容	具体的支援方針	評価・分析	見直し

5．支援機関

機関名	担当者	連絡先	備考

「短期支援計画」は，改善を要する状況に対し，3か月程度を目途にした支援計画である。例えば，「学校と親の関係性を改善する」「家でのひきこもり状況に対し，適応指導教室への通級を進める」「児童虐待に対し，児童相談所に対応してもらう」など，具体的な支援計画を記載する。当然，その支援計画を実施していくうえで，学校，スクールソーシャルワーカー，関係機関の担当者，地域の支援者等，それぞれの役割分担を決めていく。

　表2-15は，「短期支援計画」の例である。支援計画の検討に際して留意すべきことは，「具体的支援内容」においては「いつ」「誰が」「どのような具体的な支援を実行するか」を決めていくことである。例えば，「親との関わりを深める」という「計画内容」は目標としてはよいが，「具体的支援内容」としては抽象的すぎるため，実行していくうえでは具体性に欠ける。

　「長期支援計画」は，目の前の登るべき山の頂上に値するものである。状況分析アセスメントで登山の入り口を見つけ，短期支援計画で2合目，5合目と登っていく。そして，最終的に長期支援計画に近づいていく。ただし，長期支援計画という頂上に行き着かないかもしれない。また，家庭環境や本人の状況の変化によって，短期支援計画や長期支援計画を変えないといけないかもしれない。大切なことは，子どもの抱える状況を改善していくために，「望まれる目標」（長期支援計画）に向けて学校，家庭，関係機関，地域の支援者が協働して，一歩一歩，短期支援計画を達成しながら登りつめていくことである。

　このように，第1回目の「支援ケース会議」では，「状況分析アセスメント」「支援計画の検討と決定」までを行う。そして，第1回目の支援ケース会議を終了するにあたって，次回の「支援ケース会議」の日程を決める。翌日からはいよいよスクールソーシャルワーカーを含めて，それぞれが「支援計画の実施」を行っていく。会議は，校内協働のケース会議でも述べたように，スクールソーシャルワーカーが効率よく会議を進行していくことが大切で，1時間以内で終えたい。そのために，アセスメント・シートと支援計画・シートを活用するのである。

表2-15 「短期支援計画」の例

計画内容	担当機関	具体的支援内容
親の身体的虐待を改善する	児童相談所	明日には家庭訪問し，保護者との面談および一時保護も検討する
	担任教師	毎日，学校での本人の様子を見守る
学校と保護者の関係改善を図る	スクールソーシャルワーカー	明日には保護者と電話で家庭訪問の約束を決め，保護者との継続的な対話を通して，保護者との信頼関係の形成を図る。その後，担任教師と保護者の面談を保護者に提案，面談日を設定していく
	学校	担任教師，生徒指導等の教師，養護教諭など，保護者との関係が図れる教師が保護者との面談または家庭訪問をしていく
精神科の紹介	スクールソーシャルワーカー	本人の状況を理解してくれる精神科病院または精神科クリニックを1週間以内で探し，保護者に紹介する
深夜徘徊，家出，怠学の改善	児童相談所	明日には家庭訪問し，本人や保護者と面談および一時保護も検討する
	母子自立支援員	家庭訪問にて保護者との面談を行い，信頼関係を形成していく。その面談の過程で，保護者に養育における助言をしていく
	警察署少年課	深夜のコンビニでのたむろ時，本人やほかのメンバーも含め，関わりをもって非行行為の抑制を図っていく
	生活保護課	家庭訪問時，親の就労支援に加え，子どもの養育面に関する面談も行っていく
	学校	登校時，担任教師や生徒指導教師が本人との関わりをもち，学校への登校を促していく
	スクールソーシャルワーカー	登校時や家庭訪問にて，本人との対話を通して，将来の進路に向けた具体的な取り組みを一緒に考えていく

2章　スクールソーシャルワーカーの専門性

「校内協働」による支援ケース会議風景

（参加者：学校，スクールソーシャルワーカー，児童相談所，生活保護課，ほか）

〈状況改善の評価〉

　長期支援計画と短期支援計画を山登りに例えたが，図2-19に示すように，第2回目以降の「支援ケース会議」では「状況改善の評価」と次回に向けた短期支援計画の再考をしていく。

　「状況改善の評価」は，状況分析アセスメントで収集したデータ（例えば，量的データの欠席数や自己評価尺度得点，目標達成尺度得点，質的データの権威的・権力的パワー交互作用状況，子どもの状況変化記述等）の変化や変動状況を一つの指標としていく。

　「支援計画・シート」（図2-18）には，「評価・分析」「見直し」欄がある。「評価・分析」欄は，「具体的支援内容」での取り組み経過または結果を記載していく。量的データの変化や変動については，図2-20に示すように，別紙に記載していくことになる。対人援助の専門職は，「よくない状況（not well-being）からよい状況（well-being）へ変化をもたらしていく」と述べたが，その変化をどのように証拠として提示していくかが今日求められている。そのため，スクールソーシャルワーカーは「証拠に基づくソーシャルワーク実践」（Evidence-Based-Social Work Practice）を念頭に，証拠の提示方法を学んでいくことが大切である。

図2-19　長期支援計画と短期支援計画の関連性

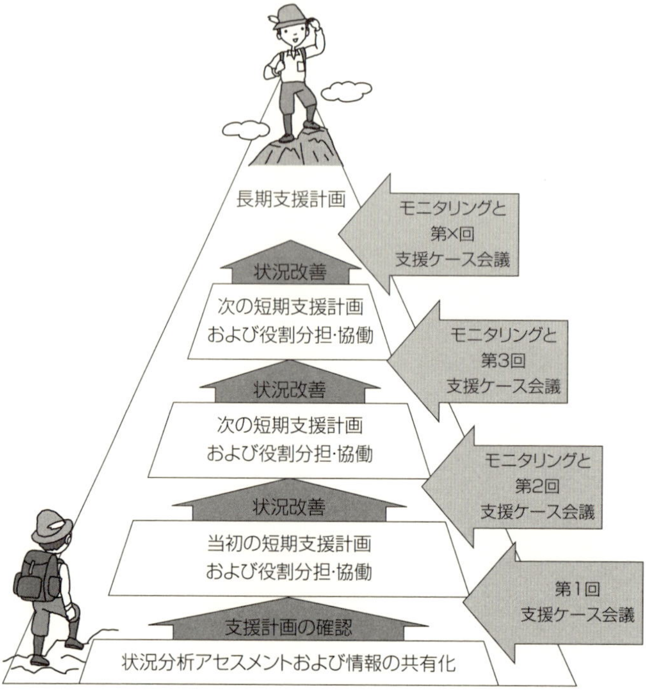

（ピラミッド図）
- 頂上：長期支援計画
- 状況改善
- 次の短期支援計画および役割分担・協働 ← モニタリングと第×回支援ケース会議
- 状況改善
- 次の短期支援計画および役割分担・協働 ← モニタリングと第3回支援ケース会議
- 状況改善
- 当初の短期支援計画および役割分担・協働 ← モニタリングと第2回支援ケース会議
- 支援計画の確認 ← 第1回支援ケース会議
- 状況分析アセスメントおよび情報の共有化

8　学校ケースマネジメントと「協働」

　学校ケースマネジメントでは，学校と関係機関の「協働」によるサービス提供が主眼となると述べた。では，「協働」とはどのような取り組み状況なのか。
　「協働」（collaboration）の定義として，グラハム（Graham, J. R.）とバーター（Barter, K.）は「個人では達成できない目標に，二人以上の関係者が資源を提供し合って取り組む関係システム」[27]としている。また，ホード（Hord, S. M.）は，「参加するすべての関係者が共通の価値を基盤に，相互に同意した目標に向かって取り組むことでもある」[28]と定義づけている。この両者の定義から，「協働」は，①二人以上の関係者が，②共通の価値基盤に基づき同意した目標に向かって，③互いの資源を提供し合う関係システムということができ

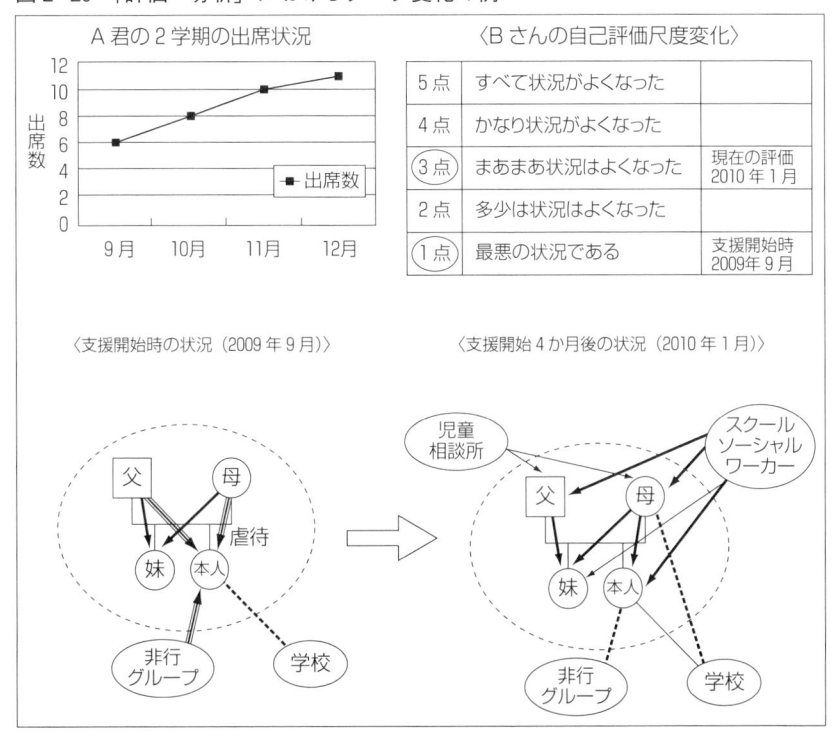

図2-20 「評価・分析」におけるデータ変化の例

A君の2学期の出席状況

〈Bさんの自己評価尺度変化〉

5点	すべて状況がよくなった	
4点	かなり状況がよくなった	
③点	まあまあ状況はよくなった	現在の評価 2010年1月
2点	多少は状況はよくなった	
①点	最悪の状況である	支援開始時 2009年9月

〈支援開始時の状況（2009年9月）〉　〈支援開始4か月後の状況（2010年1月）〉

る。

　少し難しい定義づけをしたが，要は「同じ考え方をもった人たちが互いの資源を出し合い，目標に向かって一致団結して取り組んでいくこと」である。そして，一致団結するためには，互いの「パートナーシップ」（partnership）が基盤となる。パートナーシップとは，「目標を成し遂げるために専門職・グループ・団体間の関係性の状態」[29]（Whittngton, C.）を意味する。この「関係性の状態」は，良好なほど深まる。パワー交互作用モデルでいえば，良好なパワー交互作用の状態といえる。

　図2-21は協働を促す要素と，協働による支援の展開を記したものである。スクールソーシャルワーカーは常日頃，子どもの支援に一緒に取り組んでくれる関係機関や地域の関係者と親しい関わりをもって，関係づくりを行う必要が

〈スクールソーシャルワーカーの協働〉

ある。フォーマルな会議や研修会後の関係者との語らい，インフォーマルな勉強会や懇親会での語らいなど，機会を活用して良好な関係性を築いていくことである。

　また，支援ケース会議の場もパートナーシップを築く大切な時間であるが，スクールソーシャルワーカーは杓子定規な司会進行にならず，和やかな雰囲気で各参加者が意見を出し合える場づくりも心がける必要がある。特に，協働を台無しにする障壁としては，①互いの専門的視点・価値感の違いを主張しあっ

良好なパートナーシップ

信頼関係性

2章 スクールソーシャルワーカーの専門性

図2-21 協働を促す要素と支援の展開

〈協働〉

活動

良好な
パートナーシップ

<協働を促す要素>
1. パートナーシップ(信頼関係と相互尊重)
2. 誠実でオープンなコミュニケーション
3. 現状を変えたいという関係者同士の動機づけ
4. 互いの専門性を主張せず,共通目標に向かってどのような支援役割を担うかを考えていく
5. 意欲的に支援に取り組んでいく
6. 互いの専門性を理解しあっている

<協働による支援の展開>
○ステップ1:状況分析の共通認識
○ステップ2:共通認識に基づく長期・短期支援計画の設定
○ステップ3:役割分担による支援の実行
○ステップ4:互いの専門性からの評価

──── ホッと一言 ────

三人寄れば文殊の知恵

　文殊とは知恵をつかさどる菩薩だが,このことわざの意味は凡人でも三人集まって相談すればすばらしい知恵が出るということである。困難を抱える子どもの支援に際して,それぞれの大人が互いに認め合い,互いの経験と知恵を出し合い,それを合体することでよりよい支援が展開できる。学校現場でも教師は,「抱え込みを捨てチームで対応する」時代となっている。協働の支援はまさに,このことわざの意味を基盤としている。

たり,②個人の価値観の違いを主張しあったり,③所属機関の支援ケース会議への協力度があまり得られないといった要因があげられる。これらの障壁に参加者同士が目を向けるのではなく,共通目標に向かって未来志向でどのような支援役割を担っていくかに主眼をおいていくことが大切である。

9　サービス情報の提供および機関への紹介

　スクールソーシャルワーカーは福祉の専門職である。その知識として,図2-

図2-22 スクールソーシャルワーカーの福祉専門知識

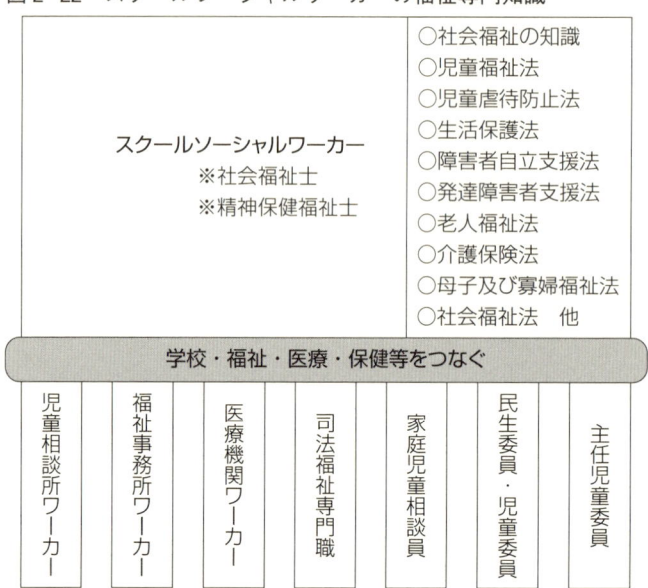

```
┌─────────────────────────────────────────────┐
│                          ○社会福祉の知識      │
│                          ○児童福祉法          │
│                          ○児童虐待防止法      │
│      スクールソーシャルワーカー   ○生活保護法          │
│        ※社会福祉士        ○障害者自立支援法    │
│        ※精神保健福祉士     ○発達障害者支援法    │
│                          ○老人福祉法          │
│                          ○介護保険法          │
│                          ○母子及び寡婦福祉法   │
│                          ○社会福祉法   他     │
└─────────────────────────────────────────────┘
    ╰─ 学校・福祉・医療・保健等をつなぐ ─╯
```

| 児童相談所ワーカー | 福祉事務所ワーカー | 医療機関ワーカー | 司法福祉専門職 | 家庭児童相談員 | 民生委員・児童委員 | 主任児童委員 |

22に示すように、福祉に関する法律と各法律における福祉サービスの知識とその提供機関や手続き等については熟知している。これにより、学校と各機関を「つなぐ」という役割が果たせる。

例えば、離婚で母子家庭となった母親への児童扶養手当等の情報提供や手続き支援、親が障害をもった場合の障害福祉サービス等に関する情報提供や手続き支援、教師の親が要介護状態となった場合の介護保険に関する情報提供や手続き支援等々、スクールソーシャルワーカーは生活上の困難に対して福祉サービスの情報提供や機関への紹介をすることができる。

また、各福祉機関や医療機関には福祉専門職、例えば、児童相談所の児童福祉司、生活保護担当の社会福祉主事、医療機関での医療ソーシャルワーカーや精神科ソーシャルワーカーなどがいる。地域には同じく住民の福祉的支援を行う民生委員・児童委員や主任児童委員などがいる。スクールソーシャルワーカーも福祉専門職であるため、この福祉分野の人たちとは「福祉」という共通

の価値基盤に立って，協働できる関係性を築くことができる。

さらに，子どものニーズや支援に必要な情報収集を行い，子どもや親，教師に情報提供していくこともスクールソーシャルワーカーの役割である。

―― 「どうすればいいでしょうか」 ――

対象生徒（中学3年生）：和哉

　和哉の学習の遅れは，和哉の知的障害によるものではないかと担任教師は考えていた。しかし，そのことを一度母親に伝えたとき，激しい反発が返ってきた。それ以来，担任教師は和哉の学習の遅れについては母親に触れないようにしてきた。そんな和哉は2学期より非行グループとつきあい始め，使い走りをさせられるようになった。それが嫌で和哉は学校を休むようになった。

　母子家庭のため，母親は日中，仕事に出ており，和哉は一人である。そんなある日，早く帰宅した母親は，和哉がいないため，普段入室拒否をされている和哉の部屋に入って掃除をすることにした。そして，部屋に入って驚いた。机の上にはタバコの吸い殻とお酒が散乱していた。そして，女性からの手紙。母親は躊躇しながら，その手紙を読んでショックを受けた。居ても立ってもいられず，その足で母親は学校に出向き，校長に相談をした。話の内容から，校長は総合的な視野から福祉的支援も必要と考え，学校での相談継続に加え，母親にスクールソーシャルワーカーを紹介した。

　母親との面談でスクールソーシャルワーカーが知らされた和哉の状況はこのようなものであった。手紙の相手は30歳の女性であり，「**学校に行けない和哉の気持ちを受けとめているうちに，今は恋愛感情へと変わってきています。しかし，14歳の和哉に思いを寄せる気持ちを抑えなくてはいけないと思っていますが，もう抑えきれない自分がいます**」という内容のものであった。母親は気落ちした表情でスクールソーシャルワーカーに言った。「**どうすればいいでしょうか。これまで母子二人でやってきて，誰にも相談する相**

手もいないんです」。

　スクールソーシャルワーカーは和哉の進路も踏まえ，未成年の和哉と30歳の大人の女性の関係であるため，児童相談所への相談を母親に勧めた。その趣旨には，和哉の知的発達の課題を今回の機会を通して明らかにしていくこともあった。和哉に知的障害があるなら，児童相談所で判定を受け，療育手帳の交付等を受けて，特別支援学校への進学や卒業後の就労を踏まえた福祉的支援を得ることが望ましいからである。ただし，スクールソーシャルワーカーは和哉の知的障害には触れず，和哉の気持ちを児童相談所の相談員にも聴いてもらう必要性があるという趣旨で，母親に和哉も一緒に連れていくことを伝えるにとどめた。

　スクールソーシャルワーカーからの情報提供と児童相談所への紹介に対し，母親は了解した。母親の帰宅後，スクールソーシャルワーカーは校長と協議し，児童相談所に状況説明のために出向くことにした。

　後日，児童相談所の担当者より校長に連絡が入り，和哉の知能検査結果はIQ48であることが伝えられた。また，児童相談所としても和哉の女性関係の課題の相談継続に加え，療育手帳の申請を母親に促し，母親からの了解も得られたことが伝えられた。その後，母親が学校を訪れ，校長，担任教師，スクールソーシャルワーカーを含め，和哉の特別支援学校への進路に加え，スクールソーシャルワーカーも和哉の女性関係の課題にかかわっていくことが話し合われた。

　その後，中学を卒業した和哉は，新学期より特別支援学校高等部に通学し始めた。自分に合った学習環境のため，和哉は欠席することなく学校生活を楽しんでいる。そして，30歳の女性は，母親や児童相談所，スクールソーシャルワーカーなどとの話し合いの過程中，ある日突然，どこかに引っ越していった。

10　社会資源の開発

　資源（resources）とは，「『goods』（商品，物品，品物，貨物，財，財貨，家財，財産，所有物，服地，反物，織物等）と『サービス』（services）であるが，それらは自然界や人間が作ったものである」[30]（Lewis, M. A.）。

　学校ソーシャルワークを実践していくうえで，スクールソーシャルワーカーは制度にない資源を開発していくことが求められる。例えば，不登校の子どもたちのなかには授業を受けていないために，学習の遅れを示し始める子どももいる。そこで，学習支援をしてくれるボランティアが必要となる。家庭教師や塾などに通える学習意欲と経済的余裕があればよいが，学習意欲があっても経済的余裕がなければ学習支援ボランティアという資源を開発していかなければならない。

　また，適応指導教室やフリースクール等にも足が向かず，家でひきこもっている子どもに対しては，30分や1時間でも家庭外で過ごす居場所づくりが求められる。この場合，公民館や児童館などとかけ合い，スペースを借りて，ボランティアを募り，子どもたちの活動場所をつくっていくことも必要かもしれない。

　さらには，野外キャンプや作業体験，レクリエーション活動，スポーツ活動や大会参加等々，社会参加の機会として資源を開発していくことも必要であろう。例えば，適応指導教室の子どもたちを集めて風船バレーボールを練習し，地域の大会に参加する試みもよい。これらの大会には老若男女がチームを組んで参加してくるため，子どもたちも緊張せずに参加できるかもしれない。要は，子どもが良好なパワー交互作用を経験し，社会化を発達させていく機会や教育の機会を保障していくために，スクールソーシャルワーカーは知恵と日々の人間関係で築いた人的資源などを活用していくことが大切である。

11　グループワーク

　学校ソーシャルワークでは子どもたちの支援を中心に取り組んでいくが，そ

の子どもたちは社会化の発達過程にあることを述べた。しかし，いじめ等の権威的・権力的パワー交互作用によって，子どもは人間関係の不信感を募らせていく。このような子どもたちへの支援に際してはアドボカシーによる状況改善に加えて，良好なパワー交互作用を体験していくことが不可欠である。その取り組みが「グループワーク」である。

　グループワークは，ソーシャルワークの価値を基盤として個人やグループ，社会の目標を成し遂げるために，グループの原理を活用する。重視するグループの原理としては，一つ目はグループメンバーが同じ状況や関心をもっているという共通性である。同じ困難な状況を抱える子どもたちやその子どもをもつ保護者たち，または生徒指導面で苦慮している教師たち等があげられる。

　二つ目には，互いの考えを交換しあうことで問題解決志向の力が湧くことである。「三人寄れば文殊の知恵」または「協働」で述べたように，一人ではなく，複数の人たちが知恵を出し合うことで状況改善に向けたよい考えや取り組み意欲などが出てくるものである。

　三つ目には，小集団の力である。互いの意見交換や信頼感から，グループ内の結束力や同調行動が醸成され，一致団結して取り組んでいく力が湧いてくる。

　グループワークにおいて，シュワルツ（Schwartz, W.）は「相互援助モデル」（reciprocal model）を提示している。シュワルツは，個人と社会との出会いや関係を相互依存的関係として捉えた。そして，グループワークにおけるソーシャルワークの機能として，個人と社会が共通の基盤を見出しうるように援助することにあるとした。この機能が「媒介機能」である。

　グループワーク実践において，このシュワルツの「相互援助モデル」をパワー交互作用モデルに含めると，図2-23に示すように，スクールソーシャルワーカーはパワーが減退した子どもたちに対し，①「内部的媒介」として，グループ活動による良好なパワー交互作用の形成（エンパワリング）とソーシャルスキルの習得，またパワー回復に向けたグループによる問題解決方法の話し合いを進めていく。

　一方で，②「外部的媒介」として，スクールソーシャルワーカーは学校や地域，社会のほうも積極的に子どもたちにかかわっていくように取り組んでい

2章　スクールソーシャルワーカーの専門性

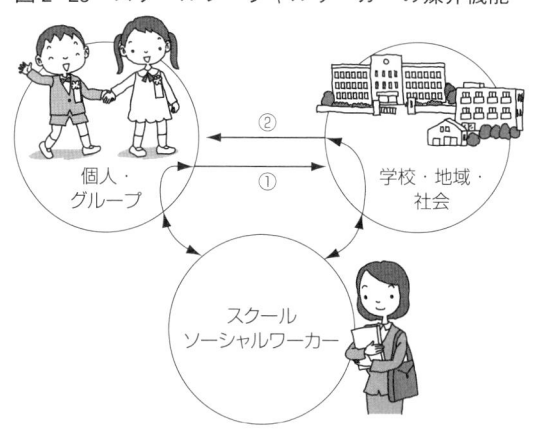

図2-23　スクールソーシャルワーカーの媒介機能

く。これにより，スクールソーシャルワーカーは，子どもたちと学校や地域，社会が相互に良好なパワー交互作用となっていくことを目指す。

スクールソーシャルワーカーによるグループワーク実践の場は，学校や適応指導教室等があげられる。なお，グループワークは子どもたちに限らず，保護者も対象となる。特に，保護者のグループワークにおいては，その後，自助組織としての「セルフヘルプ」へと発展していくことにもなる。

12　学校ソーシャルワーク・コンサルテーション

ソーシャルワークにおいて，コンサルテーションに関する最初の記述は，1881年のボストン慈善協会の年報である。その年報では，友愛訪問者に対する有益な情報と助言を提供することの重要性が記されている。しかし，「コンサルテーション」という用語による研究論文が出版されたのは，第2次世界大戦以降である。特に，コンサルテーションは主に児童福祉分野や学校分野，精神保健分野で活用されてきた。

カデュシン（Kadushin, A.）は「ソーシャルワーク・コンサルテーション」を「業務に関係した問題に直面しているコンサルテー（個人，グループ，団体，

141

地域)に対し,ソーシャルワーク・コンサルタントが援助を提供する問題解決過程」[31]と定義づけている。ここで,コンサルテーションの援助をする人を「コンサルタント」(consultant),援助を受ける人を「コンサルテー」(consultee)という。全米ソーシャルワーカー協会(NASW)の2006年の報告によれば,73%のソーシャルワーカーが毎週コンサルテーションに時間を費やしており,ソーシャルワーク業務の第2位となっている。

同じ福祉分野内でのコンサルテーションの場合,コンサルタントもコンサルテーも同じ専門的用語を使うため,互いの了解が得られやすい。しかし,学校ソーシャルワーク・コンサルテーションは学校教育分野で行われるため,スクールソーシャルワーカーはそれぞれの専門分野の違いを理解したうえでのコンサルテーションを行う必要がある。

学校の主な機能は教育である。そして,教師はソーシャルワークの用語と意味(例えば,アドボカシー,自己決定,社会正義など)について熟知しているわけではない。そのため,スクールソーシャルワーカーは,例えば,アドボカシーという用語を使用する前に,教師にも親しみやすい用語,例えば,「児童生徒の思いを聴き,その思いを第一に尊重する取り組み」といったような解説の配慮を行う必要がある。

スクールソーシャルワーカーのコンサルテーションは,親,教師,管理職,関係機関に対して行われる。コンサルテーションは教室環境や学校環境を変える有効な学校ソーシャルワーク実践である。例えば,担任教師へのコンサルテーションは学級環境を変えることができ,これにより学級のすべての児童生徒の学習環境を改善することになる。

デッパー(Dupper, D. P.)は学校でのコンサルテーションの特徴として,表2-16に示すようないくつかの特徴を掲げている[32]。基本的に,スクールソーシャルワーカーはコンサルテーションを展開していくうえで,教師や管理職との良好な関係性を築いていきながら,対等な関係で専門的情報を提供していくことになる。

また,アーチュル(Erchul, W. P.)とマーテン(Martens, B. K.)は,スクールソーシャルワーカーが教師へのコンサルテーションを促進していくためのス

表2-16　学校におけるコンサルテーションの特徴（Dupper, D. P. 2003）

- 学級問題でフラストレーションをもつ教師の話を傾聴する。
- 教師の対応がよかったときには，賞賛する。
- 教師の努力がうまくいかなかったときには，励ましの言葉をかける。
- 学級問題のアセスメントに対し，教師に助言をする。
- 学校以外で利用できる社会資源や代替解決方法を探究するうえで積極的な役割をする。
- 教師たちの相互共助を支援する。
- 多くの教師が利用できる学校コンサルテーションをつくる。
- 最善の介入技法を教師に伝える。
- コンサルテーションの問題解決過程を通して，教師を支援していく。
- 介入の実行と評価に対して，教師を支援していく。
- 介入に際して有益なアセスメント情報を教師に提供していく。

表2-17　コンサルテーション過程を促進するステップ（Erchul, W. P., and Martens, B. K. 1997）

1　**コンサルテーションは，三項関係である**
　　コンサルタント（スクールソーシャルワーカー）とコンサルテー（教師や管理職）は，コンサルテーがクライエント（生徒や生徒集団）に提供するサービスを一緒に計画する。コンサルテーション関係では，スクールソーシャルワーカーの生徒との関係は間接的である；生徒は直接の参加者ではないが，この過程で恩恵を受ける。
2　**コンサルテーションは，ボランタリーである**
　　コンサルタントとコンサルテーはいつも関係をもつことも終結することも自由である。コンサルテーション過程は，コンサルタントとコンサルテーの参加がボランタリーである場合に限り行われる。
3　**コンサルタントとコンサルテー間のすべての相互作用は守秘義務で行われることである**
4　**コンサルテーションは，専門的関係である**
　　コンサルタントとコンサルテーの関係性には上下関係はなく，コンサルタントの専門性をコンサルテーが必要としている状況にあることである。
5　**コンサルテーションは，ステップや段階で進む問題解決過程である**
　　このステップは，協働関係を築き，問題を鑑別し，介入計画を立てて実行し，その介入を評価し，コンサルテーションを終結するまでを含む。
6　**コンサルテーションには，二重の目的がある**
　　①コンサルテーが現在抱えている専門性の課題に対し援助することと，②将来，同様の問題に遭遇した場合，コンサルテーはコンサルタントの援助なしで対応できる洞察や技能を身につけることである。

テップとして，表2-17に示す技能をあげている[33]。これらのステップにもあるように，スクールソーシャルワーカーは教師と協働して児童生徒支援を行っていくうえで，良好な信頼関係を築くことが重要であり，その信頼関係の基盤にコンサルテーションがあるといえる。

コンサルテーションにおいて，コンサルタントとコンサルテーの関係は上下関係ではない。コンサルテーは，現在直面している業務上の課題にその分野の専門職から助言や情報の提供を望んでいる。その意味で，スクールソーシャル

表2-18 有能なコンサルタントに求められる技能と知識
(Bye, L., and Alvarez, M. 2007.)

学校ソーシャルワーク・コンサルテーションには，次の専門性が必要である
1　効果的なコミュニケーション技能 　・コンサルテーションの成功は，スクールソーシャルワーカーが親，教師，管理職と良好なコミュニケーションを図ることである。 2　コンサルテーション理論と過程 　・コンサルテーションの目的は，児童生徒が学校環境から最大の利益を得るように援助することにある。そのため，コンサルテーション理論を学ぶことによって，スクールソーシャルワーカーは教師が児童生徒のニーズへの感受性を高め，生徒の日々の学習を改善していくことができる援助をしていくことができる。 3　行動変容技法 　・教師は児童生徒が示す行動について助言を得て，取り組んでいきたいという思いがある。スクールソーシャルワーカーは教師のニーズに応えるコンサルテーションを行ううえでも行動変容技法を学んでいく必要がある。 4　児童期・思春期の発達理論と人間行動の理論 　・スクールソーシャルワーカーは，親や教師に対して示す児童生徒の行動が発達過程によるものであるのか，人間関係性からのものであるのか，児童生徒自身が保有する性格的なものであるのか，または性差も含め検討していく観点が必要である。そのためには，児童期・思春期の発達理論や人間行動の理論を学んでおくことが必要である。 5　教職や親の向上と地域の社会資源 　・スクールソーシャルワーカーは，教職員や親への研修を通して児童生徒への支援を効果的にしていく役割もある。また，地域にある社会資源についてのコンサルテーションは，スクールソーシャルワーカーの重要な役割でもある。

ワーカーは,専門的知識や技術に対する教師のニーズに応えていかなければならない。

バイ(Bye, L.)とアルヴァレス(Alvarez, M.)は,スクールソーシャルワーカーが有益なコンサルテーションを行うためには,表2-18に示すような五つの専門性の研鑽が必要であるとしている[34]。スクールソーシャルワーカーが教師のニーズに応えきれないコンサルテーションを展開した場合,教師からはそっぽを向かれるかもしれない。また,スクールソーシャルワーカーのコンサルテーションの内容を真摯に受けとめた教師が児童生徒にかかわった結果,事態が悪化し,取り返しのつかないことにもなりかねない。そのようなことにならないためにも,スクールソーシャルワーカーは専門性の研鑽に加え,継続的なスーパービジョンを受けていくことも不可欠である。

13　学校支援に向けたコンサルテーション

スクールソーシャルワーカーは直接支援に関与するため,コンサルテーションの主な焦点も事例に関するものである。事例に関するコンサルテーションは,「ケース・コンサルテーション」と呼ばれている。

学校ソーシャルワークは,個人や家族,グループのマイクロレベルのみならず,地域や学校運営・制度といったメゾ・マクロレベルでの支援も展開していく。例えば,不登校対策や非行化対策,さらには学校崩壊など教育委員会と学校が協働して取り組んでいかなければならない場合の学校支援対策がある。この場合のコンサルテーションは,「メゾ・マクロ・コンサルテーション」といえる。そこで,メゾ・マクロ・コンサルテーションについて,次の「学校崩壊」の例をみてみよう。

「学校崩壊」,さてどのようなコンサルテーションを考えますか?

ある公立中学校で2,3年の生徒10名による授業妨害,廊下の窓や校長室のロッカーを壊すなどの器物破損の威嚇行為が繰り返された。生徒らは校内

を徘徊しては訪れた保護者につばを吐きかけたり，窓から放尿したりした。学校側は生徒らを空き教室に集めて継続的な学習支援をしたが，喫煙や飲食をするなど事実上のたまり場となってしまったため，その教室は閉鎖された。

　学校側は生徒らの親に話し合いを求め，生徒らも一度は落ち着いたが，仲間で群れると再び荒れだした。そのため，学校はPTAの支援も得て，一部の保護者が週1回，校内の吸い殻などを拾う活動を始めた。しかし，学校の実態に憤る保護者は多く，年度末の緊急保護者会では生徒らを出席停止にしてほしいという要望も出た。また，4月に入学する新1年生やその保護者のなかには，学校環境を恐れて親類宅に頼り，ほかの校区の公立中学校に通うことを決めているものもいる。新学期を迎えるにあたり，このままの状況ではいけないと，学校は地域の支援を得て新たな学校再生に向けた取り組みを開始することにした。

　さて，あなたなら，どのような取り組みを考えるだろうか。思いつくままに，五つほどあげてみてください。

1. ＿＿＿＿＿＿＿＿＿＿＿＿＿＿＿＿＿
2. ＿＿＿＿＿＿＿＿＿＿＿＿＿＿＿＿＿
3. ＿＿＿＿＿＿＿＿＿＿＿＿＿＿＿＿＿
4. ＿＿＿＿＿＿＿＿＿＿＿＿＿＿＿＿＿
5. ＿＿＿＿＿＿＿＿＿＿＿＿＿＿＿＿＿

　学校崩壊をパワー交互作用モデルと捉えると，一群のグループが担任教師や管理職，ほかの児童生徒に対して暴力による権威的・権力的パワーを行使し，学校組織が無力化していくことである。これにより，多くの児童生徒の学習環境が阻害され，ほかの落ち着いた学校と比べ，等しく教育を受ける機会や権利が侵害される状況を抱える。

　無力化した学校のパワーを回復していくためには，権威的・権力的パワーを行使する児童生徒に対し，①教師との良好なパワー交互作用を形成していくこと，

②教師以外の保護者や地域の支援者との良好なパワー交互作用の形成が求められる。そこで，スクールソーシャルワーカーは学校のみで課題に取り組むのではなく，地域の支援も得ながら協働して一緒に取り組んでいくことを推進し，学校運営そのものの見直しと，学校と地域が一体となった取り組みの推進を図る。

では，どのような取り組みが考えられるだろうか。以下は，学校崩壊に対して学校が再生していくために提案できる取り組みの例である。

PTAを中心とした学校支援組織をつくる

まず，PTA役員，学校管理職，OB教員，民生委員・児童委員，主任児童委員，地域の自治会または町内会の人々，警察署少年課の人などからなる「学校支援組織」をつくることである。この学校支援組織では，重点的な取り組み目標と学期毎で実際に取り組んでいく活動を設定し，多くの保護者や地域のボランティアの協力を得て，目標に向けた取り組みを行っていく。

学校崩壊がもたらされる背景には，大人や親，教師に対する生徒の不信感，敵対心がある。大人は勝手だ。親は勝手だ。勝手なことをしておいて，注意するな，指図するな，そんな気持ちが土壌にあり，権威的・権力的パワーを行使している。しかし，その権威的・権力的パワーの行使は集団となった場合が主で，個別的な対話をしていく心の扉は開かれている。そのため，学校再生の重点目標としては，「生徒とのコミュニケーションを深め，信頼関係をつくる」ことがよいといえる。

図2-24は，学校支援に向けたコンサルテーションの例である。学校での生徒と教師の良好なパワー交互作用を形成するために，教師はコミュニケーションの機会を見つけては生徒と対話をすることである。ときには上から目線を控え，同じ目線で共通話題に興じてみるのも大切かと考える。また，指示や命令ではなく，一緒に活動する機会をもつことで心理的距離は近づいていく。叱責や注意をするとき，生徒のプライドを傷つける発言を安易にしないことである。これは，スクールソーシャルワーカーにも言えることである。

図2-24には，学習支援，将棋・囲碁・レクリエーション支援，園芸活動，校内美化支援，あいさつ運動，大掃除活動などを掲げている。これらの活動は

図2-24 学校支援に向けたコンサルテーションの例

```
〈学校支援組織〉
重点目標：「生徒とのコミュニケーションを深め，信頼関係をつくる」
※教師や大人への敵対的態度の改善に向けた取り組み
```

〈生徒と教師の距離を近づける〉
・教師は生徒との頻繁なコミュニケーションを図る。
・注意する発想ではなく，褒める発想
・支援を要する生徒に対しては，ケース会議を通して，教師が一体的に協働して取り組んでいく。

〈学習支援〉
・OB教員，大学生や地域のボランティアによる授業中，放課後等の時間における学習支援

〈将棋・囲碁・レクリエーション支援〉
・地域のボランティア等による昼休み時間などを利用した対話を重視したレクリエーション活動を行う。

〈園芸活動支援〉
・生徒，教職員，地域のボランティアが一緒に校内園芸で土を耕し，苗を植え，育て，収穫する。全員で大いに楽しむ。

〈校内美化支援〉
・学校が荒れると校内のゴミや落書きも目立ってくる。毎週決まった曜日に，学校と保護者会，地域の支援者で玄関，廊下，園庭などに花を生けたり，花壇を整備する。

〈生徒と地域の大人の距離を近づける〉
・日々，保護者会や地域の支援者等がローテーションで校内の集い部屋におり，授業中，徘徊する生徒に対し話し相手となり，授業に戻るように促す。

〈校内巡回〉
・授業時間中，昼休み時間中，保護者会または父親会を組織し，教師と一緒に校内を巡回する。授業時間中，徘徊する生徒がいた場合，個別に対話する対応で教室に戻していく。

〈あいさつ運動〉
・朝の登校時間，校門で各学年の保護者がローテーションを組んで，生徒へのあいさつ運動を行う。

〈大掃除活動〉
・学期に一度，生徒，教職員，保護者会，地域の支援者が集い，学校清掃活動を行う。終わった後は，みんなで昼食を楽しみ，歓談する。

〈ポイント〉学校をオープンにし，地域と一体となった学校にしよう！

学校がある自然環境や地域環境によってユニークなものが提案されるかもしれないが，グループワークのように活動を通しての良好なパワー交互作用の形成を図ることがねらいである。

　以上，学校ソーシャルワークの実践方法について述べてきた。本書では，わが国のスクールソーシャルワーカーが学校現場で直接支援を行っていくうえで，特に求められるケースアドボカシーと学校ケースマネジメントを中心に詳述した。

> **情報**　閉鎖システムと開放システム
>
> 　「システム」とは，「相互に作用する要素の複合体」をいう。家族システムの場合，要素は親や子で，互いに相互作用をもって家族を形成している。家族システムを維持している機能は，家族間の愛情と親の子への養育といえる。一方，学校システムの場合，教師や児童生徒が互いに相互作用をもっているが，その機能は教育である。
> 　システムは秩序を維持する機能をもつが，一旦，秩序が乱れるとシステム内のエネルギーを使って安定化を図ろうとする。しかし，環境との関わりが乏しい閉鎖システムの場合，システムはエネルギーを放出するばかりであるため，無秩序な状態へと進んでいく。これを「エントロピー」という。児童虐待や学校崩壊はその例といえる。閉鎖システムがエントロピー状態から脱するためには，開放システムとなって環境からのエネルギーを注入する必要がある。その意味でも，学校崩壊への支援は学校が開放システムになっていく必要があるのである。

「交通整理のお陰です」（協働してよかった学校・関係機関の声）

対象児童（小学6年）：由美子

　1か月前，由美子は母親のネグレクト（放任虐待）で児童相談所に一時保護された。由美子は，幼い頃より母一人，子一人の環境で育った。母親のことが大好きな由美子は，仕事で帰りの遅い母親の代わりに率先して家事に取り組んだ。経済的には決して裕福ではなかったが，母子で助け合って仲良く暮らしていた。

　しかし，今年の春，見知らぬ男性が家に出入りするようになった頃から，由美子の顔から笑顔が消えた。母親が頻繁に家を留守にする回数も増えた。自宅には食費としてお金だけが置いてあった。間もなく，由美子の姿が学校から消えた。

　担任は，すぐに母親と連絡をとり，由美子の荒廃した生活状況の説明を行

い，改善に向けた協力を求めた。すると母親は，「**由美子は自分のことは自分でできるので大丈夫です**」と無責任に言い放った。納得のいかない回答に執拗に食い下がる担任に対し，「**家のことまでとやかく口を挟まないでほしい。学校には関係のないことです**」と感情的にまくし立て，一方的に電話を切った。それ以後，母親の携帯電話は音信不通となった。

　1週間後，学校周辺を朦朧と歩いている由美子の姿を担任が見つけた。まるで別人のように憔悴しきった表情で由美子は力なく担任にこう言った。

　「私，何で生まれてきたのかな…」

　「お母さんと二人で暮らしていたころに戻りたい…」

　「もう，家には帰りたくない…」

　事態を重くみた担任は，由美子を保健室に連れて行き，養護教諭に介抱を要請した。そして，スクールソーシャルワーカーは，校長に緊急ケース会議を開くことを進言した。さらに，児童相談所（児童福祉司）にも会議へ参加してもらうことも提案した。校長は理解を示し，その場で児童相談所へ連絡を入れて会議への参加協力を要請した。電話に出た担当の児童福祉司は「**是非参加させてもらいたい**」と快諾。すぐに学校へ急行するとの返答を得た。

　児童福祉司が到着するまでの間，スクールソーシャルワーカーが中心となり，これまでの由美子の生活状況の推移，学校側の母子に対する支援経過などをまとめた記録を整理して会議の準備を行った。

　児童福祉司が到着後，校長，教頭，教務主任，生徒指導，担任，養護教諭，そしてスクールソーシャルワーカーが参加してのケース会議が始まった。事前の役割分担を基に迅速かつ慎重に協議を進めた。その結果，由美子の心身の衰弱状況も含め，要保護性の高いケースであるとの結論から，職権で由美子を一時保護することで合意した。

　会議終了後，「**ここまで丁寧に情報収集がされている校内ケース会議に参加したのは初めてでした。これまで学校と視点の違いから正面衝突をして大事故を起こすことはあっても，お互いの立場から積極的な意見交換ができることはありませんでした。これはまさに交通整理のお陰です**」。由美子は担

任に付き添われ，児童福祉司とともに一時保護所へと向かった。

　その後，由美子は心身の健康を取り戻し，一時保護所で元気に生活を送り始めた。また，継続的な母子面接を行い，児童福祉司は母親への指導を行った。母親は，娘と離れたことで現実に返り，これまで由美子に対して寂しい思いをさせていたことを強く反省し，男性との交際も解消した。仕事も夜のスナックを辞め，由美子と過ごす時間のつくりやすい昼間の仕事に転職した。

　母親の変化は由美子が一番感じていた。あの日から1か月，由美子は母親との生活を再スタートすることを決めた。週明けからは，いよいよ由美子が学校復帰をする。そして，いつもの笑顔が返ってくる。

引用文献

（1）福祉士養成講座編集委員会編『社会福祉士養成講座8　社会福祉援助技術論Ⅰ　第3版』p.92, 中央法規出版，2006年

（2）Morales, A, T., and Sheafor, B. W., *Social Work: A Profession of Many Faces (6 th ed.)*, Allyn and Bacon, pp. 13-14, 1992.

（3）NASW, Task Force on Specialization, "*Specialization in the Social Work Profession*" Washington, D. C., December4, p. 3 (Allen-Meares, P., Washington, R. O., and Welsh, B. L. *Socail Work Services in School 2nd,* Allyn and Bacon, p 70, 1996. より引用）

（4）Bartlett, H. M., *The Common Base of Social Work Practice.,* 1970.（小松源助訳『社会福祉実践の共通基盤』pp. 90-91, ミネルヴァ書房，1978年）

（5）近藤二郎『コルチャック先生』p. 215, 朝日新聞社，1990年

（6）森末伸行『正義論概説』p. 38, 中央大学出版部，1999年

（7）Baker, R. L., *The Social Work Dictionary (3rd ed.)*, p. 354, NASW Press, 1995.

（8）Kelly, S. M., Berzin, C. S., Frey, A., Alvarez, M., Shaffer, G., & O'Brien, K., *National School Social Work Survey Final Report,* 2009.

（9）Allen-Meares, P., '*Social work services in schools: A national study of entry-level tasks*' Social Work, 5, pp. 560-565, 1994.

（10）O'Neil, M., *School Social Work in Ontario. A background paper prepared for the school social work committee,* Ontario Association of Social Workers (OASW), 2005.

（11）Kathryn, S. W. and Dupper, D. R., '*Best practices for preventing or reducing bullying in schools*' Children & Schools, 27(3), pp.167-174, 2005.

（12）トロント教育委員会の冊子

(13) School Social Work Association of America (SSWAA) の冊子

(14) Canadian Association of School Social Workers and Attendance Counsellors (CASSWA) の冊子

(15) NASW, *NASW Standards for School Social Work Services*, p. 9, 2002.

(16) Solomon, B. B., '*Black Empowerment : Social Work in Oppressed Communities*' Columbia University Press, p. 28, 1976.

(17) Coulshed, V., and Orme, J., *Social Work Practice:An Introduction. 2nd ed.* p. 21, 1998.

(18) Jordans, C., *Assessment. In Encyclopedia of Social Work, 20 th (ed.)*, NASW Press, pp. 178–180, 2008.

(19) Norlin, J. M. and Chess, W. A., *Human behavior and the social environment: Social systems theory (3nd ed.)*, Allyn and Bacon, p24, 1997.

(20) Weick, A., Rapp, C., Sullivan, W. P., & Kisthardt, W., '*A strengths perspective for social work practice*' *Social Work*, 34,pp. 350–354, 1989.

(21) Mickelson, J. S., *Advocacy. Encyclopedia of Social Work (19 th ed)*, NASW Press, pp. 95–100, 1995.

(22) Sosin, M., & Caulum, S., '*Advocacy: A conceptualization for social work practice*' *Social Work*, 28, pp. 12–17, 2003.

(23) Scneider, R. L., and Lester, L., *Social work advocacy: a new framework for action*, Belmont, CA: Wadsworth/Thomson Learning, 2001.

(24) Barker, R. L., *The social work dictionary (4 th ed.)*, Washington, DC: National Association of Social Workers, p. 62, 1999.

(25) D・P・マクスリー，野中猛・加瀬裕子監訳『ケースマネジメント入門』p. 12, 中央法規出版，1994年

(26) Roberts-Degennaro, M., '*Case manegement*' *The Encyclopedia of Social Work 20 th ed.*, NASW Press, pp. 222–227, 2008.

(27) Graham, J. R., and Barter, K., *Collaboration: A social work practice method*, Families in Society, pp. 6–13, 1999.

(28) Hord, S. M., '*A synthesis of research on organizational collaboration*' *Educational Leadership*, 43(5), pp. 22–26, 1986.

(29) Whittngton, C., *Collaboration and partnership in context*. In weinstein, J., Whittngton, C., and Leiba, T (eds.) *Collaboration in Social Work Practice*, Department of Health, p. 16, 2003.

(30) Lewis, M. A., *Economics and social welfare. In Encyclopedia of Social Work (20 th ed.)*, NASW Press, p. 102, 2008.

(31) Kadushin, A., *Consultation in Social Work*, Columbia University Press, p. 37, 1977.

(32) Dupper, D. P., *School social work: Skills interventions for effective practice*, Wiley, p. 174, 2003.

(33) Erchul, W. P., and Martens, B. K., *School consultation: Conceptual and empirical bases of practice*, Pleum Press, 1997.

(34) Bye, L, and Alvarez, M., *School Social Work: Theory to Practice*, Thomson Brooks/Cole, pp. 177–182, 2007.

参考文献

- 阿久澤麻理子・金子匡良『人権ってなに？ Q&A』解放出版社，2006年
- F・P・バイステック，田代不二男・村越芳男訳『ケースワークの原則——よりよき援助を与えるために』誠信書房，1965年，尾崎新・福田俊子ほか訳『ケースワークの原則——援助関係を形成する技法』誠信書房，1996年
- Beckett, C., and Maynard, A., *Values & Ethics in Social Work,* Sage Publications Ltd, 2005.
- Bronstein, L.,‛*A model for interdisciplinary collaboration*’*Social Work,* 48（3）, pp. 297-306, 2003.
- 福祉士養成講座編集委員会編『社会福祉士養成講座12 法学 第4版』中央法規出版，2007年
- 門田光司「アメリカにおけるインクルージョンとスクールソーシャルワーカーの役割について」『西南女学院大学紀要』第2号，pp. 65-78，1998年
- 門田光司『学校ソーシャルワーク入門』中央法規出版，2002年
- Kim, J. S.,‛*Strengths Perspective*’*The Encyclopedia of Social Work（20 th）*, NASW Press, pp. 177-181, 2008.
- A・H・マズロー，小口忠彦訳『人間性の心理学 改訂新版』産業能率短期大学出版部，1987年
- 松本伸夫『思春期心理学入門』現代書館，1978年
- 仲村優一編『ケースワーク教室——自立と人間回復をめざして』有斐閣，1980年
- 仲村優一ほか編『社会福祉辞典』誠信書房，1974年
- 仲村優一ほか監修『エンサイクロペディア社会福祉学』中央法規出版，2007年
- 日本学校ソーシャルワーク学会編『スクールソーシャルワーカー養成テキスト』中央法規出版，2008年
- Ochieng, J.,‛*Social Work Advocacy*’*The Encyclopedia of Social Work（20 th）*, NASW Press, volume1, pp. 59-65, 2008.
- Schneider, R. L., Lester, L., and Ochieng, J.,‛*Advocacy*’*The Encyclopedia of Social Work（20 th ed.）*, NASW Press, pp. 59-65, 2008.
- 新保庄三『コルチャック先生と子どもたち——ポーランドが子どもの権利条約を提案した理由』あいゆうぴい発行，萌文社，1996年

3章

スクールソーシャルワーカーの春夏秋冬

1 スクールソーシャルワーカーのある一日

　この章では実際にスクールソーシャルワーカーが日々どのような活動を行っているのかをみていくことにする。まずは，ある日の一日を見てみよう。

スクールソーシャルワーカーのプロフィール
　　基礎資格／社会福祉士・精神保健福祉士
　　活用形態／中学校区・拠点巡回型
　　勤務時間／9：00-17：00
　　配置校／A小学校（拠点校），B小学校，C小学校，D中学校

──── 9：00　出勤（場所／A小学校）────

　スクールソーシャルワーカーの机はA小学校職員室に設置されている。出勤時，既に1校時が始まっているため，子どもたちや先生方の姿はまばらであるが，校内ですれ違う際には積極的に自分から挨拶を行い，コミュニケーションを図るように心がけている。何気ない朝の挨拶ではあるが，子どもたちや先生方のその日の健康バロメーター（心身バランス）チェックは怠らない。

　少し閑散とした職員室に元気よく入室していく。荷物を自分の机におろした後，まずは職員室入り口付近に置いてある出勤簿に押印する。続いて，本日のスケジュールを手帳で確認。急な相談などが舞い込む際には微調整を行う。これらは，スケジュール管理をしてくれている教頭に毎朝報告することが日課となっている。それが終われば，パソコンと向かい合い，前日の活動記録をまとめていく。また，日によって時間に余裕がある場合は，学級巡回などを行い，気になる児童生徒の授業風景を観察するなどして情報収集を行っている。

⬇

| 🚌　A小学校から支援ケース会議場所へ移動 |

⬇

―― 10：00　支援ケース会議（場所／区役所）――

　B小学校の対象児童F児の家族に関する支援ケース会議に出席。会議のある区役所までの移動は公共交通機関を利用する。

　出席者は，児童福祉課（相談員），障害福祉課（相談員），地域保健福祉課（保健師），生活保護課（ケースワーカー），保健福祉センター（精神保健福祉相談員），学校を代表してスクールソーシャルワーカーの計6名である。

　今回の会議では，不登校にあるF児の欠席が増加している一因として，精神疾患のある母親の低調な養育能力が影響しているとの見立てから，「母親の支援体制づくり」を中心に協議が行われ，短期目標の設定と各担当者の役割分担が行われた。今後，母親に対しては，①精神保健福祉手帳の取得に向けた申請手続きに関する援助，②ホームヘルパー・訪問看護の各種サービス利用に向けた医療・福祉機関との連携，③家族以外の相談相手の確立に向けて保健師を中心とした人間関係づくり，以上の3点を重点的に取り組んでいく。支援経過については1か月後に再び支援ケース会議を開き，各報告に基づいた活動内容の検証および見直し作業をすることを確認して終了。

⬇

| 🚌　支援ケース会議場所からC小学校へ移動 |

⬇

―― 11：30　学校訪問（場所／C小学校）――

　週に一度のスクールソーシャルワーカー連絡会。
出席者は，校長，教頭，児童生徒支援加配教師，ス

クールソーシャルワーカーの4名で、対象児童に関する情報交換を行い、今後の個別支援方針について確認を行う。

（事例1）知的発達の遅れがある6年生のG児は、卒業後の進路選択に向け、近日中に教育センターでの就学相談を利用するための日程調整を行う。

（事例2）一時保護所より家庭復帰したH児は、保護者との関係も良好で安定した生活を持続している。来週中に校長、担任教師、スクールソーシャルワーカーの3名で経過観察を含め家庭訪問を実施する。

（事例3）新規で特別支援学級に在籍するI児の相談を受けつける。近頃、授業中に自傷行為や他児童に対して暴言や暴力を働く回数が急増している。家庭でも同様にI児への対応に苦慮していることから、急遽、保護者にも出席してもらい、明日の16時半からケース会議を開くことが決まった。

連絡会終了後、校長と一緒に学級巡回をして授業参観を行う。支援対象児童の在籍学級を中心に学校生活状況の確認を行った。

C小学校からA小学校へ移動

12：40　給食（場所／A小学校・相談室）

ここ最近の給食時間は、別室登校をしているJ児、K児と一緒に相談室にて給食を食べている。配膳については、それぞれが在籍する学級まで出向き、自ら給食を受け取ることができるよう後方支援している。食事中は、放課後や休日の過ごし方などについて談笑したり、昼休みに何をして遊ぶかなどについて話し合ったりしている。

一方で，個々の好き嫌いや食事量などについても黙視を行い，生活実態や栄養状況などについても情報を得るよう意識的な関わりを行っている。食後は，皆で給食室へ食器の片づけを行い，牛乳パックなどは分別して回収した。

―― 13：00　昼休み（場所／A小学校・運動場） ――

今日は好天に恵まれたため，J児，K児を誘い運動場へ足を運ぶ。途中，K児のクラスメートに誘われ計6名でバスケットボールをして遊ぶ。当初は「面倒くさい」と消極的な様子のJ児であったが，いざゲームが始まると誰よりも一生懸命に取り組み，汗と泥にまみれながらも生き生きとした表情でボールを追いかけていた。スポーツを通してそれぞれの体力や運動能力，さらには他児童とのコミュニケーション能力などについても行動観察を行った。

―― 13：50　掃除（場所／A小学校・相談室） ――

J児，K児と一緒に相談室の掃除を行う。作業役割分担をじゃんけんで決め，ゲーム感覚で楽しむなかにも自主性や協調性を重んじる取り組みを心がけている。
箒でゴミを取った後は，丁寧に雑巾がけを行う。掃除に関しては細かい指示や指摘は行わず，スクールソーシャルワーカー自らが"黙動"することで，子どもたちの取り組み意識を刺激するようにしている。掃除終了後は，毎回即席の反省会を行っており，今日はK児が司会を行ったが，段取りよく進行することができていた。

―― 14：30　校内ケース会議（場所／A小学校・校長室） ――

出席者は，校長，教頭，教務主任，児童生徒支援加配教師，養護教諭，担任教師（2名），スクールソーシャ

ルワーカーの計 8 名。

　A小学校でも，毎週定例で配慮を要する児童に関する校内ケース会議を行っている。今回は，場面緘黙のため教室に入ることができず，別室（相談室）にて個別支援を行っているJ児と，長期の不登校から最近になり学校復帰を果たしたK児に対する支援について協議を行った。

（事例1）　J児への支援については，スクールソーシャルワーカーが作成した「アセスメント・シート」を活用して，支援内容の均一化や情報の共有化を図っていく。今後，家庭と協働して支援を進めていく必要があるため，近く保護者に来校を要請し，協議を行うことで確認を行った。

（事例2）　K児への支援については，学校復帰をして間もないことも配慮したうえで，心身の負担軽減に向けた支援のあり方について意見交換を行った。現時点では，教室へ入ることに難色を示しているため，当面は無理強いをせずJ児同様に別室で個別支援を行っていくことで確認した。学習教材は時間割ごとに担任がプリントを用意し，児童生徒支援加配教師が中心的に学習指導にあたる。また，家庭内のキーパーソンである母親との連携を強化していくため，不登校時からの継続的な家族支援で信頼関係が形成されているスクールソーシャルワーカーが窓口となっていく。

A小学校からD中学校へ移動

──── 15：30　学習支援活動（場所／D中学校・教室）────
福祉系大学の学生ボランティアの協力により，家庭の事情で学齢期において十分な学習機会に恵

まれなかった特定の生徒（高校受験を目指す中学3年生）を対象に実施している学習支援活動に参加した。当初，この取り組みは夏休み限定で開始したが，参加した生徒たちの強い要望を受け，2学期以降も学生ボランティアを中心に放課後を活用して週2回のペースで活動を継続して行っている。

この日は3名の学生ボランティア，4名の生徒が参加していた。期末テストを翌週に控えているため，苦手科目を重点的にテスト対策の個別学習を行っていた。途中，休憩を挟んで趣味や恋愛などの話をして盛りあがり，年齢の近い先輩からの助言に生徒たちは刺激を受けていた。この日は後のスケジュールがあるため，スクールソーシャルワーカーは学生ボランティアにその場を託し，教室を後にした。

16：15　家庭訪問（場所／D中学校・自宅）

今年に入り不登校傾向にある生徒M宅に担任と一緒に家庭訪問を実施。訪問時，本人は友人と外出しており不在であった。

母親は2年半前より統合失調症と診断されている。先日，主治医より病状悪化のため入院治療を勧められた。母子家庭で身近に頼ることができる親戚もいないため，入院した場合の本人の生活を強く不安に感じている。協議の結果，児童相談所の一時保護所を利用する方向で結論に達する。明日の夕方に再度，担任とスクールソーシャルワーカーが家庭訪問を行い，体調を崩している母親に代わり本人へ母親の病状や一時保護について説明し，母親の意向について確認する。

17：30　退勤

家庭訪問先を出た時点で，勤務終了をA小学校の教頭に電話連絡を入れる。本日は勤務時間を超過したため，A小学校には戻らずにそのまま辞去するこ

> とで了承を得る。

　以上，スクールソーシャルワーカーのある一日を紹介した。今回は中学校区・拠点巡回型の一例を取り上げたが，実際には配置形態等により活動内容は異なる。

　では次に，春夏秋冬，1年を通して，スクールソーシャルワーカーはどのような活動を行っていくのかをみていくことにしよう。

2 スクールソーシャルワーカーの春夏秋冬

1　1学期の活動

　さぁ，いよいよ始まる1学期。桜の花に包まれて新年度を迎えた先生や生徒も新たなスタートを切るこの時期，みんなが期待や不安に胸を膨らませている。ここでは，スクールソーシャルワーカーがどのような姿勢で学校現場に溶け込み，実際に支援活動をスタートしていくのかについて解説をしていく。

1）校長，教員と親しくなろう──まずはスクールソーシャルワーカーの自己紹介

　「スクールソーシャルワーカーってなに？」。それが世間一般的な反応である。そんな状況は百も承知のうえで，なにはなくともスクールソーシャルワーカーは先生，児童生徒，家族，支援機関，地域と至るところに知ってもらうことからスタートしなければならない。そのようなときにスクールソーシャルワーカーをどのように自己紹介するかはとても重要なポイントになってくる。当然，誰を対象に自己紹介をするかによってその内容や方法は異なるが，なにより大切なのは第一印象である。当たり前のことではあるが，ニコニコ笑顔で元気な声で挨拶することが一番重要であり，たとえ緊張をしていても無愛想で

蚊の鳴くような元気のない自己紹介だけはしないようにしなければならない。

〈学校の全校集会で児童生徒を対象にする自己紹介〉
　学校の全校集会で児童生徒を対象にする自己紹介では，小学校や中学校によって内容を使い分けなければならない。小学校では，7歳から12歳までの幅広い年齢層の子どもたちが在籍しているため，"福祉"や"連携"など難しい単語を並べても理解は得られない。
　ある小学校の先生は，「中学年（3，4年生）に話しかけるように言葉を選んだら，極端な偏りもなく聞きやすい自己紹介になるよ」とアドバイスをしてくれた。さらに，画用紙などにイラストや図などを加えて説明するのも効果的である。また，低学年（1，2年生）の児童はこちらからの語りかけに反応してくれる（例：教師「おはようございます‼」児童「（一斉に）おはようございます‼」）ので，"間（ま）"を意識した話し方も大切である。
　中学校では，授業の一環としてボランティア体験学習などを取り入れている学校も多いので，意外と福祉という言葉についてもイメージがつきやすい。むしろ，中学校にはスクールカウンセラーが配置されているので，スクールソーシャルワーカーの仕事とどのように違うのかなどについて話をすると生徒の関心を引くことができる。

〈教職員を対象にする自己紹介〉
　教職員を対象にする自己紹介では，スクールソーシャルワーカーがどのような働きをするのかを事例などを用いて説明するとよい。先生たちはこれまで多くの子どもたちとかかわってきているので，「あぁ，似たような環境の子どもがいたな」「このような事例では，こんなサービスが使えるんだ」というような感じで，これまでの経験に照らし合わせることができると，より具体的な理解を深めることができる。
　そして，学校の教師は状況によってスクールソーシャルワーカーを児童生徒や家族，そして地域につなぐ役割を担うことがあるため，スクールソーシャルワーカーをどのように説明すればよいかなどについての情報があればとても喜

ばれる。

〈保護者（PTA を含む），支援機関，地域住民などを対象にした自己紹介〉

　保護者(PTA を含む)，支援機関，地域住民などを対象にした自己紹介では，時間的な制約から短時間で自己紹介をしなければならないことも少なくはない。そこで，スクールソーシャルワーカーの自己紹介チラシをつくることをお薦めする。内容は，以下のものがよいであろう。

① スクールソーシャルワーカーは何をする人なのか？
② スクールソーシャルワーカーとはどんな人なのか？
③ スクールソーシャルワーカーはどんなところで強み（専門性）を発揮することができるのか？
④ スクールソーシャルワーカーは実際にどんな事例にかかわっているのか？
⑤ 相談したいときはどこに連絡をすればよいのか？

　上記の内容をＡ４用紙１枚ぐらいにまとめて，それを常に携帯しておくと便利である。チラシは文字ばかりにならないように注意して，イラストや図などを効果的に活用したほうがよい反応が返ってくる。

　また，難しい言葉が並ぶだけでは相手の興味・関心が一気に薄れることがあるため，専門用語などは極力使用しないようにすることが望ましい。どうしても使わざるを得ないときは，備考欄などを設けて用語の説明書きを加えると親切である。後は，そのときの対象者に応じて必要な情報を口頭で付け加えるとよい。

　スクールソーシャルワーカーにとって自己紹介は最初の仕事である。この評価次第では，仕事内容が変わってくるといっても過言ではないので，決して手を抜くことなく，しっかりとネタ（情報）を揃えて挑んでもらいたい。

　最後に小学校の全校集会で使える自己紹介文の参考例を紹介しよう!!

スクールソーシャルワーカーの自己紹介例

「今日から○○小学校にやってきましたスクールソーシャルワーカーの□□□□です。スクールソーシャルワーカーは，みなさんの学校での"生活"，家庭での"生活"，地域での"生活"のなかで，何か困ったり，悩んだり，不安に思ったりすることがあれば相談にのり，その解決方法を一緒に考えていきます。そのためには，学校の先生やみんなの家族，そして地域の人たちとも力を合わせ，みんなが毎日楽しく学校に来ることができるよう，応援していきます。これから学校で見かけたときには気軽に声をかけてくださいね。よろしくお願いします」

―― 自己紹介のポイント五箇条 ――
一．わかりやすいこと
二．明るく朗らかであること
三．好感がもてる容姿であること
四．話にインパクトがあること
五．簡潔にまとまっていること

2）教師の立場を知る

まずは，"教師"という専門職は，小学校と中学校では質が異なることを理解しなければならない。小学校の教師と同じ取り組み方を中学校に求めてはならず，中学校の教師と同じ取り組み方を小学校の教師に求めてはならない。学校には，担任をもつ教師以外に，校長，教頭，教務主任，児童生徒支援加配教師，教科専科，養護教諭，学校用務員などさまざまな役職がある。また，中学校には，副担任，生徒指導，進路指導，生活補導，不登校支援担当など，小学校とは異なる役職がある。これらは自治体によって呼称や役割も異なるが，実に多くのポジションがあり，すべて"教師（教諭）"の仕事になる。それらも含めて，スクールソーシャルワーカーは教師の立場を知ることから入っていく必要がある。

小学校では，担任教師が学級経営のすべてを掌握しているといっても過言ではない。しかし，近頃では教科専科の教師もいるため，それらの教師とも十分な連携を図っていかなければならない。やはり，小学校では担任教師が子どもたちに関する多くの情報をもっており，日々の変化なども敏感に捉えている。

　また，小学校の先生は中学校でいう生徒指導的な動きもすることがあり，家庭に介入し，保護者と密接な関係にある先生もいる。そのため，ときにそれが教師の守備範囲を越えてしまい，一人の先生が抱える負担が膨大なものになってしまうこともある。スクールソーシャルワーカーは，そこでいかに教師をサポートし，手の届かない部分（専門外の分野）で小回りよく（機能的に）動くことができるかが求められてくる。

　一方，中学校でも担任教師はいるが教科担任制であるため，複数の教師がそれぞれの立場から生徒との関わりをもっている。中学校では，不登校や非行などの問題が深刻化したケースも多いため，教師間でいかに緊密な連携を図っていけるかがポイントになる。そして，中学校では，制服や校則，部活動などがあることも小学校とは異なる部分である。

　中学校は義務教育最後の3年間を送る場所であるため，中学3年にもなれば進路指導という形で，子どもたちの将来設計にも携わらなければならない。しかし，思春期のピークを迎えた生徒たちを指導していくことは容易なことではない。スクールソーシャルワーカーには，生徒の中学校卒業後も見据えた広い視野で支援に携わることが期待されている。

　教師の立場を知ることは，学校現場におけるスクールソーシャルワーカーの立場を知るうえでも非常に大切なことである。また，スクールソーシャルワーカーが小学校や中学校において，どのような取り組み方が求められるかについても教えてくれる重要なポイントになる。

3）学校チームの一員となる

　スクールソーシャルワーカーがその役割や機能を十分に理解され，そして効果的に活用されていくには，スクールソーシャルワーカーが学校という環境において教職員集団の"チーム"の一員になることが重要である。

そのためには，まずスクールソーシャルワーカーが自分の居場所を学校につくっていくことから始めることをお薦めする。学校に配属された当初から相談が次々に寄せられることは稀である。むしろ，何もすることがなく，退屈な時間を過ごしてしまうことも多いのではないだろうか。しかし，そのようなときにどのような動きをするかによって，スクールソーシャルワーカーが学校の一員として認められるか否かの違いが出てくる。何もしていない状況を先生たちは何気にみている。

学校チームの一員として受けいれられるためには，まずは積極的に"人間関係づくり"から始めていかなければならない。そのためには，人手がほしいと思われるところであれば，掃除でも荷物運びでも何でもやるくらいの心積もりが必要であり，まずは「ここ（＝学校）にいることを認めてもらう」ことが大切である。先生たちにとって「いてくれたら助かる」という存在にならない限り，教師からの積極的な活用はあり得ない。

教師からみればスクールソーシャルワーカーは，初めてみる宇宙人のような存在である。どんな動きをするのか？　どんな言葉を喋るのか？　どんな役立つ専門性をもっているのか？　そのような警戒心を解くためにも，スクールソーシャルワーカーのほうから先生たちにアプローチしていきたい。そして，そのためには日頃から何気ない会話でもよいので先生たちとコミュニケーションを図ることが大切である。仕事だけの会話では十分な関係形成は成し得ない。

ただし，時間や場所を選ばずに一方的に話しかけたりすると逆に評価を落としてしまうので，その場の"空気を読む"ことを忘れないようにしなければならない。さらには，学校教職員の行事（飲み会，旅行，スポーツ大会など）にも可能な限り出席をしていくことも大切な人間関係づくりであり，学校チームの一員となるためには欠かすことのできない活動である。

> 「スクールソーシャルワーカーのセールスポイント」
> （有効的な活用方法を提案）

　スクールソーシャルワーカー配属の日。この日は教育委員会から担当指導主事に付き添われて，担当校M中学校の校長室を訪れた。校長，教頭，教務主任と初めてのご対面。緊張の面持ちで挨拶を交わし，つくりたての名刺をぎこちない手つきで差し出す。

　最初に担当指導主事が資料を用いて事業説明を行う。続いて，スクールソーシャルワーカーも具体的な動きについて，事例をあげて簡単な説明を行う。予行練習通りの展開であったが，何だか校長の表情が険しい。すべての説明を終えた後，しばしの沈黙を破り校長がこう切り出した。

　「ところで，スクールソーシャルワーカーにはどんな権限があるのですか？」。

　予想外の質問に，一瞬面食らった表情をする担当指導主事とスクールソーシャルワーカー。

　「この学校には，不登校や非行などの問題を抱える生徒がたくさんいます。正直，教師だけで対応できる限界を超えています。そのような問題を解決していくには，それなりの力として権限や権力をもたなければ，今の生徒たちを指導することができない。しかし，われわれ教師にはそれがないのです。そんな学校現場でスクールソーシャルワーカーにどんなことができますか？」。学校や教師が直面する現実を突きつけられたかのようであった。

　「まぁ，今日初めて来た人にいろいろ言っても仕方がない。お互い手探りでやっていきましょう」。校長の落胆にも似たまとめがスクールソーシャルワーカーへの期待の低さを物語っていた。

　次の日から，スクールソーシャルワーカーが足しげくM中学校を訪問する日々が始まった。

＊＊＊＊＊＊＊＊＊＊＊＊＊＊＊＊＊＊＊＊＊＊＊＊＊＊＊＊＊＊

　1か月後，いじめを理由に2年前から完全不登校が続いている中3女子生

徒に関する相談が寄せられた。いじめを巡る一連のやり取りで学校と家庭は対立していた。調査の結果，いじめの事実関係が認められなかったと主張する学校。誠意を感じさせない学校側の対応に強い不満をもつ保護者。両者の間には大きな亀裂が生じていた。

それから，3か月。女子生徒は高校進学を目標に適応指導教室へ通い始めた。来月からは保健室で週1日，午前中1時間の計画で別室登校を予定している。この間，スクールソーシャルワーカーは学校・家庭・支援機関の"つなぎ役"を担った。担任と一緒に何度も本人や保護者を自宅に訪ね，失われていた信頼関係を一から築くことを心がけた。最初は半信半疑の本人や保護者であったが，今では関係改善の兆しが見え始めている。

＊＊＊＊＊＊＊＊＊＊＊＊＊＊＊＊＊＊＊＊＊＊＊＊＊＊＊＊＊＊

ある日のこと，スクールソーシャルワーカーが校長室に呼ばれた。校長は開口一番にこう話してくれた。

「スクールソーシャルワーカーには権限がないということを，最初はマイナスのイメージとして捉えていました。しかし，それは誤解でした。権限がないからこそ，立場の弱い子どもや保護者に寄り添った支援をすることができ，家庭にも介入することができる。また，学校を拠点に活動をしてくれるので身近な存在として教師にも専門的なアドバイスや新たな視点を与えてくれる。さらには，専門的知識や技術があるから関係機関との連携も迅速に行ってくれる。スクールソーシャルワーカーには，権限や権力に勝るとも劣らない，こんなセールスポイントがあるとは知りませんでした」。

また，校長は苦笑いをしながら，こう付け加えた。

「私は，教師に何の力（権限・権力）もないと言いましたが，それは誤解でした。今回の件で気づかされましたが，教師は生徒や保護者に対して権威的な一面があり，それがマイナスに働くと人間関係を阻害する力となってしまうことを痛感しました」。

「やっぱり，この学校にはスクールソーシャルワーカーが必要です」。

校長の一言は，スクールソーシャルワーカーが学校の一員として認められたと感じる瞬間であった。資料や言葉での説明では伝わり難いスクールソーシャルワーカーの役割や機能がある。まずは一緒に活動することで，お互いの専門性や人間性に対する理解を深めることができる。一事例を通して見えてくるスクールソーシャルワーカーのセールスポイントは，今後の有効的な活用方法を探る第一歩かも知れない。

2　夏休みの活動

　子どもたちにとっては待ちに待った夏休み!!大人にとっては地獄のような夏休み(?)だが，この約1か月の長期休暇をどのように過ごしていくかは，2学期を迎えるうえでとても重要になってくる。スクールソーシャルワーカーも同様に，この時期だからこそできる児童生徒，教師，支援機関との取り組みが多くある。ここでは，そんな夏休みならではの活動について一部事例を交えてご紹介していきたい。

1）高校受験に向けた学習会――学生ボランティアとの協働プロジェクト

　スクールソーシャルワーカーが配置されているO中学校では，夏休みを利用して高校受験を控えた中学3年生を対象に"学習会"を開催した。学習会は，午前中（9：30～12：00／2.5h）の時間を活用して週3日のペースで行われ，近隣の福祉系大学の学生ボランティアが生徒達の支援にかかわってくれた。
　この学習会は，7月初旬に寄せられた一人の中学3年生の女子生徒の相談がきっかけであった。経済的に厳しい父子家庭に育ち，5人兄弟の一番上であることなどから，女子生徒は幼い弟や妹の母親的な存在である。父親からは「中学を卒業したら一日でも早く仕事に就いて家にお金を入れなさい」と言われており，高校進学については認めてもらえないでいた。放課後になると塾に通うクラスメートが多いなか，スーパーへ立ち寄り夕飯の買い物をするお決まりのパターンは，女子生徒が小学4年生の頃から続けている日課である。

そんな女子生徒には，将来看護師になりたいという夢があった。それを実現するためには高校進学は必ず達成しなければならない目標である。女子生徒は，スクールソーシャルワーカーに対して「私，勉強がしたいんです」と強く熱望した。自宅では家事・育児に追われ家庭学習ができるような環境にない。高校受験をするとしても，その後の授業料等を考えると公立高校一本しか選択肢がない女子生徒の悩みは切実であった。

女子生徒の相談を受けたスクールソーシャルワーカーは，後日開かれた校内ケース会議のなかで，女子生徒への個別学習支援について協議をもちかけた。一様に皆，支援活動に賛同しており，話は学習支援に向けた具体的な内容へと移行した。そんな最中，校長が重い口を開いた。「**女子生徒への学習支援の必要性は私も認めます。しかし，Ｏ中学校には同じような家庭環境に育った生徒がほかにもいます。その生徒たちのことを思うと，この女子生徒だけがこのような形で支援を受けることができるというのはいかがなものでしょうか？**」。確かにその通りだと皆の表情が見る見るうちに険しくなっていく。そんななか，スクールソーシャルワーカーが一つの提案をした。「**今回は，学習支援の対象を女子生徒と同じような境遇にありながらも高校進学を強く希望している３年生に対象を限定して実施してみてはどうでしょうか？**」。難しい顔をしていた校長もこれには理解を示して首を縦に振った。

ただし，夏休みは，教師たちはクラブ活動等に時間を取られるため直接的なサポートは難しい。そこで，スクールソーシャルワーカーが近隣にある福祉系大学に相談をもちかけ，学生ボランティアの参加を呼びかけることになった。幸いなことに活動に興味をもった学生が15名ほど集まり，参加生徒の人数に合わせてローテーションを組んで，マンツーマン体制による学習支援を行うことになった。学習内容は個別に対応して夏休みの宿題や苦手科目のプリント学習などを行うこととし，教材の用意などは中学校側も全面的にバックアップする体制をつくった。

７月下旬,学習会は中学３年の生徒４名の参加から活動を開始した。期間中,学習会にはのべ10名の生徒の参加があった。個別の学習以外にも，休憩時間にはプライベートの悩みを学生ボランティアに相談する生徒の姿があるなど，そ

れぞれに身近な先輩の丁寧かつ親切な支援に支えられながら充実した学習会を送った。

　学習会終了後には，スクールソーシャルワーカーは毎回学生ボランティアと食事をしながら，活動内容について話し合いを行った。「○○さんの場合，もう少し時間を短時間に設定して集中的に取り組めば，もっと学習の効率が上がると思います」「□□さんは，前回の活動に比べて少し元気がありませんでしたね。次回のボランティアに申し送りしておいてはどうでしょうか？」「漢字や英単語を学習する際，辞書を引く習慣をつけてみたらよいのでは？」など，さまざまな視点で生徒たちの学習会がよりよいものとなるよう意見が交わされた。その期待に応えるかのように生徒たちも日々，和気あいあいとした雰囲気のなかにも真剣な表情で学習に取り組んだ。

　8月も後半に入った頃，学生ボランティアの一人から相談を受けた。「この学習会を夏休みだけで終わってしまうのはもったいない気がするんです。みんな（学生ボランティア同士）で話し合ったんですけど，もし，生徒たちが希望してくれるなら，学習会を2学期以降も続けることはできませんか？」とてもありがたい申し出だった。そして，時期を同じくして中学校側の窓口を担当している教師からも相談を受けた。「生徒たちから2学期以降も学習会を継続してほしいと強い要望が寄せられていますが，それは可能ですか？」双方の思いをしっかりと受け止め，中学校や（学生ボランティアが在籍する）大学とも協議を行った。

　その結果，2学期以降も学習会が継続して行われることになった。活動時間は，授業が5時間で終わる日の放課後1時間半を目安に設定して，週2～3日のペースで行われた。夏休み期間中はスクールソーシャルワーカーが学習会の全体的なコーディネートを担ったが，2学期からは学生ボランティアが主体となり学習会を運営することになった。学習会は軌道に乗り，最終的には3学期の高校受験直前まで継続することができた。

　学習会最後の日，公立高校の受験を目前に控え"決起集会"という名の茶話会を開いた。中学校からは，校長，教頭，担任教師らが参加した。学生ボランティアのなかには腕によりをかけて手作りのお菓子を持参している人もいた。

今日が活動最後の日だとは思えないぐらい明るい雰囲気のなか、ジュースで乾杯し、それぞれの健闘を誓い合った。アッという間の2時間は、まるで志望校に合格したかのような盛り上がりだった。教室を出て別れ際、生徒たちも学生ボランティアも口々に"ありがとう"と感謝の気持ちを述べた。何度も何度も"ありがとう"を繰り返す姿に、一人ひとりがこの学習会で多くのものを財産として得たことを実感した。

高校受験は終わり、学習会参加者は全員が志望校に合格した。看護師を目指している女子生徒も学習会での頑張りを父親に評価してもらい、受験の許可を得て公立高校を見事に合格することができた。とても嬉しかった。学生ボランティアも自分のことのように喜んだ。

しかし、実はスクールソーシャルワーカーにはさらに嬉しかったことが一つあった。それは、中学校の先生が口々に発した感想だった。「**学習会に参加するようになって、学校で見る生徒たちがすごく明るくなりました**」。活動に快く参加してくれた学生ボランティア、学習会を陰ながら支えてくれた先生たち、そして最後まで目標に向かって努力し続けた生徒達からもらった最高のプレゼントとともに学習会は静かに幕を閉じた。

2）夏期合同研修

夏休み、それは先生たちにとっては"多忙の日々"である。「学校の先生は夏休みがあるからいいね〜」という声をよく耳にするが、実際は意外と忙しく、溜まりに溜まった事務仕事、校内委員会、さまざまな研修会と研究会、2学期に向けた準備、その他にも細かくあげればキリがないほど先生達はとにかく忙しい毎日を送っている。

そのような事情を察しながらも、先生たちが一同に集う研修会などは、スクールソーシャルワーカーを宣伝する絶好のチャンスである。特におススメなのが、中学校ブロック単位で行われる合同研修会である。これは中学校ブロックの各小・中学校から全教職員が出席して行われるほぼ一日がかりの研修会であり、一度で多数の先生たちを対象にスクールソーシャルワーカーに関する研修を実に効率よく実施することができる。

スクールソーシャルワーカーについては，まだまだ認知度も低く，実際に配置されている学校においてもすべての教職員がスクールソーシャルワーカーと一緒に活動を行っているわけではないため，その実態像については今一つピンとこないのが現実である。そういう意味では，合同研修会はスクールソーシャルワーカーが日頃どのような活動をしているのかを報告する機会とも捉えることができる。

　このような研修会は中学校ブロック単位でなくとも，夏休みのような時期を活用してさまざまな形式で行うこともできるので，年間行事などをチェックしながら，各小・中学校の校長，教頭や研修を担当している先生方に「短時間でもよいので，研修を担当させてもらえないでしょうか？」と常日頃からアピールしておく必要がある。そのためには，研修会の規模や参加者の顔ぶれによって，その内容を上手に選択していくだけの引き出しを多くもつことが重要である。

　例えば，管理職（校長，教頭）が対象であれば，小・中連携のあり方や学校経営におけるスクールソーシャルワーカーの活用方法に重点をおいた校内体制づくりなどの研修を行っていく。また，教員コーディネーター（学校とスクールソーシャルワーカーとの窓口担当）を対象とした研修であれば，同じ校内体制づくりであっても，担任教師，管理職，他専門職種（養護教諭，スクールカウンセラー，スクールソーシャルワーカーなど），関係機関との協働に向けたより実践的なマネジメント方法などの研修を行っていく。担任教師を対象にした研修であれば，支援を要する気になる児童生徒の見極め方から，スクールソーシャルワーカーの効果的な活用方法などの研修を行うこともできる。

　また，研修の進め方としては，パワーポイントなどを活用してプレゼンを行うほうが，より立体的にスクールソーシャルワーカーの活動実態を理解する手がかりとなるため効果的である。日頃の激務で疲労困憊の先生も多いため，ある意味で魅力的な内容の研修を実施しなければ，単なる"睡眠学習"の場を提供してしまうことにもなるので，教師という立場から興味・関心がもてる情報をしっかりと盛り込んだ研修を行わなければならない。

　そういう意味では，同業のスクールソーシャルワーカーが教職員を対象に

行っている研修内容についても日頃から情報交換を行い，参考になる部分は余すことなく取り入れることも大切である。さらには，普段から先生たちとの対話のなかで，「（スクールソーシャルワーカーについて）どのような内容の研修がいいですか？」などの質問をして，さり気ないリサーチをしておくと充実した研修を組むためのヒントになるであろう。

とにかく，スクールソーシャルワーカーに関する研修会は，1回だけで終わらずに継続的に取り入れてもらいたいものである。それを可能にしていくには，「また研修を受けたいな」と思えるような内容を常に提供していくこともスクールソーシャルワーカーの大切な役割である。

3）「スクールソーシャルワーカーの活用はいかがですか？」

日頃は学校現場を中心に活動をしているスクールソーシャルワーカーであるが，夏休みは普段なかなかできないことに取り組むには絶好の機会である。本来であれば，溜まっている記録の整理などに没頭しなければならないのだろうが，スクールソーシャルワーカーとしての性分からか外に出たくてウズウズしてしまう。

長らく家庭へのひきこもりが続く生徒宅に足しげく担任と家庭訪問を行ったり，不登校児童を誰もいない学校に連れ出して一緒にキャッチボールをしたり，教育委員会の指導主事らとじっくり1学期の総括をしたりするには，夏休みはとても有意義な時間を提供してくれる。

そのなかにおいて，児童相談所，福祉事務所，保健所，警察署，家庭裁判所，ハローワークなど普段から密接に連携を図る機会の多い関係機関巡りは，この夏休みの時期にじっくりとしておきたい。新年度が始まった当初は，学校も支援機関も進級・進学・人事異動などで環境が大きく様変わりするため，本当の意味で腰を落ち着けて活動を行うことができるようになるのは2学期からといっても過言ではないだろう。

そういう意味では，夏休みの期間を有効活用して，対象児童生徒に関する支援ケース会議や情報交換だけでなく，これら関係機関にスクールソーシャルワーカーを積極的に活用してもらうための人間関係づくりをしていかなければ

ならない。そのためには，特別な用事がなくとも近くに立ち寄った際には，頻繁に顔を出して積極的にコミュニケーションを図り，身近にスクールソーシャルワーカーの存在を感じてもらえる努力をする必要がある。

　結局のところ，スクールソーシャルワーカーからの一方的な関係機関の活用だけでは，本当の意味で"協働"とはいえないものであり，関係機関からもスクールソーシャルワーカーを活用してもらえてこそ，スクールソーシャルワーカーの代名詞である"つなぎ"としての役割が際立ってくる。

　1学期に行った自己紹介だけで終わらず，常日頃からスクールソーシャルワーカーの役割や機能については，「こんなこともできますよ」というところをアピールしておかなければならない。最初は，関係機関もスクールソーシャルワーカーの存在については半信半疑な部分もあるため，それらを解消するための取り組みとして，協働できるモデルケースを中心に一つでも具体的な成果を得ることができれば，その評価は大きく変わってくるだろう。一度活用してみるとそのイメージというものを実感することができるため，それ以後は関係機関からの新規相談などが寄せられるようになることもある。夏休みは，スクールソーシャルワーカーが関係機関とよりよいパートナーシップを築いていくための大切な時間であるともいえる。

「ランチタイム交流」（夏休み中の教師とのつながり）

　子どもたちの大好きな"夏休み"。世間一般的には，教師も夏休み期間中は長期休暇を取っていると思われがちである。しかし，それは大きな誤解であった。

　夏休みにはさらに研修や事務作業が加わり，仕事に忙殺される。とにかく，教師という職業に完全なる休息はないようだ。それでもエネルギッシュな先生方には頭が下がる思いである。

　先生たちは慌しく職員会議，学年会，委員会，研修などをこなしている。しかし，その合間には，夏休みならではのリラックスした雰囲気での交流も

行われている。その一つが"ランチタイム"である。

　当然のことながら，夏休みに給食はない。そのため，ランチタイムになると先生たちはそれぞれのスタイルで食事をするのだ。そんなとき，外食をする先生から「一緒に食事行きませんか？」とのお誘いをいただく。

　普段は休み時間，放課後などの僅かな時間を利用して情報交換を行うことが多いなか，お酒の席以外で食事をしながら交流することができるのはスクールソーシャルワーカーにとって願ってもないチャンスである。当然，誘われた食事には必ず参加させてもらった。時には弁当を持参していたこともあったが，そっと机の奥にしまいこんで…。

　先生たちは意外と美食家が多い。多種多彩なお店を知っており，いろんな場所に連れて行ってもらった。定食，寿司，洋食，ファーストフード，和食，イタリアン，中華，バイキング，ときどきコンビニ弁当…。

　行きつけのお店あり，雑誌で調べたトレンドなお店あり，当てもなく飛び込むお店あり，先生の知られざる素顔の一面を垣間見る瞬間でもある。

　食事中の話題は，やはりスクールソーシャルワーカーに集中する。まだまだゲスト扱いなのは仕方がないといったところか。

3　2学期の活動

　夏休みが終わりを告げると最も期間の長い2学期が始まる。過ごしやすい秋の足音が近づく季節ではあるが，学校現場は真夏の余韻をそのままに，数多くの問題がまるでモグラ叩きのように湧き出してくる。そうなるとスクールソーシャルワーカーの繁忙期の始まりである。食欲の秋！　スポーツの秋！　芸術の秋！　そして，スクールソーシャルワーカーの秋!!　である。

1）浮き足立つこの季節──自然教室，社会科見学，修学旅行
　夏休み明けの子どもたちはたくさんのお土産を持ち帰ってくる。小学生の絵

日記のような思い出はとても微笑ましい光景であるが，ケガをして松葉杖をついていたり，始業式早々に家庭連絡もなく遅刻や欠席をしたり，髪の毛がとうもろこしのヒゲのように金髪でなびいていたり，2学期のスタートは何かとネタが満載である。それはある意味でこれから先の波乱を暗示しているかのようにも思える。

　2学期はイベントが盛りだくさんである。小学校行事としては自然教室や社会科見学，中学校行事としては修学旅行などがあるが，スクールソーシャルワーカーもこれらの課外活動には何かとアンテナを張っておかなければならない。日頃から継続的に支援を行っている児童生徒が，それらに参加することができるかどうかはもちろん最大の関心事である。不登校や非行などさまざまな問題により参加が危ぶまれるケースについては学校・家庭・支援機関ともしっかりと連携を図り，あらゆる支援を行ってお膳立てをしていかなければならない。

　一方で，それ以外のところでもスクールソーシャルワーカーの力が求められるところがある。その一つに"家族支援"がある。例えば，このような行事には当然ながらお金がかかる。それらの費用は月々に換算し校納金として納めてもらわなければならないものであるが，スクールソーシャルワーカーが支援を行う対象児童において，あたかも"当然のように"滞納されていることは少なくない。なかには，「支払わなくても（課外活動に）連れて行ってもらえるなら，払わないほうが得をする」というようなことを平然と思っている保護者もいるほどだ。

　悪質なケースについては，学校や教育委員会などと対応を協議していくことも重要であるが，それらを除いてどうしても支払いができないような場合，担任教師を経由して保護者からの相談にのり，滞納を招いている状況に応じて改善に向けた"家族支援"を行うこともケースとしては少なくない。

　よくある内容としては，多重債務の返済に追われ資金繰りに行き詰っている家庭，自営業で仕事が減り家計が逼迫している家庭，経済的に困窮しているにもかかわらず諸般の事情から就学援助の手続きをしていない家庭などがあり，さまざまな状況に応じて行政機関やあらゆる専門機関との連絡・調整・仲介・斡旋などを行わなければならない。

それにしても，このような家庭の経済状況というのは，児童生徒の生活にダイレクトに影響することが実に多い。保護者が借金返済のために仕事に忙殺されているため，食事を満足に与えてもらえず，放置されている子どもがいる。また，経済的困窮によるストレスが子どもに向けられているなど，直接的・間接的にしわ寄せを喰っている子どもたちもいる。それにより子どもたちの生活リズムは乱れ，心身のバランスさえも崩してしまうことが多い。

そのような状況も普段，学校がある時期であれば敏感に察知することができるが，1か月以上の夏休みはある意味で"無法地帯"となるため，状況の深刻化から多くの虐待ケースなどを招いてしまう。それらを予防していくためにも，スクールソーシャルワーカーがこれらのような支援に携わるときには，迅速かつ的確に動き，その影響が児童生徒に極力及ばないよう配慮していく必要がある。しかしながら，この時期は多方面から多くの相談が寄せられてくるので，本当の意味で浮き足立たないようにしなければならないのはスクールソーシャルワーカー自身であるかもしれない。

2) 不登校が増加する2学期への心構え

2学期になると不登校児童生徒の数がグッと増えてくる。これにはさまざまな要因が考えられるが，スクールソーシャルワーカーには不登校対策としての役割も高く期待されており，その状況の変化に対して常に敏感である必要がある。

文部科学省は，不登校児童生徒について「何らかの心理的，情緒的，身体的あるいは社会的要因・背景により，登校しないあるいはしたくともできない状況にあるために年間30日以上欠席した者のうち，病気や経済的な理由による者を除いたもの」と定義しているが，スクールソーシャルワーカーは対象となる児童生徒への支援を展開していくうえで，不登校を引き起こす"課題の本質"を見極めていくことが状況改善に向けた絶対条件である。

つまり，不登校というものは，課題を抱える児童生徒に表出した二次的問題であり，学校へ登校することができるようになれば，すべての問題が解決したことにはならない。その根底には不登校を引き起こしてきた課題が幾重にも潜

在しているため，それらを的確に分析し，より効果的な支援を行っていくことが求められる。

例えば，ある不登校児童は，精神疾患のある母親が朝早く起きることができないため，欠席が増えている可能性があるとする。その場合，母親が朝早く起きることができるようになれば不登校がすべて解決するかというと，決してそうではない。朝早く起きることができない理由が，夜になかなか眠れないことから服薬した睡眠導入剤が効きすぎている場合もあれば，服薬のタイミング（時間帯）に問題があるかもしれない。

または，精神疾患そのものが悪化しているにもかかわらず，病院に通院できていないかもしれない。もしくは，主治医との関係性が悪く，薬だけもらい，自らが調整していることも考えられる。

さらに違う視点で捉えるならば，精神疾患のある母親が十分に養育をすることができないことをよいことに，児童が好き勝手に夜中までTVゲームに熱中したりしていることも可能性としてはあるかもしれない。

これらは，あくまでもたとえの話ではあるが，一つの不登校ケースにしても多角的に捉えればさまざまな要因が推測されるものである。スクールソーシャルワーカーはこのように複数の情報から仮説を立て，そのなかから不登校を引き起こしている課題の本質を見極めていかなければならない。

そして，次に不登校対策への心構えとして，早期発見・未然予防の観点を常に持ち，アンテナを張り巡らすことである。例えば，病気や家の都合による理由以外での欠席が，1日でもあれば担任が必ず電話連絡を入れる。2日続いた場合には家庭訪問を実施する。3日目に突入すれば保護者と連絡を取り状況確認を行い，具体的支援策を校内ケース会議で話し合うなど，先手を取って支援介入をしていく必要がある。

また，不登校傾向にある児童生徒への支援については担任教師だけが背負い込むことがないよう，常に校内チームを組んでサポート体制をつくり上げていくことが重要である。これは担任の負担を軽減する目的もあるが，立場の異なる教員やスクールソーシャルワーカーによる多角的な視点を支援に役立てていくためでもある。

早期発見・未然予防の観点は新たな不登校児童生徒をつくらないことを目的としているため、目先の数字としては評価し難い部分もあるが、不登校が長期化した児童生徒に対して行う支援と比較すれば、実際にはより効果的な取り組みとなる。しかし、これらを機能的に取り組むには課題の本質を見極める教師のスキルアップも求められるため、スクールソーシャルワーカーは定期的な研修会等につなげていく働きかけが必要である。

教職員慰安旅行——味覚の秋、男子部会ふぐツアー

ある秋の日の午後―校長室

「あのさ、今度の土曜日だけど泊りがけで"ふぐ"を食べに行かない？」。校長先生からの突然のお誘いに一瞬躊躇。そして、財布と相談。

「お金ないだろうから、半分出してやるよ」。迷うことなく参加を表明。

「その代わり、しっかり飲んで盛り上げてよ」。詳細を聞けば、今回の旅行は男性の校長、教頭を含め男性教師のみを対象とした通称"男子部会"であるという。実に濃い情景が脳裏を駆け巡り、前言撤回を申し出るが即却下。

いささか不安を抱えながらも当日を迎える。生憎の雨模様のなか、待ち合わせ場所となったJR門司港駅（福岡県北九州市）の改札口に男子部会の面々が集う。酒瓶を持参する人。手ぶらで荷物すらもっていない人。一時間以上前から到着して下見をしている人。何故かすでに酔っぱらっている人。余裕で遅刻してくる人。実にさまざまな教師たちである。それもご愛嬌。駅からは、車に乗り込み目的地のホテルへ。

この男子部会は年に1回、必ず企画されている年中行事であるという。皆が慣れた様子で部屋の割り振りを済ますと大浴場へ直行。湯船に浸かり日頃の疲れを癒す先生たち。あちこちから、「あ〜」という喘ぎや呻きに似た声が漏れ聞こえる。まさに至福のとき。

風呂から上がり部屋に戻ると、早速酒盛りが始まる。宴会が始まる前からすでにできあがる先生たち。もち込んだビールケースもすぐに空となる。焼酎、日本酒、ワイン、ウイスキー、次々と酒瓶が出てくる。

1時間後，待っていました"ふぐ"料理。やっとのことで宴会のはじまり。本場下関では，"ふぐ"のことを"ふく（＝福）"と呼び，福をもたらす魚として珍重されている。美味しい"ふぐ"に舌鼓を打ちながら，フルコースを堪能。ますます酒は進むばかりである。先生たちの幸せそうな表情には「福」が満面にあふれている。

　日頃の激務を慰労して，和気藹々と進む晩酌。ある先生は，黙々と"ふぐ"を食い尽くす。ある先生は，貫禄十分になべ奉行。ある先生は，教育について熱く熱弁を振るう。ある先生は，一足早く宴会場で居眠り。ここではすべてにおいて"受容"と"尊重"がある。

　その後も部屋に戻り宴会は二次会に突入。一人，また一人とダウンしていくなか，スクールソーシャルワーカーは無事完走。

　翌朝。二日酔いで浮腫んだ顔，顔，顔。それでも，迎い酒で気合を入れる校長。2日目は，和布刈神社や赤間神宮などを参拝した後，唐戸市場へ。一同は，しっかりと家族へのお土産に"ふぐ"を購入していた。

　「さぁ，また明日から学校だな」
　「帰って教材づくりをしなければ」
　「明日は○時から会議でしたよね？」

　苦笑いの表情にもどこか充電完了の文字が浮かぶ。学校では，いつものように子どもたちが待っている。「じゃ，また明日」。"福"を片手に家路へつく先生たちの後ろ姿をいつまでも見送るスクールソーシャルワーカーだった。

3）旅立ちの日スピーチ

　B小学校では，養護教諭が月に1回"旅立ちの日"というサークル活動を行っている。対象となる児童は，①昼夜逆転など生活リズムが乱れている，②遅刻・欠席が多い，③脆弱な家庭環境で生活をしているなど，全員が何かしらの課題を抱えており，毎回平均して約15名のメンバーが参加している。養護教諭に選ばれた児童は担任を介して声をかけられ，放課後に保健室へと立ち寄りサー

クル活動へ参加する。

　活動では，養護教諭が毎回いろんなゲストを招き，そのゲストを椅子で一周囲んでスピーチをしてもらうのだ。ゲストは，公民館長，民生委員，保健師など，子どもたちが生活する地域を支えてくれている人たちである。"旅立ちの日"というネーミングは，ゲストとの出会いにより個々の課題から脱却して自立する（＝旅立つ）ための足がかりとなればとの養護教諭の願いが詰まっている。

　スクールソーシャルワーカーも2学期にスピーチのお誘いを受けた。子どもたちにどんな話をしようか悩んだ結果，"夢"について語ることにした。スクールソーシャルワーカーとしての立場から，そして，自身の小・中学生時代の話も織り交ぜて"夢"にまつわるエピソードを紹介した。

　今回，"夢"をテーマに選んだ理由は，スクールソーシャルワーカーが出会ったB小学校の子どもたちの多くが"夢"を抱いていないことにあった。「将来はどんな職業に就きたい？」と尋ねても「別にない」「働きたくない」「コンビニでアルバイト」というような答えばかりが返ってくる。なかには「生活保護をもらう」というある意味でこの地域の実態を表すような答えもあった。

　確かに"旅立ちの日"に参加している児童を取り巻く環境は厳しいものがある。学校・家庭・地域での生活に夢を描くモデルとなるべき大人が身近に存在しないかもしれない。そのような環境においても子どもたちには自らの可能性を信じ，将来的に自己実現を果たしてもらいたいと願うばかりである。そのためにも"夢"をもつということは自分を突き動かす大きなエネルギーとなるものであることを伝えたかった。

　スクールソーシャルワーカーは，子どもの人権と教育，そして発達を保障していくことを目的とするが，その先には子どもたちが常に"夢"を思い描き，追い続けることのできる環境づくりの責務があることを忘れてはならない。今回のスピーチが参加した児童の何らかの"旅立ちの日"となれば幸いであると思った。

冬休みまでタイムリミット1週間

対象児童（小学6年）：奈々

　12月も半ばを過ぎ，今年も残すところあと僅か。クリスマスや正月などイベント盛りだくさんの冬休みが目前に迫り，子どもたちは指折り数える日々。
　この時期は人も街も色めきだす季節である。奈々を除いては…。
　小学校の校長室では，関係者が集いケース会議を行っている。皆一様に険しい表情で奈々に対する支援について協議を進めていた。
　奈々の家庭は母子家庭である。中学2年の兄，小学1年の妹，保育園に通う弟の5人家族。両親は3年前に離婚した。
　今年の春から，自宅には見知らぬ男が同居し始めた。母親は，その人を「お父さん」と呼ぶよう強要する。父親の記憶がない幼い妹や弟は何の違和感もなくそれを受け容れている。しかし，誰よりも父親のことが大好きだった奈々は到底納得できず，何かにつけて反発をして家出を繰り返した。仲良しの兄も非行少年らと行動をともにするようになり，今では学校どころか家にも寄りつかなくなってしまった。気づけば家庭のなかに奈々の居場所はなくなっていた。
　日も暮れた夕方。寒風吹きすさぶなか，温かい家庭に一人，また一人と帰っていく。「また明日…」。奈々は小さくなっていく友達の後ろ姿を寂しげな眼差しで見送り続ける。暗くなった校庭には一人，ブランコに揺られる奈々がいた。帰るはずの場所には，自分を待つ人がいない。
　夏には公園で野宿を繰り返した。最近では友人宅を泊まり歩く毎日。空腹に耐え切れず万引きをして捕まったこともあった。深夜徘徊をして警察にも補導された。
　子どもたちがワクワクする冬休みまであと1週間。しかし，奈々が安心して家で冬休みを過ごせるようになるためには課題が山積している。スクールソーシャルワーカーに残されたタイムリミット1週間。

4　3学期の活動

　3学期といえばやはり"卒業"。出会いがあれば別れがあり，苦楽をともにした仲間とも別れの季節である。学校生活のなかで最も期間の短い3学期，スクールソーシャルワーカーもいよいよ年度の集大成をしていかなければならない。しかし，子どもたちへの支援はなかなか思うようには進まないのが現実である。そんな現実と対峙するのではなく，寄り添い"ともに歩む"ことも大切なことかもしれない。

1）中1ギャップへの挑戦

　中学へ進学した途端に急増する不登校やいじめなどの現象を世間では「中1ギャップ」と呼ぶ。近頃では，これらへの対策の一環として小・中連携した取り組みを行っている学校も多い。

　例えば，Q―Uを活用した学級編成や人間関係プログラムとしてのSST（ソーシャルスキルトレーニング），ストレス・マネジメント，構成的グループエンカウンターなどを取り入れて児童生徒の"自律"へ向けた人間力の育成から，それを展開した"自立"に向けた人間力への形成を図る実践を行っている。これらの取り組みは，児童生徒に内在する力を導き出していくうえでも有効であり，スクールソーシャルワーカーが支援を行う児童生徒の学校生活や学力保障にもつながる重要な基盤づくりとなる。

　また，この時期は進路について分岐点に立つ児童もいる。それは，中学進学を機に普通学級から特別支援学級への進路変更を考える児童である。小学生時代から特別支援学級で生活を送る児童とは異なり，このようなケースでは小学校までは学習面や生活面に何らかの課題はあっても，卒業まで普通学級に在籍をすることができていた児童であるため，児童自身や保護者がその現実を受け止めることができないことも多い。

　小学校高学年ともなるとある程度の社会性も備わり，行動範囲が広がる。しかし，知的発達の遅れや発達面におけるバランスの悪さなどが原因でさまざまな問題行動や不適応行動を起こしてしまうことも少なくない。そのような児童

のなかには，中学進学後にいわゆる"遊び非行"にはしり，不登校となるケースが多いことも事実である。このような状況を未然に防いでいくためにも，普通学級での生活に困難さを抱える児童に対しては，専門的な検査や助言を受けながら進路選択をしていく必要がある。

　スクールソーシャルワーカーはそのような児童や保護者に対し，就学相談や中学校の特別支援学級への見学などの調整を行い，どの選択肢が児童の進路として"最良"であるかのお膳立てを行う。スクールソーシャルワーカーは当然のことながら，進路選択においても決定権や選択権をもたない。あくまでも対象となる児童を主体者として，その保護者も含めて適切な意思決定ができるよう必要な材料を揃えていくのが役割である。

　仮に中学校で特別支援学級に進学したからとして万事が解決するわけではない。一つの選択（特別支援学級への進学）は，"中1ギャップ"を回避するためだけに行われたのではなく，児童の未来を保障していく手立てでもある。それはまさに新たなる支援展開へのスタートに過ぎないことをスクールソーシャルワーカーは肝に銘じておかなければならない。

2）進路相談

　わが国では，ほぼ大半の生徒が高校へと進学する。そのなかで，進路選択が差し迫ったこの時期にスクールソーシャルワーカーには幅広い相談が寄せられる。なかでも多いのが，「中学卒業後に就職をしたい」「定時制高校に通うので，日中アルバイトをしたい」といった"仕事"にまつわる相談である。

　一般に就職をしたいといっても，中学校卒業での就職口は絶対的に少ないのが現実である。また仕事に就けても雇用条件がよくないものもある。そのため，給与に見合わない労働条件に途中でリタイアする若者が後を立たない。そのような実態も踏まえたうえでスクールソーシャルワーカーは就職を希望する生徒への"就労支援"を行わなければならない。

　高校へ進学せず就労を希望するということは，それぞれに複雑で厳しい家庭事情がそこにはある。そのような状況も勘案したうえで，できるだけ安定した雇用条件の就職口を探さなければならない。その際，スクールソーシャルワー

カーはハローワーク（公共職業安定所）やそれに関連する若年者の就労支援事業所などと連携を図り支援を行う。数少ない求人のなかで，できる限り希望に即した仕事に就くためには，それ以前の準備にしっかりと時間を割かなければならない。

スクールソーシャルワーカーは履歴書の書き方，求人先への電話連絡の入れ方，就職試験を受ける際の身だしなみ，面接を受けるときのマナーなど細かいところまで学校や関係機関と協働して支援をしていく。ときに，SST（ソーシャルスキルトレーニング）なども取り入れながら，グループワークを展開して，同じ目標を志す仲間と就職に向けた準備などに取り組む。

この就職活動によって，就職を志す僅か15歳の青年が社会に出て行くことの難しさを初めて思い知ることになるが，スクールソーシャルワーカーはそのようなときにも生徒の思い（意思，希望，自信）を尊重していかなければならない。たとえそれが無謀な挑戦だとしても，自らが決定したからには最後の最後までとことん付き合う姿勢を示していくことも重要なアドボカシー活動である。

「私は働きながら高校に行きます」（中卒者の就労支援）

対象生徒（中学3年）：紗枝

　紗枝の両親は6年前に離婚。それ以後，父子家庭でずっと育ってきた。家族構成は，自営業の父親，長女の紗枝，妹（小4），弟（小1）の4人家族である。

　紗枝は小学3年生から，家事全般を任され，妹や弟の世話をしてきた。毎朝，仕事に出る父親のために弁当づくりも欠かさず行っている。紗枝は"母親"，"妻"，"中学生"という三つの顔をもっていた。それでも，そんな苦労を微塵も感じさせない紗枝は，明るく誰からも好かれる子だった。

　そんな紗枝だが，ここ最近元気がない。トレードマークの笑顔も曇りがち

である。学校にも遅刻や欠席をする日が増え始め，周囲は心配をしていた。実は，先日行われた進路選択を協議する三者面談で，紗枝は担任に"就職"を希望したのだった。

　紗枝は仕事で欠席の父親に代わり，家庭の経済的な理由などから高校への進学が困難であることを担任教師に伝えてきた。ここ数年，父親の仕事がうまくいっておらず，収入が激減しているという。実際，給食費などの滞納も続いており，高校の授業料どころか受験費用すら用意することも困難な状況にある。紗枝は，それらを理由に父親から高校進学を強く反対され，最終的に受験を諦めたことを告げた。

　紗枝には将来なりたい職業があった。それは"保育士"である。小学3年から毎日，学校帰りに保育園まで妹と弟を迎えに行っていた。保育園では主任保育士がいつも優しく「おかえり」と紗枝を出迎えてくれるのであった。「今日は学校楽しかった？」「ちゃんと宿題しなさいよ」「何かあったらすぐ連絡しなさいね」。いつの頃からか，紗枝は保育園に家庭の温もりを感じ，「ただいま」と帰るようになっていた。

　それは中学生になった今なお続く習慣である。いつも優しく，そしてときには厳しく叱ってくれる主任保育士は紗枝にとって，母親のようであり，理想とする女性像であった。紗枝は小学校の卒業文集で将来の夢について「保育士になりたい」と書いていた。

　みんなが紗枝を応援していた。担任は，ほかの先生にも協力してもらい，幾度となく紗枝と話し合い，進学への夢を諦めないよう話した。また，父親とも話し合いの場をもち，紗枝の高校進学への理解を求めた。

　進路指導担当の教員は，父親に経済的な負担をかけず，現状の生活スタイルを維持できる方法がないか模索し，奨学金や入学準備金などの申請に向け，必要な情報や書類の入手に動いた。スクールソーシャルワーカーは，定時制高校などへ進学した場合を想定して，日中のアルバイト先を斡旋するため若年者の就労支援を行う関係機関との連携に向け動き出した。

このような周囲の動きが紗枝の本当の気持ちを動かした。ある日のこと，紗枝は担任に対しこう言った。「**先生，私高校に行きたい。働きながら高校に行きます**」。
　まずは，高校受験。そして，次に就職活動。課題は山積でも紗枝の瞳は期待に輝いていた。いつの日か夢である"保育士"になるために。

4章

スクールソーシャルワーカーの実践事例

事例1
父親へのアプローチによる不登校児の取り組み

> **対象児童生徒の家族構成**
>
> **耕介（10歳）**：小学4年の男子。小学校入学当初より不登校傾向である。持病に小児喘息を患っており、幼少期より入退院を繰り返していた。学習能力は低い。
> **父親（54歳）**：現在は無職で、以前は建設業であった。頑固な性格で短気である。子どもの教育にはとても熱心である。日頃から子煩悩で、子どもたちからの信頼も厚い。
> **母親（42歳）**：現在は無職である。精神疾患を患っているとの情報あり、近頃では母親の姿を見かけないために病状悪化が懸念されている。
> **兄（13歳）**：中学1年の男子。小学5年時にいじめに遭ったことを理由に不登校となる。今春、隣校区の中学校に進学している。遅刻・欠席は多い。
> **妹（6歳）**：保育所等には行かず、家庭で家族が面倒をみている。翌年に小学校入学を控える。

1　スクールソーシャルワーカーへの相談経緯

　耕介は、小学校入学当初より年間欠席が30日を越える不登校であった。当初は、持病の小児喘息による体調不良が欠席理由の大半であったが、近頃では耕介自身にも登校しぶりがあるとのことで（父親情報より）、家庭では夜は遅くまでTVゲームをするなど生活リズムはかなり乱れている。特に小学3年生からは年間100日以上の欠席を数えるため、学習の遅れが顕著になっている。

　家庭では、母親に代わり父親が家事・育児を担っている。学校との連絡もすべて父親が行っており、子どもの教育にも熱心な一面がある。しかし、父親は昼間から飲酒をしていることが多く、酒に酔っては些細なことで教師とトラブルを起こすなど、学校側も対応に苦慮している状況がある。特に、兄のいじめ

や耕介の不登校を巡っては，学校側の対応に父親は強い不信感を抱いており，近頃では子どもを学校に通わすことにも否定的な姿勢を示している。

　母親は，約2年前より精神疾患を発症しているとの噂が近隣で流れている。実際，今年度に入り授業参観などの学校行事には姿を見せていない。また，担任教師の家庭訪問時も，母親は寝込んでいるとのことで父親のみが応対した。母親の病状については父親も多くを語ろうとしないため，学校側は母親の病状悪化を心配している。

　家族は5年前に転入してきた。近所に母方祖父母が生活しているが，近隣住人とのつながりは希薄である。学校側は耕介の登校を促すべく父親に協力を求めたが，これまでの学校と父親との関係悪化が妨げとなり，学校側の取り組みには協力的ではない。

　このような状況から，学校は耕介の不登校を改善するためには，学校だけでの取り組みには限界を感じており，関係機関との協働による家族支援の必要があるとの判断から校長よりスクールソーシャルワーカーに相談依頼が寄せられた。

2　アセスメントの実施

1）父親の絶対的な存在

　スクールソーシャルワーカーは担任教師と一緒に家庭訪問を行って状況把握に努めるとともに，学校や関係機関からも情報収集を行った。それにより，父親が家庭におけるキーパーソンであること，家族を取り囲むいくつかの改善すべき状況があることなどが明らかになった。

〈生活保護課ケースワーカーとの対立的関係〉

　スクールソーシャルワーカーとの面談で，父親は生活保護から抜けだすために一日も早く就職をして，自立した生活を送りたいというニーズが強く示された。しかし，母親の低い養育能力への不安や子どもの不登校などが気がかりで，積極的に就職活動をすることができない状況にあった。また，50代半ばと年齢

が高いため，正社員として雇用してくれるような仕事が見つかりにくかった。さらには，これまで職人として仕事をしてきたプライドから，なりふりかまわず仕事に就くことには強い抵抗感をもっていた。

このような父親のニーズに対して，生活保護課のケースワーカーは，父親とは異なる認識をもっていた。本当に就労意欲があれば仕事を選んでいる立場ではないにもかかわらず，父親は家庭の都合や自身のこだわりを主張しているだけであるというものであった。

それは，これまでもケースワーカーは短期契約や非正規雇用での仕事を斡旋してきたが，父親は面接日には姿を見せず，企業側の採用担当者に迷惑をかけることが多かったからである。また，子どもの不登校に関しても，学校批判を繰り返し，適切に学校へ通わせることができていないため，ケースワーカーが何度となく指導を行ってきた。しかし，そのたびに父親は，「子どもの教育にまで口を挟むな‼」とケースワーカーに強く反発し，対立の立場を繰り返してきており，両者の関係は悪化の一途を辿ってきた。

〈母親に対する不満と葛藤〉

母親の低い養育能力について，父親は，「妻は脳に病気があるのではないか？」と語っていた。その理由として，年齢に相応しい社会性がないこと，例えば，目上の人に対して友達のような話し方をしたり，一人で電車やバスに乗ることができなかったり，決められた時間を守ることができないなどが理由であった。また，母親としての役割が果たせていないでいることで悩みを抱えており，例えば，朝早く起きることができない，家事・育児全般が苦手である，子どもと一緒に夜遅くまで遊んでいるなどである。そして，学習能力が極めて低いことである。例えば，約束をしたことをすぐに忘れる，漢字を書くことができない，計算が苦手などである。

このような母親の兆候は父親と交際していた頃よりあったというが，子どもが生まれて以後，それがより顕著に感じられるようになったと父親は話す。母親は父親に強く依存しており，家事や育児のすべてを父親に任せている。何かあればすべてを父親に頼る状況に対し，父親は苛立ち，時折母親に対して暴力

を振るうこともあると話した。過去に母親の兆候を心配して，父親は総合病院に母親を受診させたが，医師からは異常なしとして診断名はつかなかったとのことである。

〈小学校に対する不信感〉

兄が小学5年時に"いじめ"に遭った際，学校側の対応やいじめの調査が不十分であったことから，以後父親は小学校に対し強い不信感を募らせている。当時，学校に強くいじめの真相究明を求めた父親であったが，学校が行った調査結果では十分な情報提供がなされないまま，いじめの事実は認められないとの回答だけが示された。

そして，当時の校長からは，「**いじめで悩まれているのであれば，お子さんと一緒にスクールカウンセラーに相談してみてください**」と言われ，その返答に父親は腹を立て，「**学校はきちんとした責任を果たさないまま，第三者（スクールカウンセラー）に解決を委ねるとは身勝手だ‼**」と教育委員会に苦情を申し立てた。結局，兄は6年生より完全に不登校となり，中学校は隣校区へ進学した。

このような経緯から，耕介が学校を頻繁に欠席しても父親の課題認識は低く，担任教師などからの働きかけに対しても積極的に応じることはない。担任教師に対しても「**耕介が（学校に）行きたくないと言うのだから仕方ない**」「**いじめに遭っても助けてくれないような学校に（親としては）安心して通わせることはできない**」「**母親に似て朝起きるのが苦手だから**」などと話しており，何とかして学校に行かせたいという意欲は感じられない。その根底には，学校に対する不信感が強く残っていることが考えられる。

2）母親の悩み

母親はスクールソーシャルワーカーとの面談のなかで，「**私の精神年齢は子どもたちと一緒なんですよ**」と真剣な表情で話していた。子どもたちと一緒に遊んでいるときが最も楽しい時間であり，連日夜中までTVゲームをしたり，アニメのDVDを観ていることが多いという。そのため，朝早く起きることは

大の苦手で，子どもたち以上に不規則な生活を送っている。家事や育児などは「お父さんのほうが上手なので…」と自嘲気味に語るが，一方で「自分は母親として何も子どもたちにしてあげられることがないです」と悩んでいることも打ち明けた。

精神疾患については，「躁うつ病」の診断が出ており，精神科クリニックの主治医からは定期的な通院をするように勧められている。しかし，予約日を忘れてしまうことも多く，きちんとした通院はできていない。薬の飲み忘れも頻繁にあるため，安定した服薬管理もなされていない状況にある。また，父親から自身の生活態度などについて注意を受けるとすぐに感情的になってしまうため，気持ちを抑えようと薬（精神安定剤）を多量に服薬してしまうことも度々あるという。

3）妹の育児

妹は保健所での乳幼児健康診査が未受診であり，家族が近隣とも閉鎖的であるため必要な情報が乏しく，養育環境面で健康状態や発達の遅れが懸念されていた。過去に生活保護課のケースワーカーが父親に妹を保育所に通わすよう再三助言したが，父親は全く応じなかった。妹の保育所通所を拒む理由として，父親は，「兄二人は保育所や幼稚園に通わせておらず，妹だけ特別扱いはしたくない」「母親が妹の保育所までの送迎をすることは期待できず，自分の負担だけが増える」「6歳になってもいまだにオムツが外れていないため，保育所でいじめられるかもしれない」などをあげていた。母親も「（妹が）保育所に行くと家で一人になるため寂しい」との理由で通所には消極的であった。

4章　スクールソーシャルワーカーの実践事例

作成日	年 月 日	(担当者　　　)	1-1	㊙

アセスメントシート〜面接等による事前調査〜

児童生徒	(相談受理No.　―　)	在籍	○○小学校	学級	4年○組	担任教諭	
フリガナ		性別	男	生年月日	年　月　日	(満 10 歳)	
氏名	耕介	自宅		保護者氏名		(携帯・　　)	
住所	(〒000-0000)						

相談主訴	家族支援を要する不登校
相談種別	■養　護　□非　行　□育　成　□障がい　□その他 (　　　　)

ジェノグラム（家族構成及び家族関係を示した家系図）	生活歴

【ジェノグラム】
- 祖父 69 ― 祖母 67
- 母 42（無職） ― 父 54（無職）
- 妹 6／耕介 10（小4）／兄 13（中1）

【凡例】
男性 □　女性 ○　対象児（二重線）
昭和44年生まれ 現在38歳の男性 [38]
S44〜 [86] 平成12年に86歳で肝硬変のため死亡
[86]―H12
離婚　別居
d.H15　s.H18
結婚　交際・同棲
m.H10　LT.H7
【標記の意味】
d.=divorce
s.=separation
m.=marriage
LT.=Living Together

【生活歴】
- 00年　出生
- 00年　○○小学校入学

児童生徒の生活状況・相談に至る経緯

- 小学校入学当初より年間欠席が30日を越える不登校であった。当初は、持病の小児喘息による体調不良が欠席理由の大半であった。
- 近頃では本人にも登校しぶりがあるとのこと（父親情報より）。
- 学校側は本人の登校を促すべく父親に協力を求めたが、これまでの学校と父親との関係悪化が妨げとなり、学校側の取り組みには協力的ではない。
- 兄のいじめや本人の不登校を巡っては、学校側の対応に父親は強い不信感を抱いており、近頃では子どもを学校に通わすことにも否定的な姿勢を示している。

児童生徒の家庭環境

- 家庭では夜は遅くまでTVゲームをするなど生活リズムはかなり乱れている。
- 家庭では、母親に代わり父親が家事・育児を担っている。学校との連絡もすべて父親が行っており、子どもの教育にも熱心な一面がある。しかし、父親は昼間から飲酒をしていることが多く、酒に酔っては些細なことで教師とトラブルを起こすなど、学校側も対応に苦慮している状況がある。
- 母親は、約2年前より精神疾患を発症しているとの噂が近隣で流れている。
- 家族は5年前に大阪から転入してきた。近所に母方祖父母が生活しているが、近隣住人とのつながりは希薄である。
- 学校側は耕介の登校を促すべく父親に協力を求めたが、これまでの学校と父親との関係悪化が妨げとなり、学校側の取り組みには協力的ではない。

児童生徒の学校生活状況

①学習面	・小学校入学当初より、年間30日以上の欠席が続くため、学習の遅れが顕著になっている	②生活面	・学校にきても一人で過ごしていることが多い
			身長 120cm／体重 25kg

児童生徒の出席等状況

①年次別欠席状況

	欠席日数	在籍校	担任教諭
1年	37日	○○小	
2年	64日	○○小	
3年	80日	○○小	
年	日		
年	日		
年	日		

②小学4年・○○年度出欠状況

	欠席	遅刻	早退
4月	4／18	3	0
5月	9／20	5	0
6月	7／21	7	2
7月	3／22	11	1
8月	0／0		
9月	9／23	13	0
10月	8／22	9	1
11月	6／15	7	0
12月	／		
1月	／		
2月	／		
3月	／		
合計	46／141	55	4

パワー交互作用マップ（介入時の児童生徒を中心にした人間関係図） ㊙

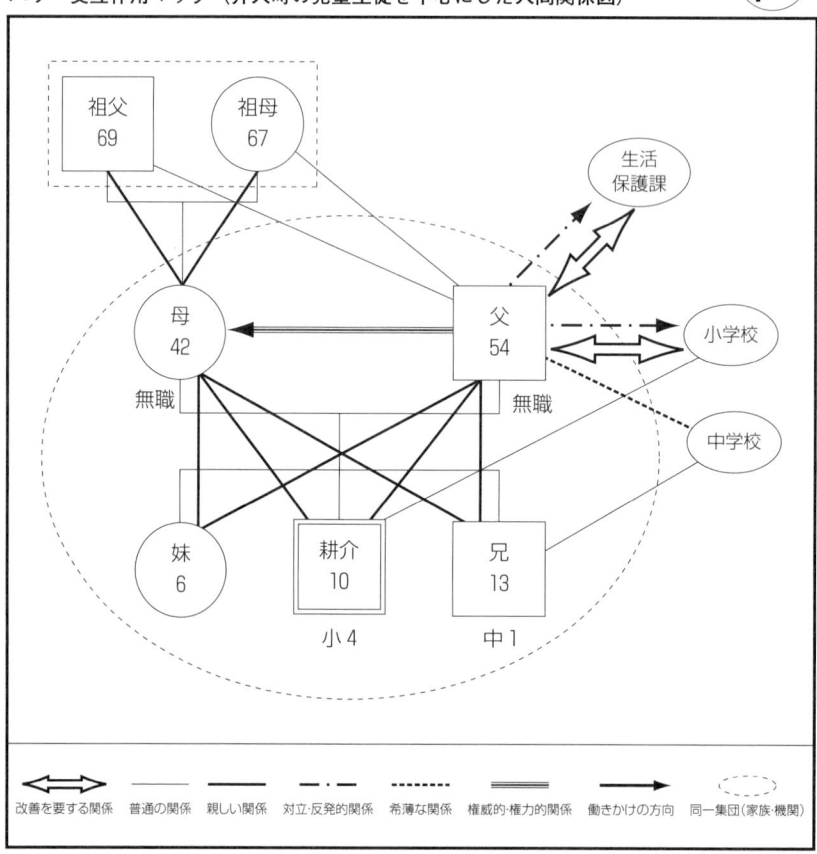

3 支援計画と介入

アセスメントの結果，耕介の不登校状況の改善には家族支援を中心とした家庭環境の調整が必要であると考えられた。そこで，支援ケース会議を開催し，以下の支援計画の策定と介入を行っていくことにした。なお，支援ケース会議には，校長，教頭，担任教師，養護教諭，生活保護課ケースワーカー，そしてスクールソーシャルワーカーが参集した。

1）父親との関係形成
〈定期的な家庭訪問の実施〉

耕介の不登校を改善していくためには，キーパーソンである父親の協力なしには事態の好転が期待できない。そこで，短期支援計画として，スクールソーシャルワーカーが定期的に家庭訪問を行い，父親との良好な関係形成づくりに努めていくことにした。これにより，長期支援計画では，父親が学校や関係機関と良好な関係性を回復していくことをねらいとした。

支援ケース会議後，スクールソーシャルワーカーは定期的に家庭訪問を行っていった。当初，父親は，「福祉と聞くと，（生活保護課の）ケースワーカーを連想してしまうのでよいイメージがない」との理由で，スクールソーシャルワーカーの受け入れに拒否的であった。しかし，担任教師と一緒に足しげく家庭訪問を実施するにつれ，父親の警戒心も薄れていった。

家庭訪問は短時間に限定し，話題についても耕介の不登校については意図的に言及しなかった。また，父親の不在時には必ず置き手紙を残すなど，時間をかけながら一歩ずつ関係形成を図っていった。そして，父親との面談ではストレングスの視点より，父親の主張に対して一切の否定を行わず，受容と傾聴に徹した。また，"困っていること"への焦点化と"一緒に考えていく"という姿勢を強調していくことで，スクールソーシャルワーカーが敵対的な存在でないことを示していった。

2）生活保護課ケースワーカーとの役割分担

　生活保護課ケースワーカーと父親は犬猿の仲である。そのため，生活保護課ケースワーカーが耕介の不登校について助言・指導を行うと，生活保護課ケースワーカーと父親との関係がなお一層悪化し，耕介の不登校を助長する一因となってしまう可能性も懸念された。

　そこで，支援ケース会議では，子どもの教育に関する父親への助言・指導についてスクールソーシャルワーカーが役割を担うことで合意した。当面はスクールソーシャルワーカーが学校と協働して教育に関する部分での父親支援を行い，ケースワーカーからは子どもの教育について直接的な助言・指導は見合わせることを確認した。必要な情報については支援ケース会議で随時報告を行い，情報の共有化を図ることにした。

3）学校欠席時のルールづくり

　アセスメントを行っていくなかで，これまでは家庭連絡がない状況での連続欠席や休日明けの欠席が多いことが明らかになった。そこで，耕介が学校を欠席する場合の対応について両親と協議を行い，「欠席時には父親が10時半までに学校へ電話連絡を入れる」「病気以外の欠席が2日以上続いた場合には担任が家庭訪問を行い，耕介・両親と面接をする」「特に学校が休みの日には子どもたちに夜更かしをさせない」の3点を確認し，家庭と学校が協働して予防できる取り組みから欠席を減らしていくことを目指した。

　また，耕介は4年生より学習の遅れが顕著になり始めているため，登校時には休み時間などを利用しての個別学習支援（教育保障）の実施について，検討を始めていることを父親に報告した。この目的は，学校側の耕介に対する取り組み内容をきちんと伝えることを徹底することにあった。

4）母親に対する支援体制の確立

〈病状安定に向けた取り組み〉

　母親の支援体制づくりでは，地区担当の保健師が中心となり医療・福祉機関との連携や保健福祉サービスの導入および調整などにおいてコーディネーター

の役割を担うことで確認しあった。

そこで，支援ケース会議後，保健師は母親の承諾を得たうえで，かかりつけの精神科クリニックに対して情報収集を図り，医療情報から母親の病状把握を行った。また，保健師はスクールソーシャルワーカーと担任教師が行う家庭訪問にも定期的に同行し，母親との関係形成にも重点をおいた支援を行った。

さらに，訪問看護サービスでは看護師が定期的に母親の病状確認を行い，日常生活における相談の役割を担うことになった。この役割分担に対しても看護師は協働し，母親の病状理解を促すべく，父親に対しても定期的に説明を行うなどの働きかけを行っていった。

〈知的障害の疑いと療育手帳申請〉

アセスメント過程において，母親から知的障害が疑われるエピソードが多く確認された。そこで，支援ケース会議では，スクールソーシャルワーカーが父親との協議により母親の療育手帳の申請提案をしていくことを確認し合った。

支援ケース会議後，スクールソーシャルワーカーは父親と協議を重ね，母親の意向を尊重して療育手帳の申請手続きを行うことになった。母親自身が語るには，小さい頃より理解できないことが多くあり，そのことで小学校時代は周囲から執拗ないじめにも遭ったという。療育手帳の申請に際しては，スクールソーシャルワーカーは母方祖母にも母親の生育歴等の聴き取り作業に協力してもらい，申請書類の作成援助や手続きに関する関係機関との連絡調整を行っていった。

5）妹の保育所通所に向けた動き

妹は乳幼児健康診査が未受診のため，支援ケース会議では乳幼児担当の保健師に家庭訪問を行ってもらい，母子保健支援をしてもらうことを確認し合った。

支援ケース会議後，スクールソーシャルワーカーは保健師に趣旨説明を行い，支援への参加について了解を得た。そこで，スクールソーシャルワーカーは保健師が家庭訪問に同行をする旨を事前に両親に伝え，了解を得た。

保健師はその後も，単独で家庭訪問を行い，両親との関係形成に重点をおいた関わりをし，妹には小学校入学前に安定した保育環境が必要であることについても段階的に両親に対して説明を行っていった。そして，オムツが外れる時期については個人差があることを前置きしたうえで，保育所を利用すれば保育士による専門的な支援を受けることができ，就学前までに状況改善ができる可能性が高いことも情報として伝えた。

時期を同じくして，スクールソーシャルワーカーも水面下で保健師と定期的に情報を共有しながら，妹の保育所への通所が父親の育児負担の軽減と母親の病状安定にもつながることを助言した。このことは，妹だけを「特別」扱いしているのではなく，子どもたちや家族のおかれている状況を「個別」に尊重した結果であり，将来的には家族個々にもメリットが多いことを強調した。

また，父親の懸念材料の一つであった通園については，事前に保育所側と行政の担当窓口を介して調整を行い，送迎バスの利用が可能であることなどを伝えて不安解消を図った。

4　支援成果

1）耕介の学校欠席日数の減少

スクールソーシャルワーカーが支援介入を行った前後1年間での耕介の月別欠席日数の変化について分析を行ったところ，支援介入前は月平均で6.57日の欠席があったのに対し，支援介入後は月平均で3日の欠席までに減少した（図4-1，図4-2）。ちなみに支援介入後の欠席の大半は，持病の小児喘息による病欠であり，いずれも父親から事前の欠席連絡が寄せられたものである。

学校での取り組みとして，耕介が担任と個別活動で作成したカレンダーに，登校時は自らが選んだ好きなシールを貼っていく作業を日課として加えることで，視覚的にもその成果を実感できるよう配慮した。また，耕介の欠席日数の減少については，両親の協力によるところが大きいということを肯定的にフィードバックを行い，行動強化を目指した。

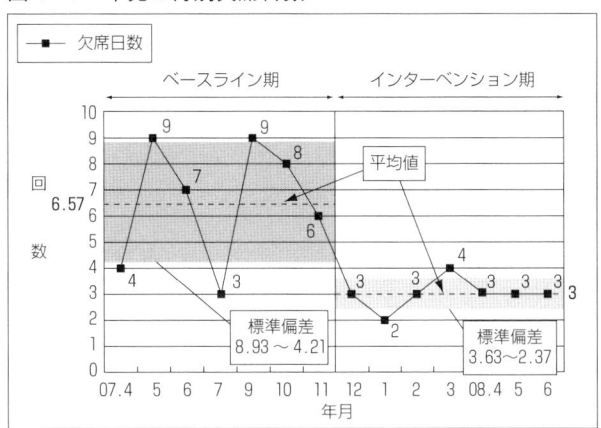

図 4-1　本児の月別欠席日数

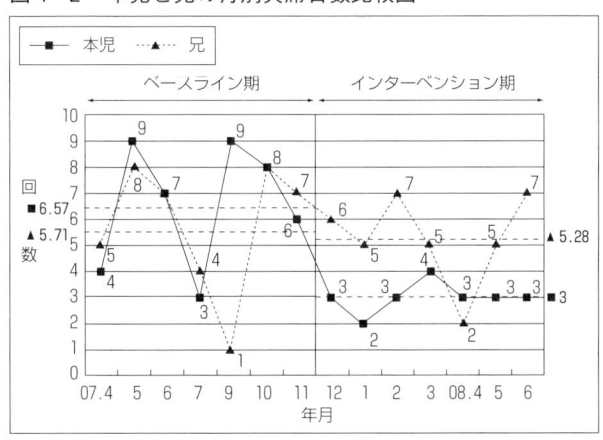

図 4-2　本児と兄の月別欠席日数比較図

2）父親と学校・支援機関との関係改善

　これまで行ったスクールソーシャルワーカーとの面談において，父親は家族の抱える問題に対し強い責任を感じながらも，家庭・学校・支援機関（特に生活保護課）への強い不安や不満を抱えていた。しかし，家族を取り巻く生活上の課題が明確になるにつれて，父親は支援者の必要性を強く認識するようになり，スクールソーシャルワーカーに支援の依頼を要請してきた。後にその当時

の心境を振り返り,「本音を言えば誰かに頼りたかった」「本当は相談相手がほしかった」などと父親は語っている。

支援を開始した当初は,スクールソーシャルワーカーが父親の代理として耕介や家族の権利擁護・代弁を行い,学校や支援機関との調整を行った。支援を開始して約2か月が経過した頃から,子どもたちや母親の生活状況の改善を少しずつ実感するような発言が父親から聞かれるようになり,スクールソーシャルワーカーと一緒に学校や支援機関との話し合いの場に加わるなど父親の行動にも変化がみられた。

そして,約半年後からは,父親が単独で支援機関と話し合いの場に参加するなど,役割意識の高まりは行動として示されるようになった。これらの行動変容を裏づけるように父親は,「やる気が出てきた」「みんなの協力に応えないといけない」「まずは親が頑張るところから始めないと」など,心境の変化を言葉にして表した。

また,耕介の登校が安定してきた頃より,父親は生活保護課を経由してハローワークなどの紹介から短期の仕事にも出かけるようになり,ケースワーカーとの関係改善や就労意識の高まりなどもみられるようになった。

3) 母親の支援体制の構築に向けた動き

母親は,メンタルヘルスと病状管理を目的に訪問看護サービスを週に一度の割合で利用を開始した。それにより,これまで不安定であった服薬状況も改善し,精神科クリニックへの通院についても安定したペースで受診が可能となった。看護師が母親と主治医との間に介在することで,病状だけではなく心理的な安定にもつながった。また,これまで母親の病状に対する理解が低かった父親も,看護師からわかりやすく病状説明等を受けることにより,以前ほど母親に対して感情的な物の言い方をする機会が少なくなった。

そして,母親は精神保健福祉手帳と療育手帳を取得した。このことは,単に障害福祉サービスなどの社会資源の利用だけでなく,状況に応じて必要な支援体制を構築していくことを目的としている。母親のサービス調整については,地区担当の保健師が母親支援の中心的役割を担い機関の連携を図っていった。

4）妹の保育所通所開始

　妹が保育所への通所を開始した。当初は，父母と離れることを拒み泣いて抵抗する場面もみられたが，慣らし保育を一定期間設定するなどの対応を行ったことで，すぐに安定した通所が可能となった。父親が気にしていた妹のオムツは，保育所での計画的な取り組みで無事に外すことができた。

　両親の育児負担の軽減と安定した通所を可能とすることを目的に，保育所への送迎バスの利用も開始した。保育所の協力で自宅付近に送迎ルートをつくりかえてもらい，送迎時間についても無理のない時間設定を用意してもらった。また，経済的な理由で備品等の調達が難しいものに関しては，保育所で中古品を手配するなどして，応急的な対応を行ってもらった。以前は妹を保育所に通わすことに消極的な両親であったが，最近では朝の身支度が間に合わずバスに乗り遅れた際，両親が協力して妹を保育所まで送迎するなど積極的な姿勢がみられている。

5　今後の課題

　今回，家族のキーパーソンである父親へのアプローチを中心に家族支援を展開したことで，耕介の不登校は一定の改善が図られた。

　今後の課題としては，第一に耕介の登校リズムを安定させていくことがあげられる。好転している現状を持続していくため，耕介が安心して学校生活を送ることができる環境を整備していかなければならない。その一貫として学力保障に向けた個別学習支援の充実がある。入学当初より欠席が多く学習の積み上げが不足しているため，それを補完していくための学習指導プログラムを組み，家庭学習を含めた協働的な取り組みを学校―家庭間で行っていく必要がある。

　次に，同じ不登校でありながら，今回の一連の取り組みで欠席日数の減少には至らなかった兄への支援があげられる。耕介同様に中学校にもスクールソーシャルワーカーが介入を試みたが，中学校ではすでにスクールカウンセラーが兄への支援を行っており，校長の判断でスクールソーシャルワーカーの介入が

作成日	年　月　日（担当者　　　）	3-1					㊙

支援計画・シート

児童生徒	（相談受理No．　―　）	在籍	○○小学校	学級	4年○組	担任教諭	
フリガナ		性別	男	生年月日		年　月　日（満10歳）	
氏名	耕介	自宅		保護者氏名		（携帯・　　　　）	
住所	（〒000-0000）						

相談主訴	家族支援を要する不登校
相談種別	■養護　□非行　□育成　□障がい　□その他（　　　　　　　　　　）

1. 児童生徒の日常生活における課題
- 小学校入学当初より年間30日以上の欠席を数えるため、学習の遅れが顕著になっている
- 学校側は本人の登校を促すべく父親に協力を求めたが、学校側の取り組みには協力的ではない
- 母親は精神疾患および知的障害が疑われ、父親が家事一切の面倒をみている
- 妹の乳幼児健康診査が未受診で、育児面での課題がある

2. 児童生徒、家族のニーズ
- 耕介の登校意欲は高くないが、両親とも耕介の不登校や生活状況を改善したいと思っている

3. 短期支援計画

計画内容【対象児・者】	担当機関【担当者】	具体的支援内容	評価・分析	見直し
・家庭状況の改善のキーパーソンが父親であるため、父親との関係形成を図っていく。	・スクールソーシャルワーカー【○○】・担任教師【○○】・生活保護課ケースワーカー【○○】	・良好な関係形成を図るために、スクールソーシャルワーカーと担任教師が当初は一緒に定期的な家庭訪問を繰り返す・生活保護課ケースワーカーは、耕介の不登校指導は控え、父親との関係づくりを図る	・約半年後からは、父親が単独で支援機関と話し合いの場に参加するなど、役割意識の高まりは行動として示されるようになった・父親は生活保護課を経由してハローワークなどの紹介から短期の仕事にも出かけるようになった	
・家庭と学校が協働して予防できる取り組みから欠席を減らしていくことを目指すために、学校欠席時のルールづくり	・担任教師【○○】・両親	・欠席時には、両親は必ず学校に連絡をいれる・学校が休みの日には子どもたちに夜更かしをさせない・登校時には学校は個別学習を実施していく	・支援介入前は月平均で12日の欠席があったのに対し、支援介入後は月平均で2日の欠席までに減少した	・登校リズムを安定させていくための支援の検討・学習の遅れに対する個別学習支援の継続
・母親に対する支援体制の確立	・スクールソーシャルワーカー【○○】・精神保健担当の保健師【○○】・看護師【○○】	・スクールソーシャルワーカーは療育手帳の申請支援を行う・保健師は家庭訪問にて母親の保健医療面の支援を行う・看護師の訪問看護サービスを定期的に受ける	・母親は訪問看護サービスを週に1度の割合で利用を開始する。病状が安定する・精神保健福祉手帳と療育手帳を取得する	
・妹の保育所通園に向けた支援	・スクールソーシャルワーカー【○○】・乳幼児担当の保健師【○○】	・スクールソーシャルワーカーと保健師が父親に妹の保育所通園を提案していく	・保育所の通園を開始する	

4. 長期支援計画

計画内容	具体的支援方針	評価・分析	見直し
・本人を含め、きょうだいの教育および養育保障に向けた家庭生活基盤の安定化を図る。	・スクールソーシャルワーカーによる学校・家庭・関係機関の関係形成に向けた跳躍的役割を果たしていく	・スクールソーシャルワーカーとともに学校や支援機関との話し合いの場に積極的に参加する	

5. 支援機関

機関名	担当者	連絡先	備考
生活保護課ケースワーカー	○○	000-000-0000	支援ケース会議には随時参加可能
保健所	○○	000-000-0000	精神保健担当の保健師、乳幼児担当の保健師
看護師	○○	000-000-0000	○○病院

4章 スクールソーシャルワーカーの実践事例

パワー交互作用マップ（介入後の児童生徒を中心にした人間関係図） ㊙

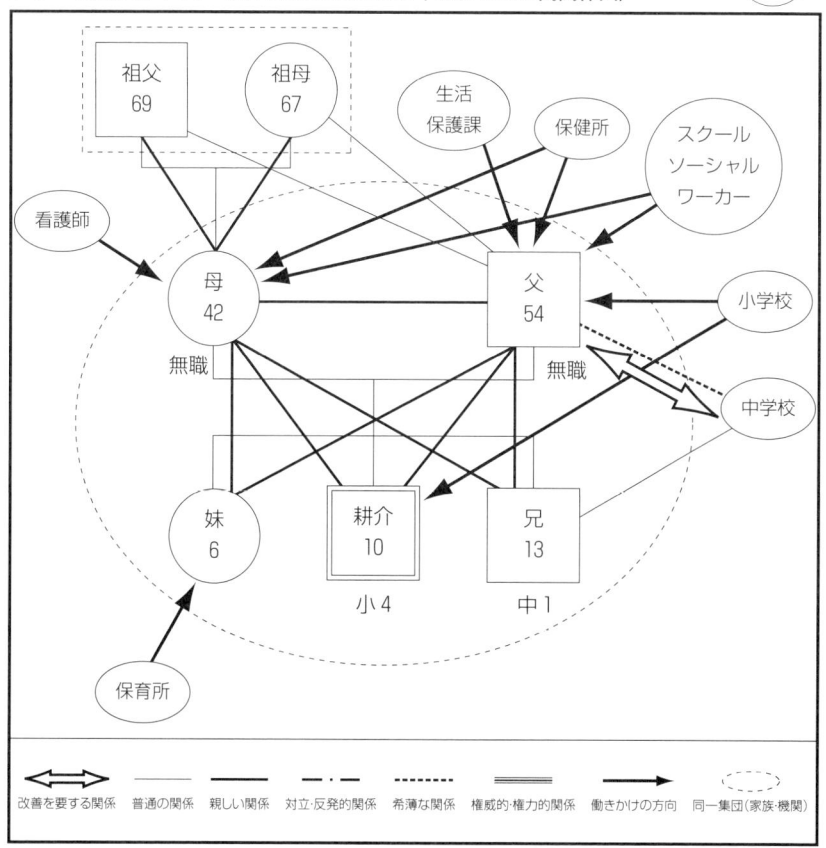

```
[図：家族構成員（祖父69、祖母67、母42 無職、父54 無職、妹6、耕介10 小4、兄13 中1）と関係機関（看護師、生活保護課、保健所、スクールソーシャルワーカー、小学校、中学校、保育所）との関係を示すパワー交互作用マップ]
```

凡例：改善を要する関係／普通の関係／親しい関係／対立・反発的関係／希薄な関係／権威的・権力的関係／働きかけの方向／同一集団（家族・機関）

見送られた。このことが発端で父親と中学校側の関係が悪化したことも，兄の欠席状況の改善を妨げた要因となっていることが考えられる。そのため，父親と中学校の関係改善に向けた支援については早急に着手する必要がある。そして，間接的な支援も含めて中学校と協働していく方法をつくっていかなければならない。

事例2
たった一人の卒業式──「僕，もう大丈夫」

> **対象児童生徒の家族構成**
>
> 勇樹（12歳）：小学6年，男子。小学4年途中に転入。友人とのトラブルがきっかけで，家庭でのひきこもりが続く。大人への警戒心が強い。
>
> 母親（40歳）：パート勤務。朝早くから夜遅くまで工場で働いているため，不登校の兄や勇樹とは十分にかかわる余裕がない。不器用だが実直な性格。
>
> 兄（14歳）：中学2年，男子。勇樹同様，小学6年途中に転入。中学入学時より欠席が多く，現在は週1日程度の保健室登校を続けている。
>
> 妹（2歳）：継父との間に誕生。勇樹や兄とは異父兄弟になる。日中は保育所に預けられている。これまで両親の愛情を一身に受けて育っている。
>
> 継父（42歳）：会社員。2年前に母親と結婚。1年前より単身赴任中。日頃から言葉遣いや生活態度に厳しく，兄や勇樹にとっては怖い存在。

1　スクールソーシャルワーカーへの相談経緯

　家族は，母親が2年前に継父と再婚したのを機に現住所へ転居してきた。転校当初から活発な性格でクラスのなかでも目立つ存在であった勇樹は，同じようなタイプでクラスのリーダー的存在である翔太，雅人と仲よくしていたが，小学5年の2学期に些細なことで口論となり，勇樹が仲間はずれにされたあたりから登校しぶりが目立ち始めた。

　それでも，継父が同居していた頃は，遅刻をすることはあっても，病気以外で学校を欠席することは少なかった。しかし，継父が単身赴任をした頃から勇樹の生活リズムは乱れ，学校を欠席する日が急激に増えた。そして，6年生に進級してからは一度も登校しておらず，家庭にひきこもりの状態にある。

　また，兄も中学1年春の体育祭後から学校を欠席する日が増えており，登校

時も教室には入ることができず保健室で過ごしている。母親は勇樹と兄の不登校について悩んでいるが，朝早くから夜遅くまで働いているため，二人と十分にかかわることができないでいる。これまで小学校では，何度か母親を交えて校長や担任教師と話し合いの場をもってきたが，状況が好転する兆しはみえておらず，このままでは卒業式の出席すら危ぶまれている。そこで，スクールソーシャルワーカーは，小学校からの要請で勇樹と兄の不登校状況の改善に向けた相談を受けることになった。

2　アセスメントの実施

1）仲間はずれとひきこもり

　転校当初から仲のよかった翔太，雅人であったが，そのなかでは翔太がボス的な存在で，雅人や勇樹を従えているような関係であった。しかし，勇樹は次第にそのことに対して不満を覚えるようになり，小学5年の2学期にTVゲームソフトの貸し借りを巡り口論になったことがきっかけで，勇樹は二人から仲間はずれにされた。その頃から，学校を遅刻や欠席する機会が増え始め，小学6年からは家庭にひきこもり，完全な不登校状態となっている。

　担任教師，児童生徒支援加配教師，校長などが頻繁に家庭訪問を行っているが，一切応答せず玄関を開けようとしない。唯一，児童生徒支援加配教師とは携帯電話でのやり取りはあるが，積極的なコミュニケーションは図れていない。

　家庭での様子について母親の情報によると，勇樹は趣味であるTVゲーム三昧の生活を送っている。食事を摂ることを忘れるほど自室にこもりゲームに没頭しているため，生活リズムは乱れ，体重も増加して肥満傾向にある。母親はそのような生活状況を改善することを目的に，きちんと学校へ通うことができるようになるまで，ゲームソフトを買い与えないことを勇樹に告げた。しかし，そのことが裏目となり，勇樹はゲームソフトを万引きして警察に補導された。母親はどのように勇樹に対して接したらよいのかわからず，自らを責め自信をなくしていた。

2）実父と継父

　小学4年途中まで在籍していた小学校から転入前に提供された情報提供によると，勇樹と兄は離婚した実父のことが大好きで，俗にいう「お父さん子」であったという。母親は気づいていないふりをしているが，子どもたちは今でも月に数回は母親に内緒で実父と会っている。

　実父は，勇樹と兄に携帯電話を買い与えており，頻繁に連絡を取り合っている。ちなみに，兄の小学校卒業式には，母親と実父が出席していたことなどから，離婚後も実父との関係は継続している。実父は会社員をしており，離婚後は単身生活を送っている。

　継父との関係については，再婚してしばらく，継父，勇樹，兄の3人だけで一緒に遊びに出かけるなど良好であったが，妹が誕生してからは，次第にその親子関係にも変化が表れた。継父や母親の愛情がすべて妹に注がれるようになり，自宅の至るところに妹の写真ばかりが数多く飾られるようになった。

　一方，勇樹や兄に対しては言葉遣いから生活態度に至るまで厳しく指導をするようになり，継父は登校をしぶる勇樹や兄に対しては暴力的な一面もみせるようになった。継父の単身赴任以降は，その反動からか母親の言うことに耳を貸さなくなり，「俺はこの家の子どもじゃないから，あれこれ指図しないでほしい」というような反発的な態度を示すようになっているという。

3）小学校と中学校の家庭に対する見方の相違

　小学校側は家庭のキーパーソンである母親のことを，「**勇樹のことをとても心配しており，小学校側が話し合いを提案したときには，どんなに夜遅い時間帯であっても必ず駆けつけてくれる熱心な母親です**」と評していた。担任教師をはじめ，校長や児童生徒支援加配教師と母親との関係は良好で，日頃から電話などで情報交換を行っている。

　兄の在籍する中学校では，「**母親は仕事が忙しいことを理由に十分な食事も与えていない。また，妹ばかりに格別な愛情を注ぐなど，はっきりいってネグレクトです**」と対照的な評価をしていた。中学校の担任が母親に電話連絡を入れてもつながることはないという。当初は小学校と同様に担任や生徒指導担当

が家庭訪問を行っていたが，全く反応もなく成果が得られないため，今では特別な働きかけはしていない状況にある。

　母親はスクールソーシャルワーカーが行った面接のなかで，小学校について「先生方には本当によくしてもらっています。いつも家庭訪問や電話連絡など勇樹のことを気にしてもらって有難いです。正直，主人（継父）がいないので，不安で心が折れそうになることもあるのですが，小学校にはいつも支えてもらって感謝しています」と話していた。

　一方，中学校に対しては，「保健室登校をしていた兄が廊下で担任とすれ違った際，『おい，ひさしぶりだな。今日は何しに来たんだ？』と言ったそうです。その言葉に兄は相当なショックを受けて帰って来ました。私は頭にきて校長に苦情の連絡を入れたんです。そしたら校長は，『担任がそんなことを本気で言うと思いますか？　冗談ですよ』とあざ笑うかのように答えたんです。そんな対応しかできない無神経な中学校に相談する気持ちにもなれないし，不信感でいっぱいです」と語気を強めた。

作成日 ○年○月○日 （担当者○○SSW） 　　　　　　　　　　　　　　　　　　　　　㊙

アセスメントシート～面接等による事前調査～

児童生徒	（相談受理No.○-00000）	在籍	○○小学校	学級	6年○組	担任教諭	
フリガナ	ユウキ	性別	男	生年月日	○○年○月○日 （満12歳）		
氏名	勇樹	自宅		保護者氏名		（携帯・　　　　　）	
住所	（〒000-0000）						

相談主訴	家庭へのひきこもりによる完全不登校
相談種別	■養護　□非行　□育成　□障がい　□その他（　　　　　　　）

ジェノグラム（家族構成及び家族関係を示した家系図）

会社員　　会社員　　　　　　パート
実父　　　継父　　　　　　　母
44　　　　42　　　　　　　　40

　　　　兄　　勇樹　　妹
　　　　14　　12　　　2
　　○○中学校　○○小学校　○○保育園
　　2年生　　　6年生

男性□　女性○
対象児（二重線）
昭和44年生まれ
現在38歳の男性 38
S44-
平成12年に86歳で
肝硬変のため死亡 86
-H12
離婚　別居
d.H15　s.H18
結婚　交際・同棲
m.H10　LT.H7
【標記の意味】
d.=divorce
s.=separation
m.=marriage
LT.=Living Together

生活歴

○年	出生
○年	○○保育園入園
○年	○○保育園卒園　△△小学校入学
○年	父母離婚
○年	母再婚
○年	○○市より転入　○○小学校　転入
○年	継父が○○県へ単身赴任

児童生徒の生活状況・相談に至る経緯

・小学4年途中より，○○市より転入。小学5年2学期に翔太，雅人とTVゲームの貸し借りを巡りトラブルとなる。それ以後，遅刻や欠席を繰り返すようになる。
・本児は転入以後，遅刻をすることはあっても病気以外で欠席することは少なかった。しかし，今年初めに継父が単身赴任をした頃から生活リズムが乱れ始め，学校を欠席する日が急激に増え始めている。今年度からは完全不登校となっているため，学校側も家庭訪問を行っているが応答はなく，現在は家族以外で本児と接触できる人はいない。
・母親は以前より本児の不登校に頭を悩ましており，小学校とはこれまでに何度か話し合いを行っているが，具体的な支援策を講じるところまで至っていない。

児童生徒の家庭環境

・母親は，隣町で朝早くから夜遅くまで働いている。そのため，ほとんど勇樹や兄にかかわることができていない。今でも勇樹や兄の教育等については，時々実父に相談をしている。
・母親は兄の不登校に関して，中学校側の対応に不信感を抱いている。
・兄は，中学1年春の体育祭以後不登校を欠席する機会が増えている。
・継父は，子どもの教育にはとても熱心であるが，これは妹が誕生して以後，より顕著になったものである。とき度が過ぎて勇樹や兄に対して暴力を振るうこともある。
・妹は日中，保育園に預けられている。通園状況等は特に問題ない。継父や母親は妹を溺愛しており，自宅内には妹の写真がたくさん飾られている。
・実父は現在，単身生活を送る。勇樹と兄に携帯電話を買い与えており，それを使って頻繁に連絡を取り合っている。兄の卒業式には母親と共に出席していた。

児童生徒の学校生活状況

	① 学習面	② 生活面
	・小学5年2学期から学習の積み上げができていない ・図工や体育は得意 ・集中して学習に取り組むことが苦手 ・家庭連絡は入れているが，学習用具が揃わないことが多かった ・授業中の居眠りが多かった	・小学5年の2学期までは病気以外での欠席は少なかった ・リーダシップがある ・目立ちたがり屋 ・世話好きで面倒見がよい ・給食時の好き嫌いが多い ・（保護者からの）プリント類の提出が遅い 身長 141cm／体重 58kg

児童生徒の出席等状況

① 年次別欠席状況

	欠席日数	在籍校	担任教諭
1年	12日	△△小	○○
2年	10日	△△小	○○
3年	6日	△△小	○○
4年	28日	△△小/○○小	○○/○○
5年	138日		○○
6年	日		

② 小学6年・○○年度出欠等状況

	欠席	遅刻	早退
4月	16／16	0	0
5月	21／21	0	0
6月	21／21	0	0
7月	14／14	0	0
8月	0／0		
9月	18／18		
10月	22／22		
11月	19／19		
12月	16／16		
1月	19／19		
2月	／		
3月	／		
合計	166／166	0	0

4章　スクールソーシャルワーカーの実践事例

㊙

パワー交互作用マップ（介入時の児童生徒を中心にした人間関係図）

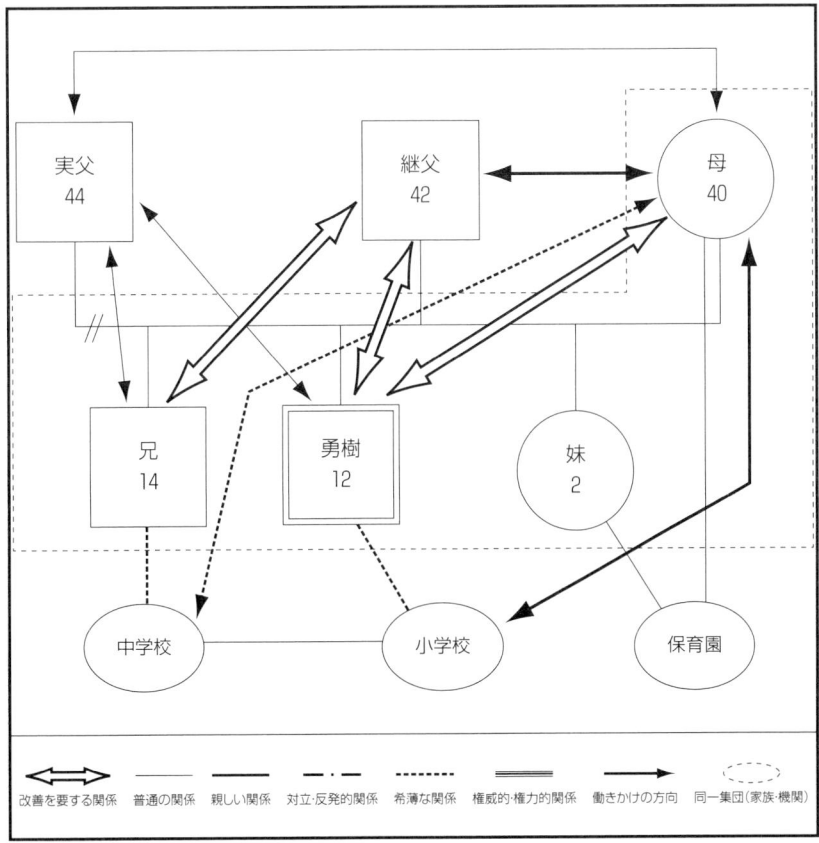

```
        実父              継父           母
        44                42           40

              兄         勇樹        妹
              14          12          2

          中学校        小学校      保育園
```

⇔ 改善を要する関係　── 普通の関係　── 親しい関係　─・─ 対立・反発的関係　…… 希薄な関係　═ 権威的・権力的関係　→ 働きかけの方向　⟨⟩ 同一集団（家族・機関）

3　支援計画と介入

1) 勇樹の思いを探る

　勇樹は6年生に進級してから小学校関係者と一度も面会していない。スクールソーシャルワーカーは安否確認も含めて勇樹との接触を図るべく家庭訪問へ同行することになった。

　当初，児童生徒支援加配教師と一緒に家庭訪問を行ったが，一度として自宅の玄関が開けられることはなかった。そこで，計画を変更して別の日に児童生徒支援加配教師が勇樹の携帯電話に，「今日はスクールソーシャルワーカーの○○さんが一人で行くから，よかったら玄関を開けてちょうだい」と連絡を入れた。勇樹は「誰その人？　来なくていいよ」とぶっきらぼうに答えた。

　それでもスクールソーシャルワーカーは予定通りに単独で家庭訪問を行った。これまでと同じく応答はなかったが，30分が経過した頃にそっと玄関の扉が開いた。勇樹は目の部分だけ丸く切り抜いた紙袋を頭から被り，「はじめまして」と小声であいさつをしてきた。

　初回はスクールソーシャルワーカーの自己紹介を目的に短時間の面接からスタートした。その後も時間や内容に配慮して丁寧に家庭訪問を重ねた。面接では，登校刺激は一切行わず，普段の生活の様子や今夢中になっていること，そしてTVゲームの話など勇樹が会話に乗るような話題からコミュニケーションを図るよう心がけた。勇樹が発する言葉の端々に大人に対する警戒心が強く感じられたため，スクールソーシャルワーカーは勇樹の気持ちを代弁していく立場にあることを噛み砕きながら絶えずメッセージとして伝えた。

2) 児童相談所での一時保護

　勇樹とスクールソーシャルワーカーの定期的な面会が軌道に乗り始めた頃，再びゲームソフトを万引きして補導される事件があった。小学校を訪れた母親は一層の落ち込みようで，「もう，私の手には負えません。施設に入れてください」と涙ながらに訴えた。

　早急に校内ケース会議を行い，校長から児童相談所へ連絡を入れ，担当の児

童福祉司の派遣要請を行った。即日，母親も参加して緊急の支援ケース会議が開かれた。そこでは，一時の感情で短絡的に施設利用を決断するのではなく，すれ違う勇樹と母親の思いに焦点化し，双方に寄り添いながら建設的な支援のあり方について意見交換を行った。そのなかで母親も少しずつ平静を取り戻し，「**勇樹の気持ちをしっかり受け止めていなかったかもしれない**」「**勇樹や兄に寂しい思いをさせていた。もう一度，家族でやり直したい**」「**継父や実父ともしっかりと話し合って，勇樹や兄との関係について考えたい**」などの言葉が聞かれた。

　一方で，勇樹はひきこもり生活が続く間に，かつては確認されていなかった夜尿症やチックなどがみられるようになっていた。また，仲のよかった翔太や雅人と一緒に映った写真をカッターナイフで切り刻み，それを玄関先で燃やして小火騒ぎを起こすなど，心理的ストレスがさまざまな不適応行動として表出していた。

　そこで，勇樹を2か月の予定で児童相談所に一時保護することになった。これは，①万引き行為の改善に向けた指導，②中学入学を見据えて生活リズムの立て直しと心のケア，③家庭内における家族関係の見直しなどを行うことを目的とした。

　一時保護の日，母親は実父に協力してもらい勇樹を児童相談所まで連れ出した。母親は，「**勇樹，今日からここでしばらく合宿生活することになったよ**」と諭し，降車を促すが，車のなかで固まったまま動かない。それから2時間後，児童福祉司が，「**勇樹君をたくさんの友達が待っているよ。そろそろお腹空いたでしょ？　もうすぐ，夕食だから食堂に行こうか**」と耳元で優しく囁くと，勇樹は重たい腰を上げて車を降り，母親や実父を振り返ることなく一時保護所へと歩を進めた。

3）卒業に向けた準備

　勇樹が一時保護所で生活を送る間，小学校では卒業に向けた準備に取り掛かっていた。2か月後に迫った卒業式に向け，勇樹が当日どのような形で出席しても対応できるように，いくつもの状況を想定してシナリオを描き準備を

行った。担任教師は片道1時間半かかる児童相談所まで週に1回のペースで定期的に通い，一時保護所の面接室を借りて，勇樹と一緒に卒業証書の受け取り方の模擬練習や卒業文集などの原稿作成を行った。

母親も毎週欠かさず面会に行き，勇樹といろいろなことを語り合った。それらの情報は，母親に隔週で小学校に足を運んでもらい，学校―家庭間でも共有した。また，この間を利用して母親は継父や実父とそれぞれ話し合いの場をもち，これまでの反省と今後の勇樹や兄に対する親としての関わり方について意見交換を行った。母親自身は，これまで朝早くから夜遅くまで働いていた仕事を辞め，夕方以降は自宅で過ごせるパートに転職した。さらには，妹の写真ばかりだった部屋の装飾も変更するなど，再び家族で生活する日に向けた準備を始めた。

4　支援成果

1）勇樹の本当の気持ち

支援介入当初からの家庭訪問により，勇樹の態度にも少しずつ変化が表れ始めた。頭から被った紙袋は口や鼻の部分などの露出が増え始め，2週間後には大人用のサングラスに変わり，最後には素顔の勇樹で登場するまでに変化した。また，面接場所も玄関先→玄関→廊下→リビング→自室へと段階的に勇樹のプライベート空間へ招き入れてくれるようになるなど，スクールソーシャルワーカーに対する受け入れの変化が行動に示されていた。

そして，面接のなかでの勇樹の語りもそれに比例するかのように変化していった。当初はスクールソーシャルワーカーからの質問に「さぁ」「わからん」「どうでもよい」というような答えしか返ってこなかったが，自宅内で対話ができるようになった頃には，「どうせ大人は子どもの気持ちなんか何も考えてくれない」「学校に行ってもどうせ友達がいないから楽しくない」「お母さんは俺や兄ちゃんじゃなく，どうせ妹が一番好きなんよ」など多くの"どうせ"という気持ちを言葉にして表した。

そのなかでも，いまだに母親と実父の離婚に納得がいかない気持ち，継父や

母親の妹に対する愛情の深さが，自分への愛情と反比例していると感じてしまう気持ちが強く，それらへの不満が"不登校""ひきこもり""万引き"などの無言の抵抗になっていたことを話してくれた。また，翔太や雅人とのケンカは，継父や母親の妹に対する愛情が強いことに，「**勇樹は捨て子じゃないのか？**」とバカにされたことがきっかけだったことが明らかになった。勇樹は，一人で強い不安を感じ，言葉に表せない孤独や不安を背負い，やり場のない寂しさを堪えてきたのだった。

２）一時保護所での生活と家庭復帰へ

　一時保護所へ入所した数日は表情も硬く，集団の輪に溶け込むことができない様子であったが，3日目に同学年の入所児童から「**一緒に卓球しようよ**」と声をかけられてから，何かが吹っ切れたかのように笑顔がみられるようになった。その後はかつての明るさを取り戻し，元気よく活動にも参加した。また，年下の児童に対する面倒見もよく，「**勇兄ちゃん**」と呼ばれ，幼児たちの人気者になっていた。

　母親や担任の面会に最初は消極的で，「**会いたくない**」と児童指導員に漏らすこともあったが，回数を重ねるごとに相手の気持ちをしっかりと受け止め始めるようになり，1か月を過ぎた頃には，面会の最後に「**ありがとう**」と言うようになった。

　そして，2か月で予定していた退所の期日が迫ったが，勇樹自身から「**もう少しだけここにいたい**」と希望が出されたため，協議の結果，卒業式2日前まで入所期間が延長された。勇樹は「**まだ心の準備ができていない**」と児童福祉司に漏らしており，気持ちを切り替えるにはもう少し時間が必要だと周囲は判断した。一方で，勇樹は一時保護所の余暇時間を利用して児童指導員から油絵を習い始めた。これまでの反省と感謝の気持ちを込めて母親のために製作していた油絵がまだ完成していなかったことから，その完成を一つの区切りにしようと勇樹と児童福祉司の間で話し合った。

　そして，家庭復帰の日。勇樹は迎えに来た母親に対し，「**これ，描いたからあげる**」と不器用ながら完成した油絵を手渡した。突然のことに母親は驚きで

一瞬目が点になっていたが，それからじわじわと喜びが溢れ，気づけば顔は涙でくしゃくしゃだった。

3）たった一人の卒業式

　勇樹は，卒業式に出席することができなかった。前日に風邪をこじらせ39℃の高熱を出し寝込んでしまったからだった。誰よりも卒業式を楽しみにしていたこともあり，勇樹はひどく落ち込んでいた。しかし，卒業式に出席するため休暇を取り自宅に帰っていた継父と仕事を休んだ母親が献身的に看病したことで病気も落ち込んだ気持ちもすぐに回復した。久しぶりに家族団らんで食事もした。そこには勇樹が忘れかけていた家庭の温もりがあった。

　勇樹の卒業式は一日遅れで迎えることになった。本番の卒業式とほぼ同じ状況を再現し，校長室で一人だけの卒業式が始まった。卒業式には，母親，妹，継父，そして実父が出席した。学校側は校長，担任，児童生徒支援加配教師，スクールソーシャルワーカーだけでなく全教職員が出席し，校長室は満員となった。卒業証書授与で担任に名前を呼ばれた勇樹は少し恥ずかしそうに，でも元気な声で返事をして校長の前に立った。卒業証書を手渡すとき校長は「**勇樹，おめでとう。中学校で頑張れるか？**」と言葉をかけた。勇樹は迷うことなく「**はい。僕，もう大丈夫です**」と力強く答えた。たった一人の卒業式は多くの人たちの温かい祝福で幕を閉じた。

5　今後の課題

　勇樹は小学校を無事に卒業した。春休みに入り，勇樹は翔太や雅人とも関係を修復し，中学校生活へ期待に胸を膨らましている。そして，新年度からはいよいよ中学校へ進学する。そのなかにおいて，当面の優先的課題は家庭―中学校間の関係改善である。

　スクールソーシャルワーカーは勇樹への支援介入後，兄に対しても同様に中学校に働きかけを行い支援を開始した。しかし，中学校は小学校と協働して兄の状況改善に取り組むことに消極的であった。そのことも影響して，兄の不登

校は支援介入前より若干欠席日数が減少した程度に止まった。

　今後，スクールソーシャルワーカーは中学校に対して，これまでの勇樹に対する小学校での取り組みや母親を中心とした家庭環境の変容について必要な情報提供を行い，母親に対する否定的評価の改善を図っていかなければならない。また，母親に対しても勇樹と兄がそれぞれ進級，進学することで気持ちを切り替えていくよう促していく必要がある。そのためにも，勇樹の支援を通してよい関係を築くことができた小学校や児童相談所などとも連携を図り，後方支援を行っていく必要がある。そして，何よりも今の勇樹の気持ちが持続できるよう，勇樹や家族を見守る支援体制づくりを中学校においても早急に取り組んでいかなければならない。

作成日	○年○月○日　（担当者○○SSW）	

㊙

支援計画・シート

児童生徒	（相談受理No.○─00000）	在籍	○○小学校	学級	6年○組	担任教諭	
フリガナ	ユウキ	性別	男	生年月日	○○年○月○日（満12歳）		
氏名	勇樹	自宅		保護者氏名		（携帯・	）
住所	（〒000-0000）						

相談主訴	家庭へのひきこもりによる完全不登校
相談種別	■養護　□非行　□育成　□障がい　□その他（　　　　　　　　　　）

1．児童生徒の日常生活における課題

- 友人関係のトラブルによる家庭へのひきこもり
- 長期の不登校にともなう生活習慣・リズムの乱れ
- TVゲームソフト等の万引き行為
- 母親，継父の妹への愛情の偏りに対する強い欲求不満
- 気持ちを伝えることのできる人材の不足

2．児童生徒，家族のニーズ

- 小学校の卒業式には出席させたい（母）
- 万引き等を繰り返す本児の問題意識が低いため，何とか「やってはいけないこと」だとわからせたい（母）
- 生活リズムが乱れて，近頃では肥満傾向にあるため，健康的な生活を送らせたい（母）

3．短期支援計画

目標【対象児・者】	担当機関【担当者】	具体的支援内容	評価・分析	見直し
SSWと本児との関係形成により，家族・学校以外に相談相手をつくる	①小学校【○○SSW，○○児童生徒支援加配教師】	①−1 定期的な家庭訪問を実施する ①−2 児童生徒支援加配が携帯電話を活用して，本児とこまめに連絡を取り，そのなかでSSWについて紹介をしていく ①−3 現在の勇樹の生活実態を把握して課題を分析していく	①−1 期間中，家庭訪問を4回実施（うち，1回失敗） ①−2 本児の携帯連絡がついた日は，SSWを話題に取り上げた（○/○，○/○） ①−3 家庭訪問3回目で自宅に上がり込むことに成功。段階的に面接内容を深めることができた	・春休み期間中もSSWが継続的に家庭訪問を行う。そして，新学期からは中学校の担任の参加も検討していく
児童相談所での一時保護	①児童相談所【○○児童福祉司他】 ②小学校【○○SSW】，家族【母親】	①−1 本児の生活リズムの修正 ①−2 問題行動（万引き等）の反省と行動改善に向けた指導 ①−3 集団生活の適応に向けた訓練 ①−4 本児の心のケア ② 面会等を活用して，母親や学校との関係改善	①の①／○〜①／○の一時保護期間中では，規則正しい生活にも早い段階で順応し，集団生活では後輩の面倒もよくみている ② 期間中，母親（4回），学校（3回）の面会を実施した。当初は拒否的な姿勢をみせたが，次第に母親や担任の訪問に感謝の言葉を表すなど受け入れに変化がみられた	
卒業式に向けた準備	①小学校【校長，担任，児童生徒支援加配教師，○○SSW】	①−1 卒業文集等の提出物について，母親や関係機関とも連携して不足がないよう配慮していく ①−2 卒業式当日に欠席することも想定して，複数のパターンで卒業式の準備を行う	・当日は体調不良で欠席。卒業式には出席することができなかった。 ・○/○に校長室にて家族や多くの教職員が出席して卒業式を執り行い，無事に卒業証書を渡すことができた	

4．長期支援計画

目標	具体的支援方針
・中学校で安定した学校生活を送る	・本児支援を継続していくための小中連携に向けた体制づくり ・家庭（特に母親）と中学校との関係改善

5．支援機関

機関名	担当者	連絡先	備考
児童相談所	○○	000-000-0000	児童心理司は担当○○氏

4章　スクールソーシャルワーカーの実践事例

パワー交互作用マップ（介入後の児童生徒を中心にした人間関係図）

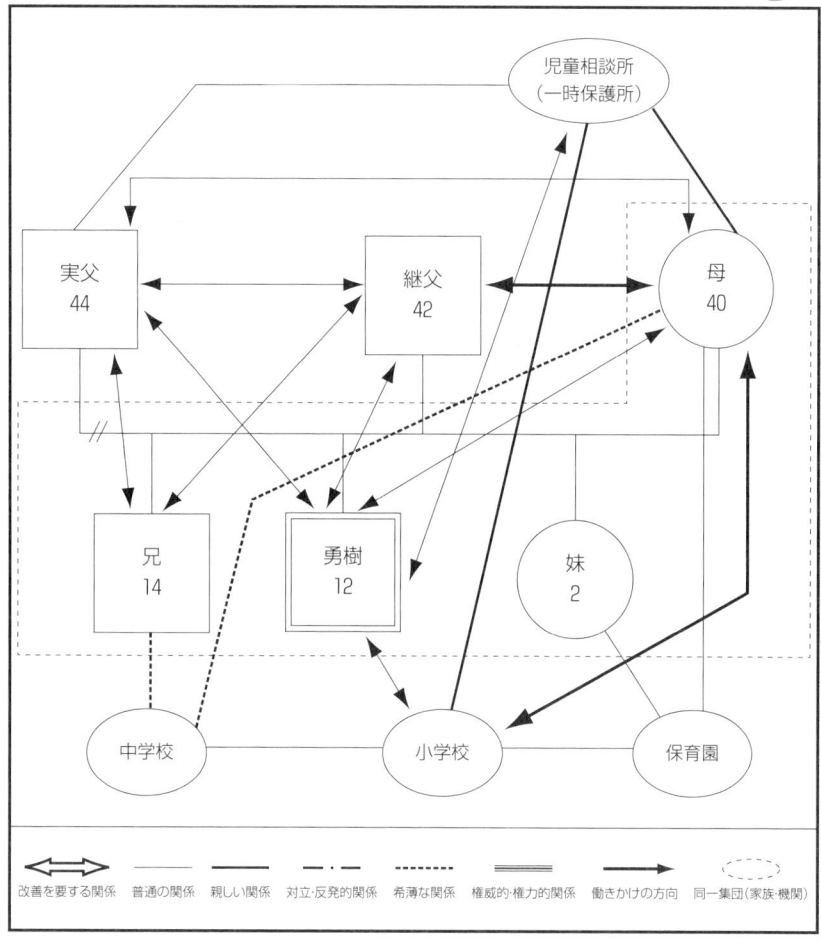

㊙

登場人物・機関：
- 児童相談所（一時保護所）
- 実父 44
- 継父 42
- 母 40
- 兄 14
- 勇樹 12
- 妹 2
- 中学校
- 小学校
- 保育園

凡例：
- ⇔ 改善を要する関係
- ── 普通の関係
- ━━ 親しい関係
- ─・─ 対立・反発的関係
- ---- 希薄な関係
- ═══ 権威的・権力的関係
- → 働きかけの方向
- ⬭ 同一集団（家族・機関）

221

事例3
「お母さん。いってきます!!」

> **対象児童生徒の家族構成**
>
> **真一（11歳）**：小学5年，男子。勉強は全般的に苦手で，特に漢字の書き取りや計算は小学1年レベルでも難しい。感情の起伏が激しく，些細なことで友達と激しいケンカになることもある。
>
> **父親（44歳）**：自営業（大工）。職人気質な性格で子育てには厳しい。毎晩，仕事から帰ると決まって晩酌をしており，飲酒をするとより短気となり，家族に暴力を振るうこともある。
>
> **母親（42歳）**：パート勤務。父親と子育てを巡り，よく夫婦喧嘩をしている。父親の真一に対するしつけの厳しさに頭を悩ましており，過去には児童相談所へ相談をしたこともある。
>
> **姉（16歳）**：高校1年。温厚な性格。父親との関係は疎遠で，一日も早く家を出て自立したいと思っている。家庭では，真一のよき理解者であり，姉弟関係は非常によい。

1　スクールソーシャルワーカーへの相談経緯

　真一の父親がしつけに厳しいことは，近所でも有名な話であった。約束事を守ることができなければ，容赦なく鉄拳制裁をくらわしたり，玄関先に立たせたりすることなどは日常的にみられた光景だった。母親は以前より父親の厳しいしつけに悩んでおり，過去に児童相談所へ相談もした。担当の児童福祉司からは一時保護所の利用を勧められたが，父親からの"虐待"として真一を保護することで家庭が崩壊するのではないかと心配してしまい，なかなか決心がつかない状況にあった。

　そんな父親の厳しいしつけの反動は，真一の学校生活にダイレクトに影響している。前夜に父親から怒られたときなどは，朝から少しも落ち着きがなく，授業の妨害や友達へのいたずらなどを働くことが多い。また，学習については，

小学1年レベルの漢字や計算でも苦戦しており，学習能力は極めて低い。

　そんな状況より，ある日の夕方，母親から学校に一本の連絡が入る。真一が置手紙を残して家出をしたというのだ。手紙には，「**かあちゃん，おれ，とおちゃんこわい。さようなら**」と書いてあった。そして，母親の財布からは10,000円が抜き取られていた。すぐに家族や学校に残っていた教職員による真一の捜索が行われた。捜索は難航したが，翌朝公園のベンチで眠っているところを担任教師が発見した。担任教師はすぐに母親の携帯電話に連絡を入れ，真一の無事を報告し，このあとの対応について協議を行ったが，なかなか結論が見出せなかった。

　実は，真一の家出は今年に入り3回目である。そのたびに帰宅後は父親から激しく叩かれ，執拗に説教を受けた。このままでは，また同じことの繰り返しになるということは，母親も担任教師も同じ考えだった。そこで，担任教師はスクールソーシャルワーカーを交え，今後の対応について話し合うことを提案し，母親もそれに同意した。校長からの派遣要請を受けたスクールソーシャルワーカーが学校を訪問した。

2　アセスメントの実施

1）父親の暴力

　父親の暴力は，叩く，殴る，蹴るは当たり前で，何時間も真一を玄関先に立たせたことや食事を与えないこともあった。そのことについて母親が意見をすると，「**女は黙っていろ‼男の子のしつけは父親がするもんだ**」と言って，全く耳を貸そうとはしない。それでも母親が執拗に迫ると，「**お前は真一ばかりをひいきするな。そんなことだから，真一が調子にのって学校で問題を起こすんだ。大体お前が悪い**」と母親に責任を擦りつける始末。

　また，機嫌が悪いと酒に酔った勢いで母親や姉にも暴力を振うこともある。そんな父親に対し，母親は一度だけ子どもたちを連れて家出をし，母子生活支援施設に緊急避難をしたことがあった。しかし，最終的には家のこと（炊事や洗濯など）が何もできない父親のことが心配になり，母親は家に戻ること

を選択した。家庭復帰後，しばらくは父親にも反省した様子がみられ，子どもの面倒をよく見るようになり，家の手伝いも積極的にしてくれるようになった。

しかし，そのような状況は決して長続きせず，再び酒を飲み始めるようになった。飲酒をすると父親は人が変わったように粗暴な性格となるため，家族は距離をおき，逃げ隠れているような状態である。

父親は，幼少期に両親が離婚したため，父子家庭で厳しく育てられた。中学生時代には，傷害事件を起こし少年院で過ごしたこともあった。恵まれた家庭環境のなかで生活をした経験が乏しいこともあり，自分が父親にされたようにしか，子どもたちと向き合うことができないと主張している。

2）真一の不適応行動

真一は小学校入学当初より落ち着きがなく，授業中もジッとしていることが誰よりも苦手な児童であった。学習に飽きると突然奇声を発して授業を妨害したり，教室を飛び出しては当てもなく廊下をうろうろ彷徨っていた。そのことについて教師から注意を受けても，そのときだけは反省した様子がうかがえるが，しばらくするとまた同じことを繰り返してしまう。

また，真一は集団行動が大の苦手で，全校集会，運動会，学習発表会などではいつも一人だけ別の行動をしては周囲からの注目を集めていた。皆と同じ行動をすることや，長時間自らの欲求を抑えることができず，過去にはパニックになり教師に噛みついてケガをさせたこともあった。

真一は明るい性格だが，一日のなかでも感情の起伏が激しく喜怒哀楽が極端である。そのため，クラスメートもそんな真一に距離をおいている部分がある。精神的に不安定なときは，些細なことで感情的になり，クラスメートを叩いてケンカの火種をつくることや人の物を故意に隠すなどのいたずらも多くみられる。また，興味関心についても偏りがあり，理科の実験や図書室での読書（特に絵や写真が多く掲載されている動植物の図鑑）などは大好きで時間を忘れるほど没頭するが，掃除や委員会活動などはいかにして手を抜くかを常に考えており，友達を連れ立っては行方をくらますことが多い。

3) 家出や金品持ち出し

　小学4年の2学期から，真一はことあるごとに家出をするようになった。父親の暴力に耐えかねての行動だが，そのことでさらに父親の怒りを買うことになるため悪循環である。しかし，それでも真一の家出の回数は確実に増えており，夏休みには衣服や漫画，携帯用ゲーム機などをカバンに詰め込んで自転車に乗り家出をしようとしたこともあった。そのときは，近所の親戚が真一の姿を目撃して，母親に連絡を入れたことから父親に知られることなく，自宅に連れ戻すことができた。

　そして，家出と同じぐらい目立ち始めているのが，金品の持ち出しである。それは主に母親の財布を狙ったものである。しかし，父親が知ると真一に対する暴力がさらに強まるため，母親はそのことを内緒にしている。

　そんな母親の思いなど知らない真一は，近頃では「**お母さん，姉ちゃんが2階で呼んでいるよ**」と嘘の話をもちかけ，母親がいないところを狙って財布からお金を抜き取るなど，その手口が巧妙になっている。母親は，真一に対しお金を財布から抜き取ったことを厳しく問い詰めるが，「**いや，俺は何もしていない**」と表情一つ変えることなく嘘をつき通す。過去に真一のポケットから1,000円札が5枚見つかったときも，「**近所の公園で拾った**」と事実とは信じがたい情報を口にしていた。また，つい最近には，祖父母宅に遊びに行った際，祖母の財布からも10,000円を抜き取ったことがあった。その行為に及ぶ対象が明らかに人を選んでおり，母親だけにとどまらず，祖母にまで範囲が広がっていることに母親は強い危機感を募らせている。

| 作成日 | ○年○月○日　（担当者○○SSW） | 秘 |

アセスメントシート～面接等による事前調査～

児童生徒	（相談受理No○-00000）	在籍	○○小学校	学級	5年○組	担任教諭	
フリガナ	シンイチ	性別	男	生年月日	○○年○月○日　（満11歳）		
氏名	真一	自宅		保護者氏名		（携帯・	）
住所	（〒000-0000）						

相談主訴	父親の厳しいしつけとそれに関連する本児の問題行動を改善させたい
相談種別	■養護　□非行　□育成　□障がい　□その他（　　　　　）

ジェノグラム（家族構成及び家族関係を示した家系図）

自営業（大工）　　　　　　パート
父44 ——— 母42
　├── 姉16（△△高校1年生）
　└── 真一11（○○小学校5年生）

男性 女性
対象児（二重線）
昭和44年生まれ 現在38歳の男性 38 S44=
平成12年に86歳で肝硬変のため死亡 86 H12
離婚　別居 d.H15 s.H18
結婚　交際・同棲 m.H10 LT.H7
[標記の意味]
d.=divorce
s.=separation
m.=marriage
LT.=Living Together

生活歴

- ○年　出生
- ○年　○○保育園入園
- ○年　○○保育園卒園　○○小学校入学
- ○年　児童相談所へ相談（母）

児童生徒の生活状況・相談に至る経緯

・家庭では父親のしつけが厳しく、約束を守ることができないことなどを理由に暴力（叩く・殴る・蹴る）、玄関先に立たせる、無視などの行為を執拗に繰り返している。このようなことがあった翌日の真一は、学校での生活が非常に不安定であり、席を離れたり、授業妨害、他児童へのいたずら行為などに及び頻度が極めて高い。
・父親の真一に対する暴力行為は、日常的であり虐待の様相が強いため、児童相談所は一時保護を勧めたが、父親の反発や報復を恐れて踏み切れないでいる。
・近頃では、家出や金品の持ち出し（母親の財布から）を頻繁に行っており、問題行動に拍車がかかることで、父親の真一に対する接し方も厳しくなっている。
・現状、家族関係も悪化しており、このまま好転の兆しがみえないと母親は認識していることから、学校からの提案によりSSWへの相談に至る。

児童生徒の家庭環境

・父親は自営業で大工の棟梁をしている。不景気の煽りを受けて、経営は悪化している。職人気質な性格で子育てについては特に厳しい。仕事から帰宅すると毎晩の晩酌を欠かさず、酒に酔うと妻や子に暴力を振るうことが多い。
・母親は、日中パート（サービス業）に出ている。子育てを巡っては父親と見解の相違から頻繁に夫婦喧嘩をしている。特に父親と真一の関係には以前から頭を悩ましており、過去に父親に内緒で児童相談所へ相談したこともあった。しかし、改善の兆しが見えないため、今は足が遠のいている状況。
・姉は△△高校へ通う。暴力的で短気な父親とは疎遠な関係であり、高校卒業後は家を出て自立したいと考えている。姉弟関係は良好で、真一のよき理解者である。
・両親共に実家との交流はなく、地域とのつながりも希薄である。

児童生徒の学校生活状況

① 学習面
・漢字の読み書きと計算を苦手としており、小1到達レベル程度にある
・運動神経がよく、スポーツ全般得意としている。特に野球とバスケが大好き
・好不調の波が激しく、不安定な場合は10分と集中力を持続することができない

② 生活面
・感情の起伏が激しく、些細なことで友人とトラブルを起こすことが多い
・（朝早く起きることができなかった罰として）朝食を食べずに登校してくることが多い

身長138.2cm/体重35.1kg

児童生徒の出席等状況

① 年次別欠席状況

	欠席日数	在籍校	担任教諭
1年	1日	○○小	○○
2年	0日		
3年	0日		
4年	1日		
5年	日		
6年	日		

② 小学5年・○○年度出欠等状況

	欠席	遅刻	早退
4月	2/16	1	0
5月	0/21	0	0
6月	0/21	0	0
7月	1/14	0	0
8月	0/0	0	0
9月	3/18	1	1
10月	0/22	0	0
11月	/		
12月	/		
1月	/		
2月	/		
3月	/		
合計	6/112	2	1

4章　スクールソーシャルワーカーの実践事例

パワー交互作用マップ（介入時の児童生徒を中心にした人間関係図）　㊙

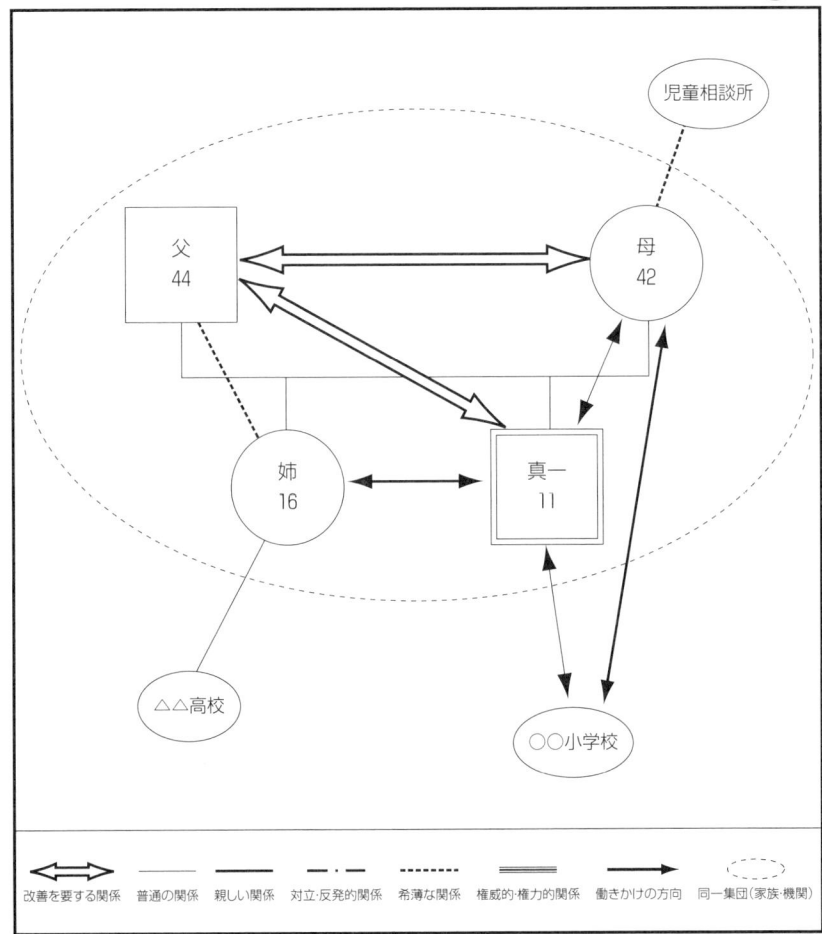

児童相談所

父 44　　母 42

姉 16　　真一 11

△△高校　　〇〇小学校

⇔ 改善を要する関係　― 普通の関係　― 親しい関係　―・― 対立・反発的関係　┄┄ 希薄な関係　= 権威的・権力的関係　→ 働きかけの方向　⬭ 同一集団（家族・機関）

3 支援計画と介入

1）一時保護に向けた調整

　支援ケース会議のなかで母親は,「今のままの生活を続けていたら,いつか家族はばらばらになり,誰一人幸せになることができないと感じている」と話した。真一のさまざまな問題行動が頻発するようになり,父親の暴力はエスカレートしており,いつか真一に大怪我をさせてしまうのではないかという不安がつきまとう。

　母親も金品の持ち出しや学校での不適応行動などにひどく頭を悩ましており,これからどのように真一と接したらよいのかわからず混乱している。真一のよき理解者である姉は,そのような両親に対して軽蔑の眼差しで心を閉ざすようになり,ここ数か月はまともに会話もしなくなった。そして,本来であれば最も安心して生活できるはずの家庭が,真一にとって一番居心地の悪い環境となっていることに母親は強い責任を感じていた。

　支援ケース会議は,真一の身の安全を守ることを最優先して,児童相談所での一時保護を利用することで話がまとまった。しかし,母親は,「親の立場からすると,"一時保護＝虐待"のイメージが強いため,それでは父親が絶対に首を縦に振ることはないと思います。父親に対してどのように説明をすればよいのでしょうか？」と疑問を投げかけた。

　そこで,今回はあえて真一の問題行動（家出,金品持ち出し）や不適応行動（情緒不安定から生じる暴力行為,苦手な集団行動,極端な学習の得意・不得意）に焦点化して,それらへの指導改善と問題行動の要因分析を専門機関で行ってもらい,今後の家庭や学校での生活に反映させていくことに目的をおいているということを父親に伝えることで結論に達した。

　一時保護所の利用については,早速,校長と担任教師が家庭訪問を行い,父親に対し学校側の提案として一時保護の必要性を説明し,理解を求めた。最初は拒否的な考えを示していた父親であったが,校長や担任教師は対立して話が頓挫しないよう,これまでの父親の心労に寄り添い,真一の抱える問題や課題を共有していく姿勢を全面的に示すなかで,父親も少しずつ態度を軟化し始め

た。

　父親自身も真一に対して，何度同じことを注意しても繰り返してしまうことや衝動的に予測不可能な行動をしてしまうことに疑問を感じており，その原因が明らかになる可能性があるのであれば，一度"社会勉強"をさせるつもりで利用させてもよいと最終的に一時保護所の利用について理解を示した。

　その報告を受けたスクールソーシャルワーカーは，児童相談所の担当児童福祉司に連絡を取り，これまでの経過を説明したうえで一時保護の受け入れを打診した。そして，真一は翌日の午後に一時保護することで話がまとまった。

2）真一への説明と一時保護（母親の心境を中心とした報告記録）

　児童相談所に一時保護される朝，いつも通り起床してきた真一に一時保護の話をもちかける。突然の話しに困惑の表情を浮かべながらも**「僕が悪いことしたから，（一時保護所に）入れられるんだよね？」**と，どこかで覚悟していたかのように自分の気持ちを必死で整理する姿があった。

　そんな真一を母親は抱きしめて，**「これまで真一にいっぱい辛い思いをさせてごめんね。お父さんもお母さんも真一のこと守ってあげられなかった。これからお父さんとお母さんはいっぱい話し合って，真一が楽しく過ごせるような家にしていくから，それまで真一は少しだけお父さんやお母さんと離れて生活をしてほしいの。必ず，必ず迎えに行くからね」**と精一杯の気持ちを伝えた。それを受け止めた真一は，目に涙をいっぱい溜めて**「わかった」**とだけ答えた。

　身支度を整え，母親の運転する車で自宅を出発した。途中，近くのファミリーレストランで真一の大好きなハンバーグを食べた。努めて気丈に振舞う真一の姿に母親の胸が痛んだ。

　そして約束の時間。児童相談所に到着し，担当の児童福祉司と面会する。一時保護所の利用について説明を受ける真一の表情は緊張から強張っていた。すべての説明が終わり，面接室を出た真一と母親は別々の方向へと歩き始めた。児童福祉司に連れられて一時保護所へ向かう真一の後ろ姿を母親はずっと見つめ続けた。すると，真一は突如足を止めて後ろを振り返り，母親に向かって敬礼のような仕草をして，**「お母さん，いってきます‼」**と元気な声で挨拶をし

た。複雑な思いを抱きながらも，一日も早く真一を迎えに行くことを母親は心に誓った。

3）家庭復帰に向けた協働
〈学校―家庭〉
　真一が一時保護されている期間は家庭環境を調整していく重要な時期として，母親も学校へ通い，校長，教頭，教務主任，担任教師，養護教諭，スクールソーシャルワーカーを含めた7名で支援ケース会議を定期的に行った。
　内容は主に，①これまでの真一への関わり方の検証，②真一，家族，学級の近況報告，③今後に向けて学校や家庭が取り組むことの3点を協議した。支援ケース会議では，個人批判を行わないことを原則とし，これから先の生活を見据えて建設的な話し合いをしていくことを事前のルールとして定めた。
　父親への支援については，①母親がケース会議への参加を拒否している父親に対して協議内容を必ず報告する，②ケース会議への参加を父親に毎回呼びかける，③校長，担任，スクールソーシャルワーカーが家庭訪問を行い，父親との関係形成および意見交換を行うことの3点を決めた。
　また，最初の1か月は，家族が真一と面会することを認めてもらえなかったため，両親ともに不安な日々を送っていた。そこで，スクールソーシャルワーカーが児童福祉司に協力を要請し，家庭や学校で共有してもよい真一の一時保護所での生活状況について情報をもらい，それらを学校と家庭で情報を共有した。

〈家庭―関係機関〉
　一時保護開始2週間後より，隔週ペースで保護者と児童福祉司の面接が始まった。父親は仕事を理由に欠席し，面接には母親のみが出席した。1か月を過ぎた頃からは，家族と真一の面会が可能になり，母や姉が面会に訪れた。久々の再会を果たした家族に対し真一は嬉しそうな表情を見せたが，父親のことが話題に上ると「まだお父さんには会いたくない」と拒否的な発言が聞かれた。
　それから2週間後には家族との短時間の外出も許可されるようになった。

久々に母親と水入らずで，近所の飲食店へ食事に出掛けるなどした。父親のことについては，「お父さんに会うのはもう少し待って」とだけ話した。

一時保護を開始して2か月が過ぎた。当初は退所予定の目安にしていたが，真一が担当の児童心理司に対し，「まだ（家には）帰りたくない」と話していることや，児童相談所も父親への指導が一度もできていない状況を加味して退所延期を決めた。

それを受けた父親が，遂に重い腰を上げて児童相談所へ来所した。児童福祉司と児童心理司は，真一の一時保護所での生活状況や心理検査の結果を踏まえて，家庭復帰に向けた両親への指導を行った。その後，試験的な外出や外泊を段階的に行い，退所日が1週間後に決定し，その前日には父親と真一二人だけの面会が設定された。面接室入り口で緊張の面持ちの真一に対し，父親は，「（一時保護所での生活を）よく頑張ったな」と不器用ながら労いの言葉をかけて真一の頭をなでた。

〈関係機関―学校〉

スクールソーシャルワーカーは児童福祉司や児童心理司と定期的な支援ケース会議を行い，今後の真一に対する支援方針について慎重に意見交換を行った。これらの内容はスクールソーシャルワーカーが必ず学校へ持ち帰り，校長や担任らと常に共通理解を図った。

児童福祉司の見立てでは，母親は家庭復帰を前提に考えているものの，今後も父親の暴力がなくなる可能性は極めて低いとみており，児童養護施設も選択肢として捉えている。また，児童心理司は父親が家族のなかで孤立していることを危惧しており，家庭での疎外感のはけ口が家族で最も弱い立場にある真一へと向けられている可能性が高いことを指摘しており，父親と家族との関係改善が真一の家庭復帰の条件の一つになると提言した。

学校では，一時保護中に行われた心理検査の結果を基に，児童心理司から学校場面における教師の教育支援方法やその他生活場面における留意事項について助言・指導を受けた。それらは，担任の学級経営だけでなく，全教職員に周知することで支援の統一化を図った。

4）家庭復帰後の家族支援

　約2か月半の一時保護期間を経て，真一の家庭復帰が決まった。それを受けて学校・家庭（母親）・支援機関は以下の支援を行うことを確認した。

〈定期的な支援ケース会議〉

　一時保護以前より母親も参加しての支援ケース会議を行ってきたが，家庭復帰後も隔週のペースで定期的に継続していくことを決めた。支援ケース会議では，真一を中心に家庭や学校での生活状況について情報交換を行い，家庭では母親，学校では担任がキーパーソンとなり重点的な支援を行うことを確認した。

〈家庭訪問の実施と父親面接〉

　校長，担任教師，スクールソーシャルワーカーをチームとして，父親との面接を月1回ペースで行った。父親は，学校や児童相談所などに対し権威的・権力的イメージがあるとして，これまで度々の要請に難色を示していたが，場所を家庭に移して家庭訪問という形に移行してからは，積極的ではないにしても面接に参加するようになった。面接の中心は父親のこれまでの苦労や悩みに共感的理解を示しながら，家庭復帰後の真一の成長部分を中心にこれまでの否定的評価の段階的向上を意識した働きかけを継続的に実施した。

〈児童相談所への継続的な来所〉

　真一と母親の二人には，定期的な来所面談日を設定した。面接時には父親批判にならないよう児童福祉司や児童心理司が意識して話を導くように取り組んでいった。また，父親に対してはこれまで「**来ることができるときは来てください**」という要請で応じてもらえなかった経緯を見直し，「**毎月1回は父親が一緒に来所してください**」という設定にしたことで，仕事の都合がつく日には必ず真一と来所するよう配慮した。

4 支援成果

1）学校生活における真一の変化

　一時保護所から約2か月半ぶりに真一は学校復帰を果たした。この間の所在については真一の希望で，クラスメートに"家の都合で田舎のお爺ちゃんの家に行っていた"と伝えることにした。クラスメートはそれについて深く追及することなく，温かく迎え入れてくれた。

　一時保護を行う以前は，情緒的に不安定な場面が多く，何かにつけて衝動的に相手を傷つけることが多かったが，学校復帰後はそのようなことは一度もなく，表情も明らかに穏やかになっていた。その変化はクラスメートにも伝わっており，疎外されがちであった真一が昼休み時間などにクラスメートらと一緒に遊ぶ姿が度々目撃されている。

　苦手だった漢字の書き取りや算数の計算にも変化がみられ始めた。漢字の書き取りは毎日，両親の協力を得ながらノート2ページ分を家庭学習し，それを担任教師にチェックしてもらうようにした。これまでまともに宿題をしてきたことすらなかった真一だが，それらに取り組んだ成果を家庭と学校の双方に評価してもらえることに喜びを感じ，放課後帰宅するとすぐに家庭学習をするようになった。

　その後，授業で行われた漢字の小テストで100点を獲得するまでになった。計算の学習については，真一の苦手な単元について別室で個別指導を行った。通常よりも学習ペースを落としながら，真一の興味関心を引くような教材を用いて短時間で集中的に取り組んだ結果，これまでテストでの最高得点が25点だったのが86点までにアップした。これらの成長は当然，両親にもフィードバックをしていった。

2）父親の行動変容

　母親からの情報では，真一が家庭復帰をして以後，父親が一度も暴力を振るっていないという。以前は，機嫌が悪いと1週間以上，真一の存在を無視するといった陰湿な行為をしていた父親であったが，そのような行為についても現段

階は確認されていない。また，近頃では父子で対話をしている姿をよく見かけるようになり，3年ぶりに一緒に入浴をしたこともあった。父親の変化は真一が最も実感しており，児童心理司との面接のなかで「**お父さんが前より優しくなった**」と感想を述べていた。

3）ストレングスの視点による関わり

　学校では，教師が意識的に真一のストレングスに視点をおいた指導を実践した。これまで集団生活の規範を乱す行為については，「**何でこんなことをしたの？**」「**○○をしたらだめ**」「**そんなことしたら，次回からは○○してもらうよ**」といった指導に偏っていた教師たちも，スクールソーシャルワーカーからの助言等を取り入れてストレングス（真一の長所，強み）の視点による関わりをするようになった。

　特に真一の願望，自信，能力に目を向け，これらを伸ばしていくよう意識した。例えば，算数の文章題でいき詰まった際，「**○○まではよくできているね。○○を○○に当てはめたらどうなるかな？**」などのように評価と投げかけをしながら，自ら解決していく力をつけていくよう指導を行うようになった。ほかの児童とトラブルになった際も攻撃的な言動を排し，「**どういう気持ちだった？**」「**（真一は）○○が嫌だったんだね**」「**どうしたら，ケンカをせずに済んだと思う？**」などのような言葉かけをして，真一が自発的に意思表示をしながら課題を改善していくための工夫を行った。これにより，真一のトラブルの回数は大幅に減り，感情的になる場面においても担任教師との対話で比較的早く冷静さを取り戻すことができるようになった。

5　今後の課題

　当面の課題として，第一に真一に対する父親の権威的・権力的な関わりを軽減し，暴力等を未然に予防していく取り組みを実施していく必要がある。これまで閉鎖的な家庭環境であったため，学校は父親との接触を十分に図ることができなかった。

しかし，真一が一時保護期間中を利用して，父親と定期的な面接を実施することができたことで，今では学校関係者（主に校長，担任教師，スクールソーシャルワーカー）との接触についても受けいれがよくなっている。家庭での孤立が，父親の暴力を助長していた側面も配慮したうえで，家族間の人間関係を調整していく必要がある。

　具体的には，父親が真一との関係において生じるストレスを適切に処理していくため，定期的な家庭訪問をして父親の相談にのっていく。また，その場には母親にも同席してもらい，真一に関する話し合いについては，学校関係者や児童相談所が同席する場面に極力限定して取り組んでいく。両親の共通理解の促進と共通認識の獲得に重点をおき，見解の相違などから生じる夫婦間でのトラブルのはけ口が真一に及ばないようにしていくことが目的である。また，児童相談所では母子分離面接などを行い，母親の家族に対する思いの受容や真一の心のケアを行っていく。

　次に，発達障害の診断が出たことを受けて，真一に対し学校や家庭で行う取り組みについて整理していく必要がある。学校では，個別の指導計画を作成して，学習の積み上げができていない苦手教科については，専門家の助言指導を受けながら指導を充実させていく。家庭では，児童心理司が中心となり真一の障害についてかみくだきながら告知を行い，前向きに真一の特性について理解を深めていくとともに，家庭生活での配慮事項に関する取り組みについて助言指導を行う。学校と家庭での取り組みの擦り合わせについては定期の家庭訪問時に行っていく。これらの協働支援については定期的に振り返りを行い，肯定的なフィードバックから家族間の人間関係調整と家庭生活の安定化を目指していくことが今後の課題である。

作成日　○年○月○日　（担当者○○SSW）

㊙

支援計画・シート

児童生徒	（相談受理No.○－00000）	在籍	○○小学校	学級	5年○組	担任教諭	
フリガナ	シンイチ	性別	男	生年月日	○○年○月○日（満11歳）		
氏名	真一	自宅		保護者氏名		（携帯・　　）	
住所	（〒000-0000）						

相談主訴	父親の厳しいしつけとそれに関連する本児の問題行動を改善させたい
相談種別	■養護　□非行　□育成　□障がい　□その他（　　　　　）

1. 児童生徒の日常生活における課題
- 父親からの厳しいしつけに対する萎縮や反発からの不適応行動
- 精神的に追い込まれると、家出や金銭持ち出しなどの問題行動を起こしてしまう
- 情緒不安定時に対人関係のトラブルが頻発する
- 集団（学級）での学習では、集中力が持続し難いため理解度も低い

2. 児童生徒，家族のニーズ
- 父親のいる家には帰りたくない（真一）
- 父親の真一に対する厳しいしつけ（特に暴力行為）を改善したい（母親）
- 他児童に対するいたずらや暴力を止めさせたい（母親）

3. 短期支援計画

目　標 【対象児・者】	担当機関 【担当者】	具体的支援内容	評価・分析	見直し
本児の児童相談所への一時保護	①小学校【校長，担任○○，○○SSW】 ②児童相談所【○○児童福祉司】，小学校【○○SSW】	①－1 母親を交えたケース会議の実施 ①－2 家庭訪問を行い，父親への説得と承諾を得る ①－3 本児に対する一時保護の説明方法について話し合う ②－1 一時保護に向けた日程調整や事前の情報交換を行い，スムーズに事が運ぶよう準備を行う	①－1 母親も出席したケース会議を，一時保護までに計3回実施した（○／○他） ①－2 一時保護について父親からの承諾を得た ①－3 母親から本児に対し，事前に確認した内容で一時保護の目的等について説明を行った ②－1 円滑に一時保護を実施することができた	
母親を交えたケース会議を継続して定期的に実施していく	①小学校【校長，教頭，教務主任，養護教諭，担任○○，○○SSW】	①－1 学校や家庭での真一に対するこれまでの関わり方について検証を行い，反省や課題の抽出を行う ①－2 真一，家庭，学級の近況報告を行い情報を共有する ①－3 今後に向けて学校と家庭がそれぞれに行う取り組みについて整理や検討を行う	①－1 真一のマイナス面ばかりに着目していたことが明らかとなった（計9回実施） ①－2 それぞれの情報を肯定的に評価することができてきた ①－3 家庭復帰に向けて取り組むべき重点項目を整理して対応策を具体的に協議することができた	
父親との関係形成と協議への参加の呼びかけ	①小学校【校長，担任○○，○○SSW】	①－1 ケース会議の内容は，母親が父親に対しその都度報告を行い，共通認識を獲得していく ①－2 毎回，母親が父親へケース会議への参加を呼びかけていく ①－3 校長，担任，SSWが定期的に家庭訪問を行い，父親との関係形成を目指していく	①－1 ケース会議に父親が出席した（○／○） ①－3 家庭訪問を2回実施して（○／○，○／○），父親が母親や学校に対し，これまでの子育てに関する悩みや葛藤について少しずつ語るようになった	・父親にもケース会議への定期的（月1回）の参加を要請する

4. 長期支援計画

目　標	具体的支援方針
・父親の厳しいしつけの行動改善 ・真一の学力保障 ・円満な家族関係づくり	・学校―家庭―支援機関の連携を深め，父親の暴力等を未然に予防していく取り組みを協働して実施していく ・真一に対する個別学習支援を行っていく

5. 支援機関

機関名	担当者	連絡先	備　考
児童相談所	○○	000-000-0000	児童心理司は担当○○氏

4章　スクールソーシャルワーカーの実践事例

パワー交互作用マップ（介入後の児童生徒を中心にした人間関係図） ㊙

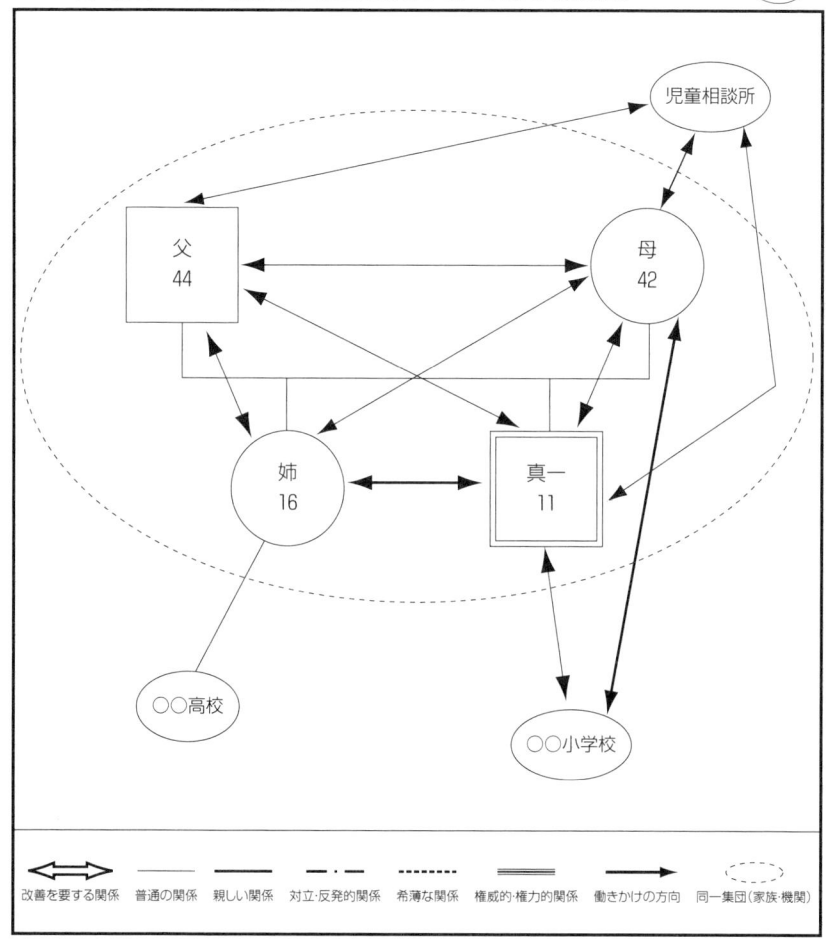

```
                                            児童相談所

          父                   母
          44                   42


                姉            真一
                16             11


             ○○高校        ○○小学校
```

⇔ 改善を要する関係　── 普通の関係　── 親しい関係　─･─ 対立・反発的関係　…… 希薄な関係　＝ 権威的・権力的関係　→ 働きかけの方向　（⌒） 同一集団（家族・機関）

事例4
「うちの子, ヘンなんです」

対象児童生徒の家族構成

美紀（14歳）：中学2年, 女子。双子の姉。近頃, 携帯サイトで知り合った他校の非行少年・少女らと一緒に遊んでいる。不登校傾向にある。

麻紀（14歳）：中学2年, 女子。双子の妹。姉に比べるとおとなしい性格だが, 何事も要領がよい。姉と同様に学校を欠席する回数が増えている。

母親（48歳）：会社員。父親とは子ども達が4歳の頃から別居中。女手一つで娘二人を育てる。現在, 父親にはわずかながら養育費を入れてもらっている。

父親（54歳）：会社員。別居をしているが, 子ども達のことはとても可愛がっており, 今でも頻繁に交流がある。現在, 父方祖母と同居している。

1　スクールソーシャルワーカーへの相談経緯

　夏休みに美紀と麻紀が家出をして警察に身柄を保護された。このようなことは過去に何度もあり, 原因はいずれも母親と美紀の親子喧嘩であった。陽気で活発な美紀と温厚で控えめな麻紀の双子の姉妹は, 性格は対照的であるが幼い頃よりとても仲がよい。

　二人は中学入学当初からほぼ毎日のように遅刻を繰り返しており, 近頃では学校を欠席する回数もかなり増えている。また, 最近では美紀が携帯サイトで知り合った他校の生徒らとも遊ぶようになり, それに感化されて麻紀も深夜徘徊をするようになるなど, その交流範囲の拡大から非行へ走ることが懸念されている。

　学校の見立てでは, 美紀がトラブルメーカーであり, 美紀がいなければ麻紀はこのような生活状況にはなっていないと考えている。そのため, 必然的に美紀に対しては周囲も厳しく接しており, そのことが母親や学校への強い反発と

して表れている可能性は高い。先日も学校で担任から注意を受けたことに腹を立て，校舎のガラスを割るなどの事件を起こしたばかりであった。今回の家出をきっかけに，一緒に生活をする自信がないとして美紀と麻紀を児童養護施設に入所させる考えがあることを示した母親に対し，学校側は一度スクールソーシャルワーカーへの相談を提案し，母親もそれを承諾した。

2　アセスメントの実施

1）小児自閉症

　美紀と麻紀は二人とも低出生体重児で産まれた二卵性双生児である。3歳児健康診査の際，美紀には発達の遅れが見つかり，保健師の指導で近くの大学病院を受診した。検査の結果，「小児自閉症」と診断され，その際に医師らは将来的には特別支援学校への進学を勧めた。

　幼い頃の美紀は，麻紀よりも手がかからず，発語や歩行の開始が同じ年頃の子どもたちに比べると若干遅れてはいたが，母親自身それを特別な問題としてはとらえていなかったため，保育園，小学校，中学校いずれも普通学級を選んだ。美紀は，保育園や小学校低学年ぐらいまでは友だちの輪になかなか入ることができず，麻紀と一緒にいる以外はいつも一人で遊んでいた。しかし，高学年に入り親友が一人できたことがきっかけで，少しずつ行動が活発になり，クラスでも目立つ存在となっていた。学習に関しては，苦手教科が多く，成績もよくはなかった。一方，麻紀は友だち付き合いもよく，小学校までは成績も中程度でごく一般的な子どもであった。

2）両親の別居

　子どもたちが保育園の頃，両親は別居した。父親の借金問題が理由とされていたが，実際は母親と姑との関係悪化が原因であった。結婚当初より，両親は姑と同居生活を送っていたが，3歳児健康診査で美紀に「小児自閉症」の診断が出たことをきっかけに姑の美紀や母親に対する態度が急変した。「**あんた（母親）のせいで，うちの家系に障害者が生まれた**」などと差別的な発言を繰り返

し，美紀と麻紀を極端に分け隔てして可愛がるなど，露骨に態度に示すようになった。そのことを我慢できない母親は，再三のように父親に相談をして，姑との別居を提案したが，一人息子の父親がそれを受けいれることはなかった。

母親は一人ですべてを背負い込み，そのことが原因で「うつ病」を発症した。最終的には，事態の改善が見込めないと判断した母親が，美紀と麻紀を連れて家出をするような形で別居することになった。それ以後，父親はわずかながら養育費を入れている。また，美紀や麻紀とは月に1回程度は定期的に顔を合わせており，関係も良好であるが，姑が健在である限り両親の同居は見込めず，両親の別居で誰よりも美紀と麻紀が寂しい思いをしていた。

3）美紀と麻紀の微妙な関係

美紀と麻紀は双子の姉妹でとても仲がよい。しかし，中学生になり微妙にその関係が変わってきたと母親は語る。具体的には，表立って問題行動を起こしているのは美紀であるが，実はそれらを裏でけしかけているのが麻紀であるというのである。

実際に，美紀が中学1年の秋に麻紀のクラスメートの女子生徒を呼び出し，現金1万円を脅し取る恐喝事件があった。それを原因追及した結果，「**麻紀から，○○（被害にあった女子生徒）は医者の娘だから小遣いをたくさんもっていると聞いた**」と美紀は答えた。

また，他校の非行少年・少女らと知り合うきっかけとなった携帯サイトについて，それを教えたのも麻紀だったという。その他にもタバコ，酒，バイク窃盗など美紀が起こした数々の問題行動はすべて麻紀により教わったものだと母親はいう。学校では，おとなしくあまり目立たない存在の麻紀だが，家庭で見せる一面は学校でのそれとは大きくかけ離れていた。また，美紀は感情的になると自分をコントロールすることができず，母親と衝突することも度々あるが，家庭での普段の生活では美紀のほうが温厚であり，母親に対しても甘えた態度を示すことが多いという。

4章 スクールソーシャルワーカーの実践事例

作成日 ○年○月○日 （担当者○○SSW）

㊙

アセスメントシート〜面接等による事前調査〜

児童生徒	（相談受理No.○-00000）	在籍	○○中学校	学級	2年○組	担任教諭	○○ ○○
フリガナ	ミキ	性別	女	生年月日	○○年○月○日（満14歳）		
氏名	美紀	自宅		保護者氏名		（携帯・ ）	
住所	（〒000-0000）						

相談主訴	非行により頻発する問題行動（深夜徘徊，無断外泊，家出等）が改善しないため施設入所を検討したい
相談種別	□養護　■非行　□育成　□障がい　□その他（　　　　　　　　　　　　　　　　）

ジェノグラム（家族構成及び家族関係を示した家系図）

祖母81／父54（会社員）─母48（会社員）／美紀14─麻紀14
○○中学校2年生　○○中学校2年生

記載例
対象児（二重線）
男性 女性
昭和44年生まれ現在38歳の男性 S44-
平成12年に86歳で肝硬変のため死亡 H12
離婚 別居
結婚 交際・同棲
m.H10　LT.H7
[標記の意味]
d.=divorce
s.=separation
m.=marriage
LT.=Living Together

生活歴

- ○年 出生
- ○年 ○○保育園入園
- ○年 両親別居
- ○年 ○○保育園卒園
- △△小学校入学
- ○年 △△小学校卒業
- ○○中学校入学

児童生徒の生活状況・相談に至る経緯

・近頃，携帯サイトで知り合った他校の非行少年・少女グループらと一緒に遊ぶ姿を度々目撃されており，途中からは麻紀も行動をともにしている。
・夏休みに入り，家出をして警察に身柄を保護されることがあった。家出の主な原因は，美紀と母親との親子喧嘩であり，性格的にも似ているため感情的な衝突が多い（母親談）。
・陽気な性格でクラスメートからの人気もあり，その影響力は大きい。そのため，学校側は美紀の言動を常に注視しており，問題行動等があれば厳しく指導を行っている。そのような状況に対し美紀は強く反発しているため，学校との関係はよくない。
・美紀は，3歳の頃に「小児自閉症」の診断を受けた。しかし，母親の意向もあり保育園，小学校，中学校は通常学級にて生活を送っている。

児童生徒の家庭環境

・両親は，子どもたちが4歳の頃から別居中。子どもたちは母親が引き取り育ててきた。
・双子の妹である麻紀は，美紀に比べると学校ではおとなしい性格で，生活態度等も別段の問題はない。しかし，母親の話では要領がよく，ずる賢い一面があるとのこと。美紀と同様に中2の2学期から学校を欠席する機会が増え始めている。
・美紀が「小児自閉症」の診断を受けた頃より，母親と父方祖母の関係が急激に悪化した。そのことが両親の別居の直接的な原因とされている。この間の心労が影響して母親は「うつ病」を発症した。しかし，仕事や子育てに忙殺されているため，精神科クリニックには定期的な通院ができていない。
・父親は，実家にて父方祖母と二人暮らしをしている。会社員の父親は，わずかながら二人分の養育費を入れている。また，子どもたちとの交流は今でも頻繁にある。

児童生徒の学校生活状況

	①学習面		②生活面
	・学習能力は低く成績も悪い ・得意な教科は体育 ・学習用品が揃わないことも多い		・中2に進級してから服装や言葉遣いなどの乱れが目立ち始める ・活発で明るい性格なため，登校時には学級に溶け込めないということはない。ただし，機嫌が悪い日などは露骨に友人らに当り散らすため，美紀の顔色を窺いながら周囲が関わっているようにも見受けられる 身長 154.6cm/体重 46.1kg

児童生徒の出席等状況

①年次別欠席状況

	欠席日数	在籍校	担任教諭
2年	8日	△△小	○○
3年	16日	△△小	○○
4年	15日	△△小	○○
5年	18日	△△小	○○
6年	21日	△△小	○○
1年	45日	○○中	○○

②中学2年・○○年度出欠等状況

	欠席	遅刻	早退
4月	3/18	10	0
5月	5/21	12	2
6月	8/22	14	4
7月	9/15	6	2
8月	0/0	0	0
9月	13/19	6	3
10月	/		
11月	/		
12月	/		
1月	/		
2月	/		
3月	/		
合計	38/95	48	11

パワー交互作用マップ（介入時の児童生徒を中心にした人間関係図）

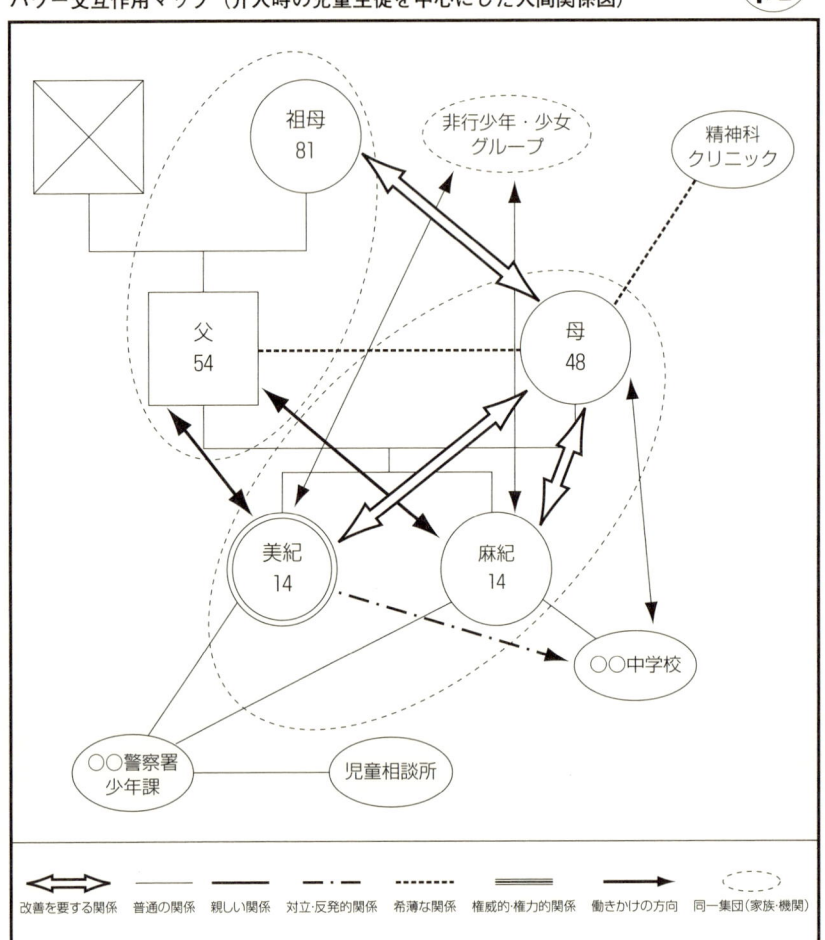

㊙

```
                    祖母          非行少年・少女          精神科
                     81            グループ              クリニック

          父                    母
          54                    48

                 美紀        麻紀
                  14         14
                                    ○○中学校

      ○○警察署
       少年課        児童相談所
```

⇔ 改善を要する関係　── 普通の関係　── 親しい関係　─・─ 対立・反発的関係　…… 希薄な関係　═ 権威的・権力的関係　→ 働きかけの方向　◯ 同一集団（家族・機関）

242

3 支援計画と介入

1) 美紀の一時保護

スクールソーシャルワーカーとの初めての面接の際，母親は開口一番，「**今すぐ二人を（児童養護）施設に入れてください**」と涙ながらに語った。母親の思いをしっかりと受け止めながらも，何がそのような思いに駆り立てるのかを丁寧に整理していった。そこには，姑に反発して家を飛び出し，女手一つで美紀や麻紀を育ててきた結果，このような非行に走る状況になっていることに対し，自分自身の母親としての力のなさを責める気持ちも根底に強くあった。

特に最近は度重なるトラブルに母親も心労が重なり，心身ともに不安定な状態であることがうかがえたため，しばらく母子に休息としての充電期間を設けることを提案した。当面，問題行動を頻発している美紀を一時保護して，しばらくは行動観察や心理検査等を行い，今後の学校や家庭における生活支援に向けて必要な情報収集と状況分析を行っていくことにした。

人前では自らの感情を抑制している印象が強い麻紀については，近いうちにスクールカウンセラーと対面する日を設定して，母親や学校に対して表面上では決して見せることのない思い（悩み，不安，葛藤など）について語ることができる機会を提供し，初回の感触がよければ継続的なカウンセリングを実施していくことにした。母親については，滞っていた精神科クリニックへの通院を再開し，心身ともに安定に向けて投薬調整を行っていくことになった。それらの経過を経て，子どもたちの施設利用については再検討していくことにした。

2) 別居生活の見直し

別居中に父親とは月に1回しか会うことが許されていない。しかも，それは自宅外と決まっており，その場面に母親は同席することはない。普段は父親に購入してもらった携帯電話での通話やメールだけが唯一コミュニケーションを図る機会であり，このような状況を美紀と麻紀は一様に不満をもっていた。

「どうして，お母さんはお父さんと会わないの？」「どうして，家（自宅）にお父さんが来たらダメなの？」「どうして，月に1回しか会えないの？」な

ど，子どもたちには納得のいかない疑問がたくさんあった。これらをスクールソーシャルワーカーは児童心理司やスクールカウンセラーから情報提供をしてもらい，両親に対し二人の気持ちを投げかけた。

　当然，大人の事情により，すべてが子どもの思い通りにならないことは子どもたちも承知しているが，姑問題に端を発してこじれた夫婦間の問題は美紀や麻紀の現状にも大きく影響を及ぼしていることは間違いがないため，少なくとも寄せられた疑問については両親それぞれの立場からきちんと回答してほしい旨を伝えた。

3）今後に向けた就学相談

　一時保護所で心理検査を受けた後，美紀は母親と一緒に大学病院を受診した。その結果，美紀はアスペルガー症候群の診断が出された。児童心理司からは，普通学級で学校生活を送るには困難な部分が多くあり，将来的な自立も含めて総合的に判断すると，現段階では特別支援学級などの少人数で個別に合わせた教育や支援を受けることができる環境に身をおくほうが美紀の力をさらに発揮することができるとの専門的な助言指導を受け，母親と学校は何度も協議を行った。その結果，家庭復帰後に教育専門機関が実施している就学相談に行くことが話として浮上し，最終的には母親もそれに同意した。日程調整等については学校が行う。

　また，母親はアスペルガー症候群に関する詳しい知識がないため，美紀が一時保護所を利用中に勉強をしたいと申し出た。そこで，スクールソーシャルワーカーは，アスペルガー症候群の人を支える当事者団体のサークルがあることを情報提供した。後日，母親はそれに申し込み，担任教師と一緒にサークルに参加して勉強することにした。

4　支援成果

1）母親の変化

　一時は美紀と麻紀の施設入所を強く希望していた母親であったが，美紀のア

スペルガー症候群の診断が出てから様子が変わり，よい意味でそれを前向きに受け止めているようにみえた。

　母親は当事者団体のサークル活動にも積極的に参加してその知識を深めるなど，これまでどこか距離をおこうとしていた美紀としっかり向き合っていこうという姿勢がみられるようになった。美紀の一時保護は，これまで母として後ろめたい思いを抱えながら子どもたちと接してきたこと，姑問題をきっかけに父親と疎遠な関係をつくり出し，それが子どもたちに影響を及ぼしていたことなどを振り返り，反省するよい機会になったと，母親は後に面接で語った。そして，その期間を利用して精神科クリニックへ定期通院を行ったことで病状は改善し，今では落ち着いた生活を送ることができるようになっていることもこれらの行動の表れにつながっていると考えられる。

　そして，母親が今回の一時保護解除後の美紀の生活環境について最終的に出した結論は，「もう一度（家庭で）やり直したい」であった。スクールソーシャルワーカーと出会った当初は，「ウチの子（美紀），ヘンなんです」と言って，不可解な行動ばかりを繰り返し，十分なコミュニケーションも図ることができない状況に強い苛立ちを示していた母親であったが，今では新しい気分で迎える3人での生活を力合わせてやっていきたいと意気込みを示している。

2）家族の再出発

　美紀が家庭復帰してすぐに父，母，美紀，麻紀の4人で家族会議が開かれた。その席でこれまですれ違いが続いていた家族の思いについて，父と母がそれぞれどのような心境にあるのかをきちんと話をした。美紀と麻紀はその席で両親の別居の本当の理由を初めて知った。両親は，そのことが原因で美紀や麻紀に寂しい思いをさせてきたことを謝罪した。その後も話し合いは続き，美紀や麻紀もこれまでずっと胸に仕舞いこんできた思いを両親にぶつけた。

　特に麻紀は，これまでは母親の愛情がいろんな面で美紀に注がれていると感じ，強い嫉妬をしていたことを初めて打ち明けた。美紀や麻紀にとっては，4歳で父親と別居しているため，家族4人が揃って会話をすることそれ事態が初めての経験でとても新鮮だった。

最終的に家族は，①父親の仕事が休みの日には，（父親が）自宅を訪れて家族4人で過ごす，②月に1回，家族会議の日を決めて，お互いに隠し事がなく助け合える家庭をつくっていく，③嫁姑問題の解決に向け，近いうちに家族4人で父方祖母宅を訪れ和解に向けた方向性を模索していく，という3つの約束事を決めた。

3）特別支援学級での新たな生活

　就学相談を受けた結果，美紀は特別支援学級へ移ることになった。当初は，特別支援学級そのものに対するイメージが湧かなかった美紀は，「どうでもよい」と投げやりな態度を示していたが，学校と家庭が協力して時間をかけながら，特別支援学級での活動に参加する機会を増やしていった。

　これまで在籍していたクラスは交流学級として関係を継続し，体育や美術など他生徒らと集団での活動が可能な教科については，これまで同様に授業を一緒に受けた。このような取り組みをしていくなかで，美紀自身も次第に特別支援学級に居心地のよさを感じるようになった。一時期は全く登校しなかった状況も今では週3日は登校するまでに改善しており，登校時は遅刻をしないで教室に入ることができている。授業内容についても特別支援学級の担任が工夫を凝らして，学習の積み上げが遅れている部分の補習に取り組んでいる。

5　今後の課題

　最も気になる課題は，美紀の進路問題である。特別支援学級に在籍するようになり，学習に取り組む姿勢は明らかに好転しているが，その進路選択については慎重に検討していかなければならない。美紀自身は高校進学を希望しているが，学力的にもかなり厳しい状況にある。残された時間で将来の目標に少しでも近づけるよう，家族や学校も一緒に考えていくなかで最良の選択をしていかなければならない。また経済的に余裕がないため，奨学金や入学準備金などの申請に関しては，スクールソーシャルワーカーが進路指導担当教師とも協力をしながら，家族に情報提供をしていくことにした。

4章　スクールソーシャルワーカーの実践事例

支援計画・シート

| 作成日 | ○年○月○日　（担当者○○SSW） | ㊙ |

児童生徒	（相談受理No○-00000）	在籍	○○中学校	学級	2年○組	担任教諭	
フリガナ	ミキ	性別	女	生年月日	○○年○月○日（満14歳）		
氏名	美紀	自宅		保護者氏名		（携帯・　　　　）	
住所	（〒000-0000）						

相談主訴	非行により頻発する問題行動（深夜徘徊，無断外泊，家出等）が改善しないため施設入所を検討したい
相談種別	□養護　■非行　□育成　□障がい　□その他（　　　　　　　　）

1．児童生徒の日常生活における課題

・過去に「小児自閉症」と診断されたことについて，学校には知らされないまま今日まで教育が行われてきた
・両親の別居に対する美紀や麻紀の不満や反発が問題行動として表出している可能性がある
・さまざまな問題行動（家出，タバコ，窃盗他）の常習性と非行少年・少女グループなど交友関係の拡大

2．児童生徒，家族のニーズ

・十分に養育していける自信がないので，児童養護施設などを利用して社会で自立していけるだけの力をつけてほしい（母親）
・一日も早く両親が別居を解消して家族全員で仲良く暮らしたい（美紀，麻紀）

3．短期支援計画

目標【対象児・者】	担当機関【担当者】	具体的支援内容	評価・分析	見直し
美紀の非行抑制と母親の休息を目的とした一時保護	①中学校【教頭，担任○○，○○SSW】②児童相談所【○○SSW】③児童相談所【○○児童福祉司】	①母親の思いを受容したうえで，美紀の今後については段階的に冷静な話し合いを行っていく②児童相談所での一時保護に向けた連絡・調整③行動観察，心理検査の実施から障害の精査	①時間の経過にともない，母親のなかで家族でもう一度生活をしていきたいという気持ちが強くなった②円滑に実施ができた③検査の結果，アスペルガー症候群の診断が出た	・就学相談の利用について協議を進める
麻紀の相談相手の確立	①中学校【担任○○，○○SC】	①スクールカウンセラー来校日に面接場面を設定。日頃，母親や教師の前では表出しない内的な感情部分について語る機会を提供する。初回の内容がよければ継続的な面接も検討していく	①担任に対し，「（スクールカウンセラーとの話は）結構楽しかった」と話していた。実際に，これまで言葉にして表すことのなかった家族に対する思いなども話題として出た	・今後もスクールカウンセラーとの面接を継続していく
母親の病状安定に向けた支援	①中学校【○○SSW】，精神科クリニック【○○PSW】	①精神科クリニックへの通院再開を目指す。主治医と上手く人間関係を築くことができないことも通院を遠ざける要因となっているため，精神科クリニックのPSWを紹介し，主治医との間に入ってもらうなどして安定した通院が行えるよう支援する	①PSWの介入により，母親は「わだかまりが解けた」と安心感を得たことを口にした。それ以後，継続的に投薬調整が行われている。母親の状態も上向きになっている	

4．長期支援計画

目標	具体的支援方針
・進路を見据えた学習環境の整備 ・登校リズムの改善	・本人の能力を発揮しやすい環境づくりをしていくために，学校は家庭や支援機関とも積極的に連携を図っていく ・安心して本人が生活を送ることができる学校・家庭環境づくりを行う

5．支援機関

機関名	担当者	連絡先	備考
児童相談所	○○	000-000-0000	児童心理司は担当○○氏
○○警察署 少年課	○○	000-000-0000	課長○○氏，係員○○氏
精神科クリニック	○○	000-000-0000	精神保健福祉士
教育相談機関	○○	000-000-0000	就学相談係長○○氏

パワー交互作用マップ（介入後の児童生徒を中心にした人間関係図）　㊙

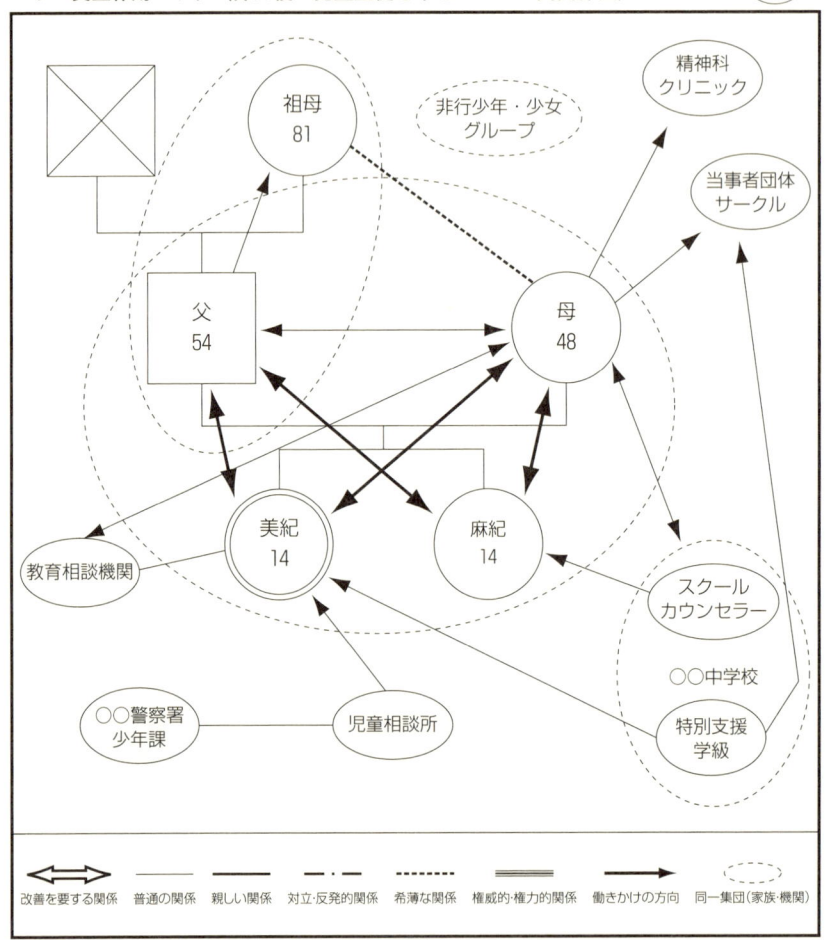

　現時点では，家族の関係はよい方向へと歩み始めたが，嫁姑問題は解決したわけではない。また，母親の精神疾患，美紀のアスペルガー症候群なども生活環境の変動により新たな課題を引き起こす可能性は十分にある。そのためにも日頃から，学校と家庭との間で密に連絡を交わし，家庭生活状況の推移をしっかりと見守る必要がある。

事例 5
「父親失格ですか？」

> **対象児童生徒の家族構成**
>
> 慎太郎（15歳）：中学3年。野球部に所属していたが，上級生とのトラブルが原因で退部。その頃より欠席が増え始め，非行少年らと行動をともにする。
> 父親（44歳）：会社員。仕事が多忙のため，家族と過ごす時間は取れていない。子育てについては母親任せとなっている。
> 母親（42歳）：主婦。仕事で家を留守にする父親に代わり家庭を守る。兄には人一倍の愛情を注ぐ一方，無口な慎太郎に対し苦手意識がある。
> 兄（21歳）：大学3年生。関東の大学へ野球の特待生として推薦入学。幼い頃より成績優秀でスポーツ万能。両親の期待を一身に背負う。

1 スクールソーシャルワーカーへの相談経緯

慎太郎がバイクの窃盗容疑で逮捕された。中学2年の夏，慎太郎は上級生と練習を巡り口論となったことがきっかけで暴力事件を起こし，それが原因で野球部を退部した。それ以後，服装や生活態度が著しく乱れ始め，学校にも全く登校しなくなった。中学3年になってからは，非行少年グループらと行動をともにする姿が度々目撃されており，万引きや器物損壊などの問題行動を頻繁に繰り返している。

慎太郎は現在，鑑別所に送られており，家庭裁判所の調査官の話では，1か月後に審判が予定されているという。今後の対応について父親が学校へ相談に訪れた。校長の判断でスクールソーシャルワーカーも話し合いに入り，慎太郎の支援について協働していくことになった。

慎太郎の家族は4人家族。父親は仕事人間でこれまで家庭のことはすべて母親任せにしている。しつけは放任に近い状態で，母親曰く「わが家は"母子家

庭"」というほど仕事でほとんど家にいない。

　兄は成績優秀でスポーツ万能。大学は野球の特待生として進学しており，現在は関東で下宿生活を送る。兄は弟の面倒見もよく，そんな兄を慎太郎も慕っていた。母親は自慢の息子である兄に人一倍の愛情を注いでいた。

　一方，慎太郎は，学校での成績も人並み程度で野球も兄ほどの実力はなかった。また，無口な性格であまり多くのことを語らず，不機嫌になると家で暴れることもあったことから，母親はいつの頃からか慎太郎に対し苦手意識をもつようになっていた。

2　アセスメントの実施

1）野球への情熱

　小学校の卒業文集に書かれていた慎太郎の将来の夢は"プロ野球選手"になることであった。慎太郎は兄の影響を受け，小学3年生から野球を始めた。野球のセンスに非凡な才能がある兄と比べ，慎太郎は不器用で人並みの実力しかなかった。それでも，一日も休むことなく，チームの誰よりも熱心な姿勢で練習に打ち込んだ。そして，小学6年に初めてレギュラーの座を獲得した。

　誰よりも喜んでもらいたかったのは両親だったが，父親は仕事で，母親は兄の高校野球に夢中であったため，誰一人慎太郎に祝福の言葉をかけてくれる人はいなかった。それでも，中学の進学祝いに両親から買ってもらった新品のグラブをとても大切にしており，いつも磨いては大切な宝物として肌身離さずもっていた。

　そんななか，中学2年の夏に慎太郎は上級生と口論となり，暴力事件を起こして野球部を退部した。トラブルの原因は練習方法を巡って起きたとされていたが，その後，慎太郎や野球部員からの聴き取りで，実は上級生が慎太郎の兄を誹謗中傷するようなからかいをしたことが原因であったことが判明した。信頼する兄を馬鹿にされ，そして大切な野球を失った慎太郎は，その日から心を固く閉ざしてしまった。

2）多忙な父親

　父親は仕事が忙しく，子どもたちが幼い頃から触れ合った記憶はほとんどない。家のことはすべて母親に任せている。これまで体育祭や授業参観などの学校行事に参加したこともない。ただし，勉強については口うるさく，慎太郎と兄も小学生の頃から塾に通わせていた。成績優秀な兄に対し，ごく平凡な慎太郎に父親はあまり期待をしていなかった。慎太郎が暴力事件を起こし，部活を退部した際も被害に遭った上級生部員への謝罪は母親しか姿を現さなかった。

　しかし，今回の慎太郎の逮捕で父親は初めて学校を訪れた。校長室に入るなり父親は深々と頭を下げた。憔悴しきった表情で力なく，仕事も手につかない状況であるという。慎太郎に対する怒りというよりは，家庭を顧みず子育てに参加してこなかった父親としての不甲斐なさを今さらながら痛感している様子で，帰り際に，「**私…父親失格ですか**」と今にも消え入りそうな声でスクールソーシャルワーカーに語りかけた。

3）孤独な母親

　母親は，小・中学校でPTA役員を務め，積極的に学校行事にも参加するなど，子どもの教育には熱心な印象があった。しかし，それらはいずれも兄が在籍していたときであり，勉強も野球も平凡な慎太郎のときには，あまり目立った動きはみられなかった。むしろ，優等生の兄と違って家では寡黙，外では活発な慎太郎に対し，母親はどこか苦手意識をもつようになっていった。

　それでも，兄が一緒に生活しているときは，母親も明るく家族3人で食卓を囲むときには楽しい時間もあった。しかし，兄が大学進学で家を出て行ってからは，母親と慎太郎は別々に食事を摂るようになり，気がつけば家庭のなかで家族がバラバラになっていた。そんな状況に母親自身も悩んでいた。特に慎太郎が野球部を退部して家にひきこもるようになってからは，世間体ばかりが気になり，思うようにならない状況から慎太郎に対して感情的に取り乱すことも多々あった。

　父親は相変わらず仕事ばかりで，慎太郎のことを相談しても「**ほっておけばまた学校に行くだろう**」と無責任なことしか言わず，取りつく島がない。スト

| 作成日 | ○年○月○日　（担当者○○SSW） | | | | | | | ㊙ |

アセスメントシート～面接等による事前調査～

児童生徒	（相談受理No○-00000）	在籍	○○中学校	学級	3年○組	担任教諭	
フリガナ	シンタロウ	性別	男	生年月日	○○年 ○月 ○日　（満15歳）		
氏名	慎太郎	自宅		保護者氏名		（携帯・	）
住所	（〒000-0000）						

相談主訴	非行に走り問題行動を繰り返す本人を更生させたい
相談種別	□養護　■非行　□育成　□障がい　□その他（　　　　　　　）

ジェノグラム（家族構成及び家族関係を示した家系図）

```
会社員              専業主婦
┌─────┐         ┌─────┐
│ 父  │         │ 母  │
│ 44  │─────────│ 42  │
└─────┘         └─────┘
   │                │
┌─────┐         ┌─────┐
│ 兄  │         │慎太郎│
│ 21  │         │ 15  │
└─────┘         └─────┘
○○大学3年生      ○○中学校3年生
```

記載例
男性　女性
対象児（二重線）
昭和44年生まれ
現在38歳の男性 [38] S44-
平成12年に86歳で
肝硬変のため死亡 [86] H12
離婚　別居
　d.H15　s.H18
結婚　交際・同棲
　m.H10　L.T.H7
［略記の意味］
d.=divorce
s.=separation
m.=marriage
L.T.=Living Together

生活歴

○年	出生
○年	○○幼稚園入園
○年	○○幼稚園卒園 ○○小学校入学
○年	○○小学校卒業 ○○中学校入学

児童生徒の生活状況・相談に至る経緯

・○/○，バイク窃盗で警察に逮捕された。過去にも万引きや器物損壊などの事件を繰り返しており，本人の表情や態度からは反省の色はうかがうことはできない。現在，身柄は鑑別所に送られている。○月中旬に家庭裁判所で審判が行われる予定。
・中2の夏，上級生とのトラブルで暴力事件を起こし野球部を退部した。ことの発端は，上級生が兄を誹謗中傷するようながらかいをしたことが原因であった。
・本人は，人一倍練習熱心で誰よりも野球が大好きだった。将来の夢は"プロ野球選手"になることで，中学入学後も真面目に練習に打ち込んでいた。
・2学期以降，非行少年らと行動を共にする機会が増えた。
・今回の逮捕により，初めて父親が学校に姿を現した。これからどのように慎太郎と向き合ったらよいのか途方にくれる父親が，校長からの勧めでSSWに相談を行った。

児童生徒の家庭環境

・父親は，大手企業で課長を務める。子どもの教育には熱心であるが，仕事が多忙であるため，子どもたちと接する時間はほとんどない。そのため，家庭のことはすべて母親任せとなっている。これまで授業参観などの学校行事には参加したことがなく，中2の夏の暴力事件の際，被害に遭った上級生への謝罪の場にも姿を現すことはなかった。
・母親は，専業主婦。父親に代わり家庭を守る。兄が学校在籍時には，PTA役員を務めるなど教育熱心な保護者として知られており，優秀な兄に対して人一倍の愛情を注いでいた。一方，無口で不器用な慎太郎には苦手意識を持っており，学校行事への参加も消極的であった。
・兄は現在，野球の特待生として関東の大学に通っている（3年生）。幼い頃より成績優秀でスポーツ万能。両親の期待を一身に背負う。慎太郎との兄弟関係はよい。

児童生徒の学校生活状況

①学習面	・学習能力は平均より高く，中1での成績では学年で中の上程度であった ・手先があまり器用ではないため，美術や技術は苦手 ・運動能力は平均よりやや高い程度	②生活面	・体格がよく風貌も強面なため，学級での存在感は大きい ・中2の夏以降，服装や生活態度は乱れ始め，頭髪は金髪に染め，違反の制服を着ている
	身長　174.7cm／体重　62.8kg		

児童生徒の出席等状況

①年次別欠席状況

	欠席日数	在籍校	担任教諭
3年	2日	○○小	○○
4年	0日		
5年	1日		
6年	0日		
1年	1日	○○中	
2年	76日	○○中	○○

②中学3年・○○年度出欠等状況

	欠　席	遅刻	早退
4月	0／16	0	0
5月	0／21	0	0
6月	0／21	0	0
7月	0／16	0	1
8月	0／0	0	0
9月	14／18	3	3
10月	22／22	0	0
11月	／		
12月	／		
1月	／		
2月	／		
3月	／		
合計	36／114	3	4

4章　スクールソーシャルワーカーの実践事例

㊙

パワー交互作用マップ（介入時の児童生徒を中心にした人間関係図）

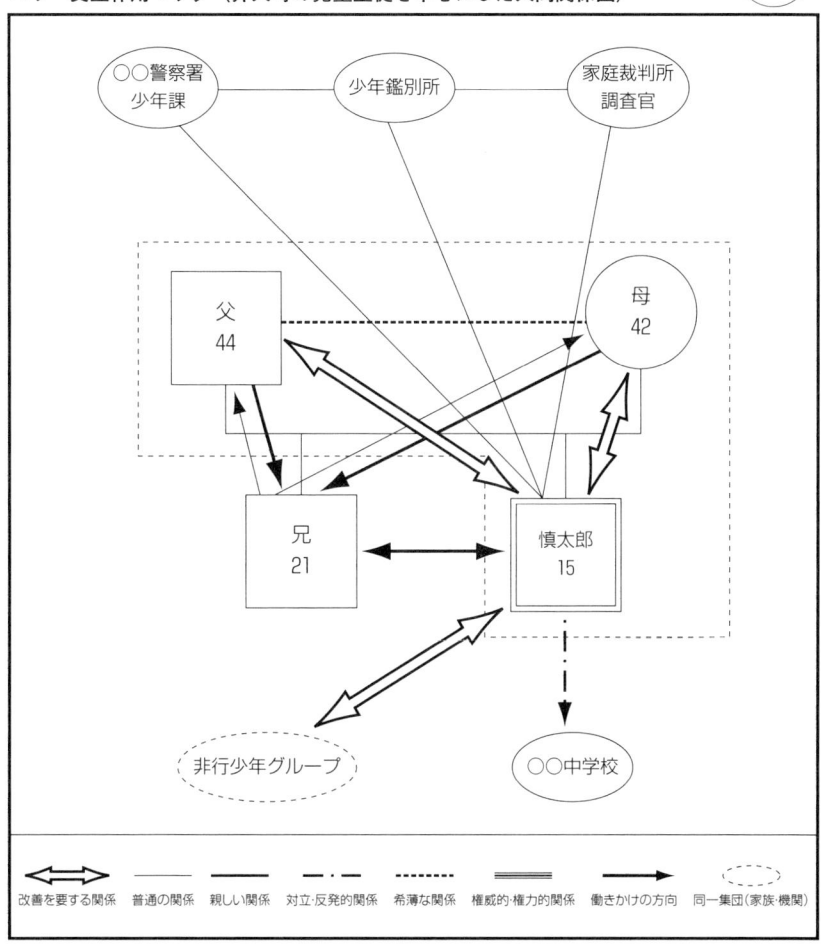

```
        ○○警察署          少年鑑別所          家庭裁判所
        少年課                                 調査官

                    父                              母
                    44                             42

                              兄  ←→  慎太郎
                              21         15


                    非行少年グループ            ○○中学校
```

⇔ 改善を要する関係　── 普通の関係　―・― 親しい関係　→← 対立・反発的関係　…… 希薄な関係　＝＝ 権威的・権力的関係　→ 働きかけの方向　◯ 同一集団（家族・機関）

　レスばかりが蓄積されるなか，ある日のこと母親は遂に「**どうして慎太郎は，お兄ちゃんみたいになれないの‼**」と激しく叱責をしてしまった。その日以後，慎太郎は母親と一言も会話をすることがなくなった。

3 支援計画と介入

1) 家族として慎太郎と向き合う

　両親が参加して継続的にケース会議を行った。そのなかで，これまで家族としてそれぞれが向き合っていなかった現実を振り返り，今後は家族として"今できること"をしっかりと見据えて家族個々が取り組んでいくことを確認した。そして，両親は鑑別所へ面会に行くことを決めた。

　面会の席で父親は，犯した過ちはしっかりと反省することを厳しく促したうえで，このような状況になるまで，慎太郎と向き合おうとしなかった自分たちの責任を認め，慎太郎に対し心から謝罪した。そして，これからはしっかりと家族みんなで力を合わせて立ち直っていこうと誓った。

　その後も家庭裁判所での少年審判の日まで，両親は足しげく学校や関係機関を訪れ，いろんな人たちと協議を重ね，慎太郎のために"今できること"に精一杯取り組んだ。兄とも連絡を取り，慎太郎宛に手紙を書くよう頼んだ。兄も慎太郎のことをとても心配していた。常に何ができるかを話し合いながら，もう一度家族としてやり直すために力を合わせた。

2) いろんな人とつながる

　少年審判の結果，慎太郎には「保護観察」の審判が下された。今後の重点的課題として，事件の再発防止に向けた人間関係づくりを掲げた。さまざまな支援者が慎太郎や両親とつながり，それぞれが必要なときに相談ができるような関係づくりをしていくことを目標にした。

　具体的には，学校では，校長と担任教師が父親と定期的な面接を行い，慎太郎を中心とした家庭や学校での生活状況について情報交換を行った。スクールカウンセラーは，月に一度，母親のカウンセリングを行い，これから慎太郎とどのように向き合っていくかについていまだ不安な部分もある母親に対し助言等を行った。

　スクールソーシャルワーカーは，慎太郎と月1回の定期面接を行い，家族や教師には話せない日ごろの悩みなどについて相談に乗った。少年サポートセン

ター(警察署少年課)では，保護司とも連携を図り定期的に情報交換を行った。さらに，少年育成指導官が月1回の家庭訪問を実施して，継続的に家族との関わりをもった。スクールソーシャルワーカーはこれらの支援者間の情報を整理・分析して，それぞれに情報交換を行い，慎太郎がいろんな人とつながることで，それが再発防止となるよう予防的取り組みを展開した。

3）家族団らんをつくる

　父親は，慎太郎が家庭復帰して以後，どんなに遅くても20時までに帰宅するようにした。そして，家族3人で食卓を囲むことを習慣にした。これまでは，家族のなかで会話らしい会話をしてこなかったが，食後は父親が家族全員分のコーヒーを入れて，"お喋りタイム"をつくった。最初はぎこちない光景に家族3人とも違和感があったが，少しずつそれが"当たり前の風景"になり，癒しの時間となっていった。

　休みの日に家族3人で兄の大学野球のリーグ戦を観戦しに関東まで旅行に出かけた。物心ついてから家族で旅行に出かけたのは初めてだった。兄は慎太郎のことを誰よりも心配していた。家庭復帰後も電話では絶えずやり取りをしていたが，実際に会うのは久しぶりだった。兄が出場する試合が終わった後，久しぶりに兄からの誘いで慎太郎はキャッチボールをした。そのときの慎太郎の表情は照れくさそうななかにも嬉しそうな笑みがうかがえた。

4　支援成果

1）志望高校への合格

　慎太郎は家庭復帰後，残りの中学校生活の目標を志望高校への合格に定めた。まずは長く伸びた髪の毛を丸坊主にして，校則違反だった制服もすべて元に戻すところから始めた。約1年のブランクを埋めるべく，毎日遅刻や欠席をしないよう努力した。そして，授業や家庭学習にもしっかり取り組んだ。

　最初，父親は家庭教師をつける提案をしたが，慎太郎は「自分の力で（遅れを）取り戻したい」と自ら申し出て，最後まで自力で学習をしていくことを決

めた．学校では，担任教師が中心となり遅れている教科の補習を個別に行い，入試に向けた準備を進めた．そして，迎えた高校入試合格発表の日．慎太郎は見事，志望高校に合格することができた．高校に進学して慎太郎が一番最初にしたいこと，それは"野球部への入部"である．

2）父親の転職

　父親は，長年勤めた会社を辞め，時間的に余裕のある仕事へと転職した．慎太郎が家庭復帰してしばらくした後，父親は会社に辞表を提出した．今回のことで誰よりも家庭の大切さを痛感したのは父親だった．「**私はこれまで家族のためと思って仕事に没頭してきました．しかし，気づけば家族を最も犠牲にしていました．そして，それをわかっていながらも何も私はしなかった．はっきり言って私は"仕事中毒"でした**」．つい最近のことながら，遠い昔のように振り返る父親には笑顔がみられた．そして，「**これからは家族と過ごすことに自分の時間を費やしたいと思います**」と言った．一度は父親失格を自ら認めるような発言をした父親も，再び"父親業"をスタートさせた．今はまだ親子の会話もぎこちなく，暇な時間をもて余しているが，一日も早くこれが当たり前となる日を望んでいると嬉しそうに語ってくれた．

3）卒業式のメッセージ

　中学校卒業式．慎太郎の中学校では卒業証書を受け取った後，壇上で将来の目標と中学校生活を振り返った短いメッセージを発表しなければならない．両親が保護者席で見守るなか，慎太郎の順番がやってきた．神妙な面持ちで卒業証書を受け取り，半回転して会場を見渡す．大きく深呼吸をして慎太郎は，「**僕は将来，温かい家庭をもちたいです．中学校生活はたくさんの人に迷惑をかけました．でも，たくさんの人の励ましがあって今日，僕は卒業をすることができました．お父さん，お母さんありがとう．そして，僕を支えてくれているたくさんの人たちに心から感謝します**」と言った．会場からは温かい拍手が割れんばかりに鳴り響いた．鋭い目つきで親や学校に反発していた頃の慎太郎の姿はもうそこにはなく，しっかりと自分の進むべき道を見据えて歩き始めてい

た。

5　今後の課題

　中学卒業はすなわち義務教育の修了を意味する。これから先はスクールソーシャルワーカーをはじめ，学校関係者も慎太郎を直接的に支援することができない。そこで入学前までに高校へ連絡を入れ，これまでの学校・家庭・関係機関が協働して行ってきた本人支援について報告を行い，引き続き慎太郎に対する支援を継続していく橋渡しを行わなければならない。

　また，少年サポートセンターは高校進学後も継続的にかかわることが可能であるため，両親との連携も含め，今後も再発防止に向けた支援を継続してもらうよう要請していく必要がある。スクールソーシャルワーカーや小・中学校の教師も"地域"の社会資源としてインフォーマルネットワークの一端を担っていくことが"今できること"であり，これからにつながっていくこととなる。

作成日　○年○月○日　（担当者○○SSW）　㊙

支援計画・シート

児童生徒	（相談受理№○-00000）	在籍	○○中学校	学級	3年○組	担任教諭	
フリガナ	シンタロウ	性別	男	生年月日	○○年○月○日（満15歳）		
氏名	慎太郎	自宅		保護者氏名		（携帯・　　　）	
住所	（〒000-0000）						

相談主訴	非行に走り問題行動を繰り返す本人を更生させたい
相談種別	□養護　■非行　□育成　□障がい　□その他（　　　　　　　　　　）

1．児童生徒の日常生活における課題
・野球部退部後，非行少年らと行動をするようになり，多くの問題（窃盗，器物破損他）を頻繁に繰り返している。
・家族がばらばらの生活を送っており，家庭におけるつながりが非常に希薄な状態となっている。
・中学卒業を控えており，卒業後の進路選択に，向けた準備がなされていない。

2．児童生徒，家族のニーズ
・これ以上の問題行動を起こすことなく，何とか本人を更生させたい（父親）
・慎太郎と自然な会話ができるようになりたい（母親）

3．短期支援計画

目標【対象児・者】	担当機関【担当者】	具体的支援内容	評価・分析	見直し
慎太郎としっかりと向き合う	①中学校【校長，担任○○，生徒指導，SSW】	①－1 定期的なケース会議を開催して，両親にそれへの参加を呼びかける。学校や家庭での慎太郎の生活について情報を共有する。そして，"今できること"をしっかりと拾い上げていく　①－2 両親が鑑別所へ面会に行く日程等の連絡・調整	・少年審判の結果，「保護観察」となった。①－1 これまで両親が全く知らなかった中学校での慎太郎の生活の様子を知る機会となった。①－2 面会を行い，両親と本人が相互に謝罪した	
再発防止に向けた家庭と関係機関の連携強化	①中学校【校長，担任○○，SSW】　②中学校【SC】　③少年サポートセンター【少年育成指導官】	①ケース会議への定期的な参加の呼びかけを行い，学校と家庭が密接に協働していく　②慎太郎との接し方について以前より悩んでいた母親のカウンセリングの機会を設定する　③今後，非行防止を進めていくための情報連携と相談	①両親の行動変容を目の当たりにすることができた　②○/○，カウンセリングを実施。母親は次回以降も継続を希望　③○/○，両親がセンターへ来所。今後も相談に乗り定期的に連絡を取っていく	・家庭復帰後もケース会議や母親へのカウンセリングは継続して行っていく
家族の協働による"家庭"再建に向けた動きを始める	①中学校【校長，担任○○，生徒指導，SSW】　②中学校【担任○○】	①両親と一緒に家族の団らんの場をつくっていくための作戦会議を行った　②担任が月に1回，必ず家庭訪問を実施する	①家族3人で夕食は一緒に食卓を囲むことを習慣にした　①夕食後に家族3人でのティータイムをつくり，会話を楽しむ時間を用意した　②○/○に初回を実施。本人，家族と学校復帰の日程等を協議した	

4．長期支援計画

目標	具体的支援方針
・安定した高校生活の獲得　・親子関係の修復から温かい家庭環境づくり	・学力保障に向けた補習活動の実施について検討　・地域の見守り体制をつくっていく

5．支援機関

機関名	担当者	連絡先	備考
児童相談所	○○	000-000-0000	児童心理司は担当○○氏
○○警察署 少年課	○○	000-000-0000	課長○○氏，係長○○氏
保護司	○○	000-000-0000	本業／○○寺住職
少年サポートセンター	○○	000-000-0000	少年育成指導官

4章　スクールソーシャルワーカーの実践事例

㊙

パワー交互作用マップ（介入後の児童生徒を中心にした人間関係図）

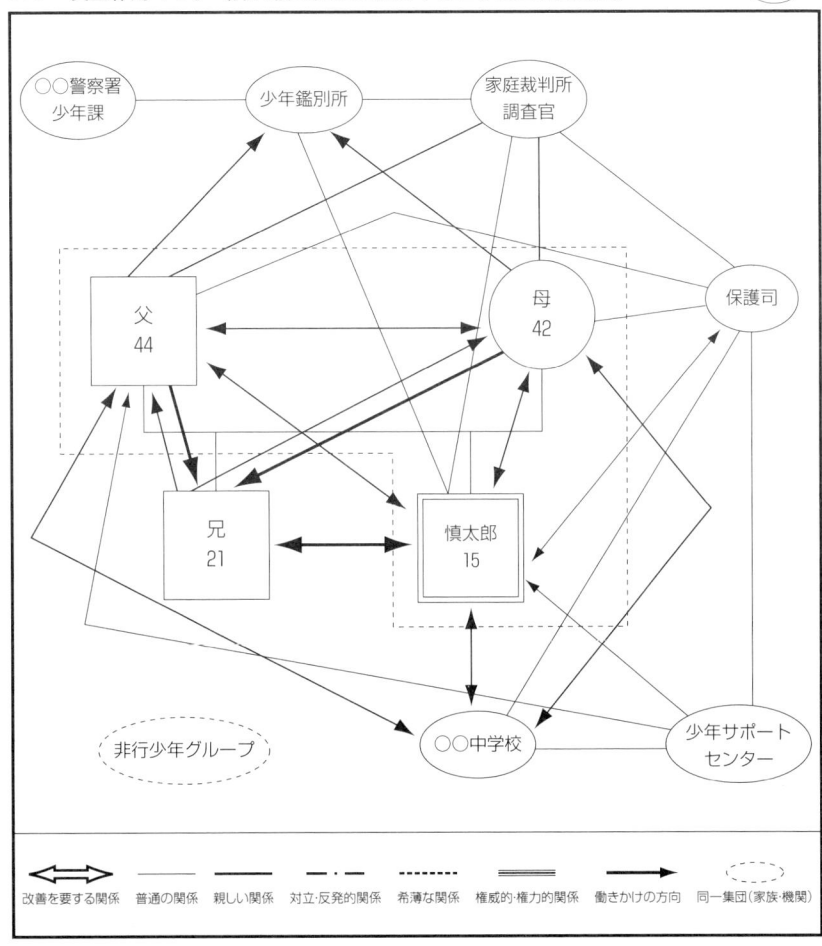

○○警察署少年課　少年鑑別所　家庭裁判所調査官　父 44　母 42　保護司　兄 21　慎太郎 15　非行少年グループ　○○中学校　少年サポートセンター

⇔ 改善を要する関係　── 普通の関係　── 親しい関係　─・─ 対立・反発的関係　・・・・ 希薄な関係　＝ 権威的・権力的関係　→ 働きかけの方向　(⸺) 同一集団（家族・機関）

259

おわりに

　「アメリカの20世紀は，学校ソーシャルワーカーの萌芽期から発展期の時代であった。わが国が子どもたちの教育権や人権を尊重する社会であるなら，21世紀にはわが国においても学校ソーシャルワーカーが活躍する日がくるであろう。その日が来ることを切に願いたい。」（門田光司『学校ソーシャルワーク入門』中央法規出版，2002年）。

　未来を拓く子どもたちの困難な状況を改善していくために，わが国での学校ソーシャルワーカー制度化を願い『学校ソーシャルワーク入門』を出版してから6年が過ぎた。そして，2008（平成20）年，長年待ち望まれた「スクールソーシャルワーカー」がわが国でも始動することとなった。

　今回，文部科学省は，「スクールソーシャルワーカー」という名称を使用しているが，残念なことに現状では「スクールソーシャルワーカー」という肩書きで採用された人たちのなかには，「ソーシャルワーカー」でもなく，「ソーシャルワーク」をも実践していないという状況が起きている。

　筆者が長年求めてきたことは，「スクールソーシャルワーカー」という名称ありきの人材導入ではなく，「学校でのソーシャルワーク実践」（social work practice in schools）をするソーシャルワーカーの導入である。しかし，「学校でのソーシャルワーク実践」，すなわち，「学校ソーシャルワーク実践」を行わない「スクールソーシャルワーカー」が今後も存在し続けると，開かれた「スクールソーシャルワーカー」活用の扉は閉ざされるかもしれない。そのような危機感から本書を出版した。

　以上より，本書の出版の趣旨は，「スクールソーシャルワーカー」という肩書きをもつ人が，「学校ソーシャルワーク実践」を行うことを願ってである。その趣旨より，本書では「スクールソーシャルワーカー」という用語を使用している。

　また同時に，教育委員会や学校の先生方，福祉機関の専門職，学生，保護者にも学校ソーシャルワーク実践の必要性，有効性を知っていただくことにもある。特に，「スクールソーシャルワーカー」の採用を進めていくのは，今後は

市町村教育委員会が中心となっていくであろう。その意味で，市町村教育委員会の方々には，学校ソーシャルワーク実践の必要性，有効性を深く理解していただきたい。

　一方，学校ソーシャルワーク実践は小・中学校にとどまらず，高等学校や特別支援教育等においても求められる。そのため，学校ソーシャルワーク実践の有効性を示していくことも欠かせない。

　なお，本書で記載されている事例においては，支援内容の概要以外は個人や家族が特定できないように修正・加筆を行っている。

　本書の出版にあたっては，中央法規出版企画部の照井言彦氏に企画から編集，出版に至るまで全面的に支えていただいた。ここに深く感謝いたします。

　　　　子どもたちの夢と未来がいつも拓かれている社会を願って

　　　　　　　　　　　　　　　　　　　　　　　　門田　光司

著者略歴

門田光司（かどた・こうじ）
久留米大学文学部社会福祉学科・大学院教授
大阪教育大学大学院障害児教育専攻修了，同志社大学大学院社会福祉専攻博士後期課程中退。福岡県立大学人間社会学部社会福祉学科教授兼附属研究所 不登校・ひきこもりサポートセンター長を経て現職
日本学校ソーシャルワーク学会代表理事。福岡県スクールソーシャルワーカー協会会長。福岡県教育委員会スクールソーシャルワーカー・スーパーバイザー，福岡市教育委員会スクールソーシャルワーカー・スーパーバイザー他
社会福祉学博士，社会福祉士，精神保健福祉士
主要著書
単著『学校ソーシャルワーク入門』（中央法規出版，2002年）
共著『スクールソーシャルワーカー実践事例集』（中央法規出版，2014年）
共著『スクールソーシャルワーカー養成テキスト』（中央法規出版，2008年）
その他多数

奥村賢一（おくむら・けんいち）
福岡県立大学人間社会学部社会福祉学科准教授
福岡県立大学大学院福祉社会専攻修士課程修了，同志社大学大学院社会福祉専攻博士後期課程単位取得満期退学。社会福祉法人修光学園，苅田町教育委員会スクールソーシャルワーカー，福岡市教育委員会スクールソーシャルワーカー等を経て現職
日本学校ソーシャルワーク学会事務局長。福岡県スクールソーシャルワーカー協会副会長。福岡県教育委員会スクールソーシャルワーカー・スーパーバイザー，福岡市教育委員会スクールソーシャルワーカー・スーパーバイザー
修士(福祉社会)，社会福祉士，精神保健福祉士
主要著書
共著『スクールソーシャルワーカー実践事例集』（中央法規出版，2014年）
共著『スクール(学校)ソーシャルワーク論』（中央法規出版，2012年）
共著『スクールソーシャルワーカー養成テキスト』（中央法規出版，2008年）
その他多数

スクールソーシャルワーカーのしごと
～学校ソーシャルワーク実践ガイド～

2009年9月1日　初　版　発　行
2019年2月10日　初版第3刷発行

著　者	門田光司・奥村賢一	
発行者	荘村明彦	
発行所	中央法規出版株式会社	
	〒110-0016　東京都台東区台東3-29-1　中央法規ビル	
	営　　業　TEL03(3834)5817　FAX03(3837)8037	
	書店窓口　TEL03(3834)5815　FAX03(3837)8035	
	編　　集　TEL03(3834)5812　FAX03(3837)8032	
	https://www.chuohoki.co.jp/	
印刷・製本	西濃印刷株式会社	
装　幀	KIS	

ISBN978-4-8058-3209-7

定価はカバーに表示してあります。

本書のコピー，スキャン，デジタル化等の無断複製は，著作権法上での例外を除き禁じられています。また，本書を代行業者等の第三者に依頼してコピー，スキャン，デジタル化することは，たとえ個人や家庭内での利用であっても著作権法違反です。

落丁本・乱丁本はお取替えいたします。

「学校ソーシャルワーク」関連図書のご案内

スクールソーシャルワーカー実践事例集
子ども・家庭・学校支援の実際

子ども・家庭・学校への支援事例を通して、スクールソーシャルワーカーの仕事や役割を具体的にわかりやすく解説する。各事例に「支援のポイント」をつけて、実際にワーカーが驚き、悩み、困惑した事例やコラムも収載。困難事例を抱える様々な児童への支援のヒントが満載。

門田光司、奥村賢一=監修／福岡県スクールソーシャルワーカー協会=編集
●2014年4月刊行
Ａ５判・254頁・定価 本体2,400円（税別）

スクールソーシャルワーカー養成テキスト

不登校やいじめ、ひきこもり、非行といった教育現場が抱える課題には、家庭・学校・地域が協働する必要がある。そのつなぎ役を果たすのがスクールソーシャルワーカー。本書では、スクールソーシャルワーカーが身につけるべき知識と技術を解説し、実際の取り組みを紹介する。

日本学校ソーシャルワーク学会=編集●2008年10月刊行
Ｂ５判・324頁・定価 本体3,000円（税別）